Management ohne Grenzen

Andrea D. Bührmann · Matthias Horwitz ·
Sabine v. Schlippenbach ·
Dorothea Stein-Bergman
Herausgeber

Management ohne Grenzen

Grenzüberschreitende Zusammenarbeit
erfolgreich gestalten

Herausgeber

Andrea D. Bührmann
Göttingen, Deutschland

Matthias Horwitz
Berlin, Deutschland

Sabine v. Schlippenbach
Berlin, Deutschland

Dorothea Stein-Bergman
Berlin, Deutschland

ISBN 978-3-658-01261-8
DOI 10.1007/978-3-658-01262-5

ISBN 978-3-658-01262-5 (eBook)

Die Deutsche Nationalbibliothek verzeichnet diese Publikation in der Deutschen Nationalbibliografie; detaillierte bibliografische Daten sind im Internet über http://dnb.d-nb.de abrufbar.

Springer Gabler

Lektorat: Juliane Wagner

Gedruckt auf säurefreiem und chlorfrei gebleichtem Papier.

Springer Gabler ist eine Marke von Springer DE. Springer DE ist Teil der Fachverlagsgruppe Springer Science+Business Media
www.springer-gabler.de

Vorwort

Wer sich auf grenzüberschreitende Zusammenarbeit einlässt, der sollte tunlichst vermeiden, dass es ihm wie dem Skorpion in der Fabel ergeht:

> Ein Skorpion und ein Frosch trafen sich am Rand eines Flusses, und der Skorpion fragte den Frosch, ob er ihn wohl hinübertragen würde, da Frösche doch schwimmen könnten, Skorpione aber nicht. „Nein", sagte darauf der Frosch, „du wirst mich stechen, bevor wir den Fluss überquert haben." „Aber das macht doch keinen Sinn", argumentierte der Skorpion, „wenn ich Dich steche, bist du tot und ich ertrinke." Das leuchtete dem Frosch ein und so nahm er den Skorpion auf seinen Rücken und sprang ins Wasser. Etwa in der Mitte des Flusses stach der Skorpion zu. Mit letzter Kraft fragte ihn der Frosch, warum er das denn nun doch getan hätte. „Ich bin eben ein Skorpion", sagte der Skorpion und ertrank (COMO Consult 2010, S. 11)[1].

Der Skorpion macht offensichtlich etwas falsch. Bei seiner Kooperation verleugnet er „seine Natur" und überschätzt seine Fähigkeit zur Zusammenarbeit. Zwar überlegt er sich ein gutes Argument, mit dessen Hilfe er den Frosch überzeugt. Aber letztlich macht ihn das nicht erfolgreich – im Gegenteil, er scheitert kläglich. Was lernen wir daraus? Es gibt auch andere, „der Natur" des Skorpions gemäße Möglichkeiten der Zusammenarbeit, die ihn sein Ziel erreichen lassen. Dies war für uns der zentrale Anlass für diesen Band: Reflexionen anzuregen und Methoden anzubieten, wie Probleme grenzüberschreitender Zusammenarbeit angemessen gelöst werden können.

Die Idee zu diesem Sammelband ist während der Arbeit an einem Workshop zum Thema „Transdisziplinäre Zusammenarbeit" entstanden, den der Berufsverband Deutscher Soziologinnen und Soziologen e. V. (BDS) dankenswerter Weise finanziell unterstützt hat.

Der Band hätte zudem nicht ohne die Unterstützung vieler Kolleginnen und Kollegen geschrieben werden können, die uns in verschiedenen Arbeits- und Forschungszusammenhängen voran gebracht haben. Vor allen Dingen aber möchten wir uns bei den Autorinnen und Autoren der hier vorgelegten Beiträge bedanken. Sie haben sich immer wieder engagiert auf unsere Nachfragen eingelassen. Und wir möchten uns bei all' jenen bedan-

---

[1] COMO Consult. 2010 Reader zum Thema Organisationsdiagnose. http://www.como-consult. skandia1.de/data/archive/files/3%20D%20Unternehmen%20OE%20Ausbildung/Modul-3-Organisationsdiagnose-Reader-.pdf. Zugegriffen: 27. November 2012.

ken, die durch ihre hilfreichen inhaltlichen Kommentierungen sowie durch ihre praktische Unterstützung zum Zustandekommen dieses Bandes beigetragen haben. Lorenz Fuchs
und Lea Marquardt haben bei der Zusammenstellung der Literaturverzeichnisse und bei
den Formatierungsarbeiten mitgearbeitet. Sabine Hillebrecht hat verlässlich und sorgfäl-
tig wesentliche Korrekturarbeiten am Manuskript geleistet. Schließlich danken wir Juliane
Wagner, unserer Ansprechpartnerin vom Verlag Springer Gabler für ihr Vertrauen und die
gute Zusammenarbeit, deren Produkt Sie nun in Händen halten. Ihnen allen vielen Dank
für Ihre Hilfe!

Hingewiesen sei noch darauf, dass auch die Herausgabe dieses Bandes das Ergebnis
einer heterogenen Kooperation darstellt: Vier Soziolog/innen aus unterschiedlichen beruflichen Kontexten haben vor dem Hintergrund vielfältiger Erfahrungen und diverser
Vorstellungen dabei zusammengewirkt, sich grenzüberschreitend mit Managementproble-
men, Beiträgen, Autor/innen, Verlagen etc. auseinander zu setzen, möglichst ohne dabei
das große gemeinsame Ziel, die Veröffentlichung dieses Bandes, aus den Augen zu verlieren. Reflexionen des gemeinsamen Prozesses haben denn auch einen wichtigen Beitrag zur
Entstehung des Sammelbandes geleistet.

Und nicht zu vergessen sind selbstverständlich alle Unstimmigkeiten im Sammelband
von uns, den Herausgeber/innen, zu verantworten.

Berlin, im November 2012   Andrea D. Bührmann, Matthias Horwitz,
                              Sabine v. Schlippenbach und Dorothea Stein-Bergman

Inhaltsverzeichnis

Zum Management grenzüberschreitender Zusammenarbeit

Andrea D. Bührmann und Matthias Horwitz

Inhaltsverzeichnis

> Der Unterschied zwischen Theorie und Praxis ist in der Praxis größer als in der Theorie (Postkarte von Dieter Becher)

1.1   Grenzüberschreitung als Managementproblem

Das Phänomen, um das es uns geht, ist alt. Schon in der Bibel, in der Genesis (vgl. 1. Mose 11, 1 ff.) findet sich ein berühmter Bericht über eine Zusammenarbeit, die zentrale Merkmale unseres Gegenstandes aufweist.

Es handelt sich um ein Vorhaben (Bau einer Stadt und eines Turms mit Spitze bis an den Himmel), dessen Realisierung „alle Welt" sowie „einerlei Zunge und Sprache" erfordert

Andrea D. Bührmann, Matthias Horwitz ✉
e-mail: andrea.buehrmann@uni-goettingen.de, horwitz@web.de

A. Bührmann et al. (Hrsg.), *Management ohne Grenzen*, DOI 10.1007/978-3-658-01262-5_1,   1
© Springer Fachmedien Wiesbaden 2013

und dazu dient, den Erbauern „einen Namen (zu) machen", eine gemeinsame Identität zu stiften, die ansonsten in alle Länder zerstreut würden.

Das ambitionierte Vorhaben scheitert. Zwar beginnt man mit dem Bau, aber dann verwirrt sich die anfangs einheitliche Sprache, so dass keiner mehr die der Anderen versteht und die Fertigstellung von Stadt und Turm aufgegeben werden muss. Als Ergebnis tritt die befürchtete Folge „zerstreut von dort in alle Länder" ein.

Diese unter dem Titel „Turmbau zu Babel" auf uns gekommene Geschichte verweist in unserer Lesart auf die Schwierigkeit, „alle Welt" aktiv sowie „einerlei Zunge und Sprache" innerhalb eines anspruchsvollen Vorhabens aufrecht zu erhalten und so zu verhindern, dass die Beteiligten zerstreut werden, sich anderen, realistischeren Projekten zuwenden.

Eine Perspektive, die sich so auch in der Managementliteratur findet. Staehle etwa hat schon früh darauf hingewiesen, dass mit wachsenden Anforderungen an Organisationsprozesse deren Kurzschließen immer schwieriger und aufwendiger, aber zugleich auch immer notwendiger wird. Denn Differenzierung von Aufgaben und Bildung von Abteilungen unterbreche Arbeitsflüsse und schaffe so Grenzen in den Arbeitszusammenhängen, die überwunden werden müssten, die zu integrieren seien. Vor diesem Hintergrund sei dann eine Abstimmung der arbeitsteiligen Verläufe gefragt, sowie deren Ausrichtung auf die Ziele der Organisation. Benannt wird dies als Managementaufgabe, was entsprechende Abstimmungsmechanismen erforderlich mache (vgl. Staehle 1985, S. 432).

1.2   Nutzen des Bandes für unsere Leser und Leserinnen

Vor dem Hintergrund einer solchen Diagnose stellen sich uns folgende Fragen: Wie kann für grenzüberschreitende Vorhaben eine effektive Organisation und Steuerung – also ein erfolgreiches Managen – von Zusammenarbeit aussehen? Und welche sozialwissenschaftlichen Instrumente und Methoden stehen dafür zur Verfügung, so dass ein Misserfolg – wie oben beschrieben – möglichst vermieden werden kann?

Und warum ein ganzes Buch zu diesem Gegenstandsbereich? Anlass für unsere intensive Beschäftigung mit dem Thema „grenzüberschreitende Zusammenarbeit" ist einerseits unsere Beobachtung, dass nicht nur wir Soziologinnen und Soziologen uns in unserem Berufsalltag zunehmend mit solchen Formen der Zusammenarbeit konfrontiert sehen und auseinander setzen müssen. Unsere berufliche Praxis verlagert sich nach unserem Eindruck von einer Zusammenarbeit von Personen/Organisationen mit homogenen hin zu einer von Personen/Organisationen mit heterogenen Hintergründen.

Andererseits mangelt es unserer Wahrnehmung nach sowohl in der Managementliteratur als auch in der Literatur zu grenzüberschreitenden Kooperationsformen an einer Herangehensweise, die auf ein erfolgreiches Management grenzüberschreitender Zusammenarbeit fokussiert. Dieses auch von anderen konstatierte Defizit (vgl. etwa Gläser et al. 2004) möchten wir mit diesem Band angehen.

Dazu haben wir ein breites Spektrum von Anwendungssituationen zusammen getragen, das es ermöglichen soll, einen gehaltvollen Konzept- und Methodenkoffer entstehen zu lassen, der vielfältige Mittel für ein effektives Management von grenzüberschreitender Zusammenarbeit in sich versammelt.

Die Lektüre des Bandes wird zwar vermutlich nicht davor bewahren, anspruchsvolle Projekte – wie den eingangs zitierten Turmbau zu Babel – in den Sand zu setzen. Aber er wird dazu beitragen können, Erfolg wahrscheinlicher werden zu lassen und Misserfolg unwahrscheinlicher!

1.3 Formen von Grenzüberschreitung

Nach diesen ersten Bemerkungen zu unserem Gegenstand sind wir bei einer kurzen Anmerkung zur von uns verwendeten Begrifflichkeit angekommen, aus der sich auch unser Titel ableitet. Innerhalb von Wissenschaft werden unterschieden (vgl. Brand et al. 2004):

- „Multidisziplinarität" als bloße Gegenüberstellung disziplinärer Perspektiven unter einem Thema,
- „Interdisziplinarität" als eine problemorientierte Kooperation von Vertretern mindestens zweier wissenschaftlicher Disziplinen und
- „Transdisziplinarität" als Kooperationsform, die verschiedene disziplinäre Perspektiven miteinander kombiniert, um Probleme von wissenschaftlichem und/oder gesellschaftlichem Interesse zu erforschen/zu lösen.

Für uns sind allerdings nur die beiden letzteren Definitionen interessant, weil sie „Zusammenarbeit" über Grenzen hinweg zum Gegenstand haben. Der erste Begriff verweist auf eine innerwissenschaftliche Form des Zusammenspiels von wissenschaftlichen Disziplinen, mit dem Ziel, über die von ihnen inhaltlich gesetzten Grenzen hinaus zu gelangen. Auf diese Weise sollen nicht zuletzt neue Zugänge zum Forschungsgegenstand organisiert werden. Der zweite Begriff beinhaltet den Einbezug nichtwissenschaftlicher Sichtweisen und Problemstellungen, erweitert also den Pool fachlicher Kooperationen um wissenschaftsexterne Teilnehmende. Mittels des in diesem Kontext erworbenen Wissens wird eine am Gemeinwohl orientierte praktische Lösung von Problemen angestrebt (vgl. Biber-Klemm et al. 2008). Damit ist aber nur ein Teil des uns interessierenden Phänomens angesprochen.

Ein neuerer Ansatz innerhalb der Wissenschafts- und Technikforschung geht einen Schritt weiter. Im Mittelpunkt steht dabei der Begriff „heterogene Kooperation" (vgl. Gläser et al. 2004). Als heterogen wird eine Kooperation bezeichnet, an der Akteur/innen aus verschiedenen Kontexten beteiligt sind. Die Kooperierenden stammen aus verschiedenen Fachgebieten und arbeiten an unterschiedlichen Orten oder in verschiedenen Organisationen. Ihre Ziele und Interessen unterscheiden sich ebenso wie die Blickwinkel auf den Gegenstand der Kooperation und das Wissen, das sie in Kooperationen einbringen. Das Konzept lässt mit anderen Worten offen, welche Differenzen zwischen den Kooperationspartner/innen bestehen und wie diese Differenzen ausgestaltet werden[1] und geht damit einen wichtigen Schritt über die Kooperationsform „Transdisziplinarität" hinaus, insofern das Merkmal einer Unterscheidung zwischen wissenschaftlichen und nichtwissenschaftlichen Organisationen eingeebnet wird.

Folgerichtig werden für die weitere Charakterisierung von heterogener Kooperation zwei andere Merkmale herangezogen. In einer Wissensdimension gilt es, getrennt erarbeitete Beiträge zu einem gemeinsamen Gut zusammen zu fügen und in einer Strukturdimension gilt es, heterogen zusammengesetzte Teams zum kollektiven Erfolg zu führen. Der letztere Gesichtspunkt lenkt den Blick zwar auch auf das uns interessierende Problem, dass die Kooperationsform besondere Anforderungen an das Management stellt. Die Bedeutung von Management wird dann aber mit dem Hinweis wieder abgewertet, es sei kein Königsweg des Managements heterogener Kooperation zu finden, wohl deshalb, weil das Management selbst nur einer der Faktoren sei, die den Erfolg heterogener Kooperationen beeinflussen.

Zusammenfassend lässt sich festhalten, dass wir es mit einer Kooperationsform zu tun haben, bei der einerseits aufgrund ihrer Heterogenität Kommunikationsprobleme, kulturelle Konflikte, Zielkonflikte etc. als unausweichlich erscheinen. Nichts desto trotz kreisen die Bemühungen des Ansatzes vor allem um Beschreibung, Interpretation und Analyse von heterogenen Kooperationsformen, so dass sich diese Variante auf unserem Weg hin zu Ansätzen, Theorien, Instrumenten und Methoden, mittels derer sich das Management heterogener Kooperationen aktiv unterstützen lässt, nur als ein Durchgangsstadium erweist.

Gleichwohl ergibt sich aus dieser zweiten Annäherung unser Ausgangspunkt: Es geht uns um das Management einer Zusammenarbeit, die grenzüberschreitend erfolgt. Die Beteiligten kommen entweder aus innerwissenschaftlichen Wissenschaftszweigen oder aus außerwissenschaftlichen Fachgebieten. Das Merkmal „grenzüberschreitend" kann sich auf nationale, kulturelle, personale/ethnische, Fach-, Disziplinen-, Abteilungs- oder auch Organisationsgrenzen beziehen. Im Zentrum stehen Problemlösungen über Grenzen hinweg, an denen Angehörige unterschiedlicher Spezialgebiete, Wissenschaftszweige und Herkünfte mit verschiedenen organisationalen An- und Einbindungen arbeiten, um mit-, neben- und gegeneinander ihre konkreten, zielgerichteten Vorhaben mehr oder weniger erfolgreich organisiert voranzutreiben. Auf welche Weise diese vielfältigen Grenzüberschreitungen durch Management zu Grenzübergängen werden können, wird uns weiter unten noch genauer beschäftigen.

---

[1] Und setzen sich damit in Gegensatz zum Konzept „Mode 2" von Gibbons et al. (1994), das auf eine ganz bestimmte Konstellation abhebt, die diese neue von einer alten Form der Wissensproduktion unterscheiden soll.

1.4 Management und horizontale Abstimmungen

Wie wir gesehen haben, besteht ein zentrales Merkmal unseres Gegenstandes in Kooperationen über Grenzen – auch und gerade von Organisationen – hinweg. Worin besteht aber das gemeinsame Interesse, aus dem heraus sich diesem nicht immer einfachen und hochgradig riskanten Vorgang gestellt wird? Auffällig ist zunächst, dass „Kooperationen" für die beteiligten Organisationen in der Regel einen hohen Stellenwert haben und entsprechend gepflegt werden. Aber welcher „Zwang" kommt in Betracht, wenn es um Bereitschaft zur Zusammenarbeit geht? Unsere These lautet, dass die Vielzahl der an der Bewältigung der gestellten Aufgabe beteiligten Disziplinen/Organisationen einen wichtigen Grund dafür darstellt, dass die Beteiligten zu kooperativem Verhalten gezwungen sind. Anders ließe sich das gemeinsame Problem nicht lösen, das gemeinsame Ziel nicht erreichen.

Mit anderen Worten sind unterschiedliche Beteiligte im Rahmen solcher Zusammenarbeit für Teilaufgaben konkurrenzlos zuständig. Um Vorhaben realisieren zu können, müssen ihre Teilaufgaben und -ergebnisse fortlaufend mit anderen Teilaufgaben und -ergebnissen verknüpft, kombiniert und koordiniert sprich gemanagt werden. Um also Vorhaben erfolgreich zu Ende bringen zu können, spielen „Koordination" und „Kooperation" eine zentrale Rolle. Erst im Zusammenspiel mit anderen Organisationen etc. erweist sich, ob sich die individuellen über kollektive Ziele erreichen lassen.

Einen weiteren wichtigen Aspekt in diesem Zusammenhang sehen wir in der zumeist durchgängigen Gleichrangigkeit der Beteiligten. Wir haben es mit anderen Worten mit einer Kooperationsform zu tun, die auf Hierarchie als Integrationsmechanismus weitestgehend verzichtet. Zwar finden sich immer wieder hierarchische Strukturen in Vorhaben, dabei handelt es sich jedoch in der Regel nicht um ein durchgängiges Muster.

Im Folgenden schließen wir deshalb an die in der Managementlehre vertretene These an, dass es „horizontale Abstimmungen" zwischen Organisationen etc. mit partiell gleichen Zielen sind, die grenzüberschreitende Zusammenarbeit am Laufen halten. Vor diesem Hintergrund fragen wir nach Bedingungen, Strategien und Methoden des Managements solcher „horizontaler Abstimmungen" (im Unterschied zu hierarchischen, programmatischen oder planenden Abstimmungen) (vgl. Schreyögg und Steinmann 1993, S. 405 ff.; Staehle 1985, S. 459 ff.).

Um die gestellte Frage nach Bedingungen, Strategien und Methoden des Managements „horizontaler Abstimmungen" angemessen beantworten zu können, ist zunächst zu klären, woraus solche Abstimmungen bestehen bzw. sich zusammensetzen. Unsere zentrale These lautet, dass wir es bei unserem Gegenstand „horizontale Abstimmungen/grenzüberschreitende Zusammenarbeit" mit einzelnen Aktivitäten zu tun haben, die sich zu Abfolgen zusammenfügen und im Zuge ihrer Verkettung zu Prozessen werden. Um diesen Vorgang genauer auf Einflussmöglichkeiten hin zu analysieren, stellen wir Prozesse und deren Strukturen ins Zentrum unserer Aufmerksamkeit. Management beziehen wir entsprechend auf die Steuerung von Prozessen und deren Rahmenbedingungen, zu denen auch kulturelle Phänomene gehören.

1.5   Management als Prozesssteuerung/Steuerungsprozess

Im Anschluss an Sydow und Windeler (2000, S. 2) fassen wir Steuerung als Versuch auf, Unterschiede zwischen gewünschten und Ist-Zuständen einer Organisation zu verringern. In diesem Sinne lässt sich Management als Beeinflussung von Prozessen und deren strukturellen Rahmen begreifen, die zur Herstellung eines bestimmten Zustandes (in) einer Organisation führen soll.[2]

Grundlegend für unser Steuerungskonzept von Managementaktivitäten in grenzüberschreitenden Kooperationen ist die Annahme, dass sich Prozesse – wie wir noch sehen werden – zwischen Chancen/Möglichkeiten auf der einen Seite und Hemmnissen auf der anderen hin und her bewegen. Dies nimmt die mittlerweile in der Managementlehre um sich greifende Skepsis gegenüber der Vorstellung einer vollständig plan- und steuerbaren Organisation auf, ohne in den komplementären Fehler zu verfallen, Organisationen für gänzlich unplan- und unsteuerbar zu halten. Vielmehr läuft die hier vorgeschlagene Variante auf ein Steuerungsmodell hinaus, das Misserfolge, Fehlschläge, Fehler, Katastrophen etc. als Reflexionswerte benutzt, um weitere Steuerungsversuche aus der Traufe zu heben. Dies jedoch ohne die Gewähr, die jeweils mit ihnen verbundenen Ziele auch zu erreichen.

Für die Beschreibung unseres Steuerungskonzeptes fokussieren wir also zunächst auf Prozesse und Teilprozesse, die in und zwischen Organisationen im Kontext grenzüberschreitender Zusammenarbeit entstehen und mit Hilfe der Kategorie „Ereignisketten" analysiert werden können.[3] Von Prozessen sprechen wir dann, wenn sich Ereignisse in einer Ereignisabfolge in Form von Rück- oder Vorgriffen auf vorausgegangene oder nachfolgende Schritte beziehen. Es lassen sich idealtypisch zwei Varianten unterscheiden:

- Als **zielorientierte** Prozesse (der Zusammenarbeit) bezeichnen wir Reihen von Aktivitäten, in denen Tätigkeiten so gewählt werden, dass sie vorgreifend auf ein Ziel hinarbeiten, ohne sich dabei rückblickend an erzielten Resultaten zu orientieren. Sie schließen ein Ereignis an ein anderes an und orientieren sich dabei vorgreifend an erwarteten Ergebnissen.
- Als **ergebnisoffene** Prozesse (der Zusammenarbeit) bezeichnen wir Reihen von Aktivitäten, in denen Einzelereignisse so gewählt werden, dass sie rückbezüglich aufeinander aufbauen, ohne vorgreifend auf ein Ziel hinzuarbeiten. Sie schließen eine Handlung an eine andere an und orientieren sich dabei rückblickend an erzielten Resultaten.

Unsere These lautet, dass sich in der Praxis zielorientierte Prozesse (der Zusammenarbeit), also Prozesse, die auf ein (kollektives) Ziel hin organisiert werden, aus zielorientierten, aber auch aus ergebnisoffenen Teilen zusammensetzen. Sequenzen mit Ziel (zielorientiert) werden von solchen ohne Ziel (ergebnisoffen) abgelöst und umgekehrt. Je höher

---

[2] Oder eben – wie im Beitrag von Katrin Späte – als „Problemlösen".
[3] Der Vorteil eines solchen Vorgehens besteht darin, auch das Managen selber als Prozess oder Teilprozess begreifen und analysieren zu können. Die Vor- und Rückgriffe lassen sich als prozessbegleitende Reflexionen auffassen.

der Anteil ergebnisoffener Teilprozesse, desto höher wird die Wahrscheinlichkeit sein, dass über den Ablauf von Teilprozessen das (kollektive) Ziel einer Zusammenarbeit verfehlt wird. Die Unterstellung, dass in der Praxis Prozesse nur als Mischform vorkommen, stützt sich vor allem auf drei Gründe:

- Die Kontexte, innerhalb derer Prozesse ablaufen (aber auch Prozesse selbst) sind zu komplex, als dass sie nicht immer wieder für Überraschungen gut wären im Sinne des Eintretens unvorhergesehener Ereignisse. Sie machen Um- und Neuorientierungen unvermeidlich.
- Jede Aktivität, die einen Prozess konstituiert, produziert intendierte wie nicht intendierte Nebenfolgen, was ihre Funktion, den Prozess zu reproduzieren und zielführend voranzutreiben, durchkreuzen kann.
- Nicht jede Aktivität auch und gerade innerhalb eines zielgerichteten Prozesses erfüllt das Kriterium einer vorgreifenden Orientierung an Resultaten.

In unserem Verständnis bezieht sich das Managen grenzüberschreitender Kooperationen auf Prozesse, die zwischen „zielgerichtet" und „ergebnisoffen" hin und her taumeln und durch Steuerung dem Versuch einer Refokussierung auf „zielgerichtet" unterworfen werden. Für die Handhabung von Prozesssteuerung schlagen wir zwei Begriffspaare vor, die sich in unserer Praxis bewährt haben:

- die Unterscheidung von Rekonstruktion und Konstruktion,
- die Unterscheidung von Strategien und Taktiken.

Mit der Unterscheidung von Rekonstruktion und Konstruktion kennzeichnen wir Steuerungsversuche, die die Organisation von Zusammenarbeit zum Gegenstand haben. Rekonstruktionen kommen vorab zum Einsatz, um Informationen zu gewinnen, vor deren Hintergrund die Entscheidung über die zu verfolgende Strategie getroffen wird, der dann Taktiken zugeordnet werden. Oder sie kommen im Anschluss an die Feststellung ins Spiel, dass es nicht so läuft wie geplant. Aufgrund einer Analyse des bisherigen Verlaufs und/oder anhand weiterer Recherchen zum Kontext des Prozesses gilt es dann herauszufinden, wie Steuerungen so platziert oder angepasst werden können, dass ein Erfolg (wieder) erwartbar wird, dass sie glücken.

Konstruktionen umfassen alle taktischen Versuche, den Prozessverlauf nicht nur zu planen, sondern auch zu steuern und diejenigen Instrumente aus den zur Verfügung stehenden Methoden dafür heranzuziehen, die den (geplanten) Prozessverlauf zu unterstützen versprechen. Beide zusammen erlauben es, Steuerungspunkte nicht nur zu setzen, sondern auch zu reflektieren, ob und inwieweit die eingesetzten Taktiken auch tatsächlich der verfolgten Strategie gedient haben. An eine solche Reflexion kann sich dann gegebenenfalls eine Nachsteuerung anschließen.

In einem zweiten Schritt unterscheiden wir Strategien von Taktiken. Übergreifende Strategien dienen dazu, Prozessverläufe zu strukturieren, Ziele zu verfolgen und zu erreichen. Sie bestehen aus einem Bündel von Praktiken und können z. B. an Erkenntnisse aus der Sozialforschung über grenzüberschreitende Kooperationen anschlossen werden.

Während aber Strategien dazu dienen, angesichts „des Wirklichen" „das Mögliche" zu bestimmen und entsprechende Pläne zu fassen, dienen Taktiken als diejenigen Elemente in diesen Plänen, die die praktische Durchsetzung von Strategien zum Ziel haben. Mittels unterschiedlicher Taktiken lässt sich mit anderen Worten eine übergreifende Strategie verfolgen. Taktiken sind Techniken und Methoden[4], die eingesetzt werden, um Zwischenziele zu unterstützen.

Steuerungsversuche versprechen vermutlich größeren Erfolg, wenn sie über Rekonstruktionen und Konstruktionen erfolgen, also über den Umweg rückblickender und vorausschauender Reflexionen Strategien und Taktiken entwickeln, die angeben, wie ergebnisoffene Sequenzen in eine zielgerichtete Grundstruktur reintegriert werden können.

1.6 Drei Dimensionen von Steuerung

Dieses Begriffsensemble steckt den Rahmen für das Managen grenzüberschreitender Zusammenarbeit ab. Da dieser Rahmen sehr allgemein gehalten ist, erscheint es uns unabdingbar, den reflexiv angelegten Prozess noch einmal genauer daraufhin zu beobachten, auf welche Weise das Problem der Grenzüberschreitung integriert werden kann.

Um dies tun zu können, unterscheiden wir drei Bereiche, auf die sich Managementaktivitäten beziehen, um Grenzüberschreitungen in Grenzübergänge zu überführen. In loser Anlehnung an ein Modell Bleichers (1991) stützen wir uns auf die Dimensionen Struktur, Prozess und Kultur:

- In der Strukturdimension geht es darum, heterogen zusammengesetzte Repräsentantengruppen und Teams zum kollektiven Erfolg zu führen (etwa Fach-, Disziplinen- und Hierarchiegrenzen).
- In der Prozessdimension geht es darum, getrennt voneinander erarbeitete Beiträge zu einem gemeinsamen Produkt, einer gemeinsamen Dienstleistung zusammen zu fügen (etwa Gruppen-, Abteilungs- und Organisationsgrenzen).
- In der Kulturdimension geht es darum, für heterogene Kooperationen einen integrativen Rahmen zu schaffen (etwa nationale, kulturelle und ethnische Grenzen).

Orientiert ist ein Managen grenzüberschreitender Zusammenarbeit vor diesem Hintergrund an der Maxime, auf die drei genannten Bereiche möglichst so Einfluss zu nehmen, dass eine optimale und nachhaltige Zusammenarbeit unter Berücksichtigung aller relevanten Bedingungen erreicht wird.

In der Strukturdimension gilt es auf der einen Seite die Frage zu beantworten, wie trotz einer Zerlegung der Gesamtaufgabe einer grenzüberschreitenden Zusammenarbeit in Teil-

---

[4] Taktiken versehen so gesehen „neutrale" Methoden mit Absichten, insofern sie sie in eine strategische Perspektive einrücken.

aufgaben und einer Verteilung auf einzelne Aufgabenträger/innen (die etwa durch kulturelle, Organisationsgrenzen und das Fehlen einer zentralen Koordinationsinstanz noch erschwert wird) eine Orientierung an übergeordneten Zielen der Zusammenarbeit aufrecht erhalten bzw. (immer wieder) hergestellt werden kann. Und auf der anderen Seite die Frage, wie interdisziplinäre Teams so zusammen gestellt werden können, dass sie Vorhaben und Aufgaben bewältigen, die nicht zuletzt die Merkmale heterogen, groß und komplex aufweisen, mehrere Bereiche betreffen und unterschiedliches Fachwissen erfordern.

Beide genannten Aspekte stellen an Leitungen grenzüberschreitender Zusammenarbeit besondere Ansprüche, die etwa unter dem Label „laterales Führen" diskutiert werden. Konzepte lateralen Führens suchen nach Lösungen auf gestiegene Anforderungen an das Personal solcher Vorhaben und reflektieren die Konsequenzen des Einsatzes von Mitarbeiter/innen mit hohem Sachverstand bzw. der Ausweitung von deren Zuständigkeiten und weisen damit auf die dritte hier interessierende Dimension „Kultur" voraus, da es in diesem Zusammenhang nicht zuletzt um Bildung von Vertrauen und um Verständigung, z. B. um Schaffung eines gemeinsamen Denkrahmens geht, der die unterschiedlichen Interessen der Beteiligten bestenfalls zu integrieren vermag.

In der Prozessdimension gilt es die zur Leistungserstellung notwendigen Arbeitsabläufe bestmöglich zu unterstützen. Dazu ist eine nähere Qualifizierung von Prozessen sinnvoll, um besser auf deren Besonderheiten reagieren zu können. Zu diesem Zweck unterscheiden wir idealtypisch drei Typen von Prozessverläufen, in denen auf je unterschiedliche Weise Strategien und Taktiken zum Einsatz kommen:

1. *Einbindungsprozesse:* Eine Partei generiert in strategischer Absicht ein Übersetzungsmodell, in das die Interessen aller Beteiligten eingepasst und einzupassen sind.
2. *Aushandlungsprozesse:* Die Repräsentanten der Beteiligten artikulieren ihre jeweiligen Interessen, formulieren ein gemeinsames Ziel und einigen sich auf ein Vorgehen und spielen die Ergebnisse der Aushandlungen in ihre Bereiche zurück.
3. *Integrationsprozesse:* Der Fortgang des Prozesses ist daran geknüpft, dass eine bestimmte Übereinkunft getroffen, eine gemeinsame Sprache gesprochen, für alle verbindliche Regeln gefunden und anerkannt wurden. Der Blick richtet sich mit anderen Worten auf die Herstellung und Aufrechterhaltung eines „partizipativen" Bezugsrahmens.[5]

Und in der Kulturdimension schließlich gilt es zu ermitteln, wie wechselseitiges Verstehen in grenzüberschreitender Zusammenarbeit so unterstützt werden kann, dass sich gewünschte Effekte in Bezug auf das Verhalten von Beteiligten ergeben. Dafür bieten sich Begriffe wie „Kulturstandards", „Vertrauen" oder auch „Integration" an. An ihnen entlang lassen sich unterschiedliche Probleme des Nicht- und Missverstehens aufzeigen und verfolgen.

Es geht mit anderen Worten im Anschluss an Konzepte der international vergleichenden Organisationsforschung darum, wie es gelingen kann, eine kooperierende Organisa-

---

[5] Der Beitrag „Grenzüberschreitende Zusammenarbeit" in diesem Band knüpft direkt an diese Überlegungen zum Managen der beiden Dimensionen „Struktur" und „Prozess" an.

tionen übergreifende Kultur etwa durch Sprach-, Verhaltensregelungen und geteilte Symboliken voran zu treiben.

Entlang dieser Dimensionen haben wir die Anordnung der Beiträge vorgenommen. Wobei sich auf der einen Seite die Beiträge wieder finden, die sich mit dem Thema Kultur im Kontext des Managens grenzüberschreitender Zusammenarbeit beschäftigen und auf der anderen solche, die sich mit dem Thema Strukturen/Prozesse im Kontext des Managens grenzüberschreitender Zusammenarbeit befassen. Da es sich bei Strukturen und Prozessen nach unserer Auffassung um zwei Seiten ein und derselben Medaille handelt, werden sie hier zu einem Teil zusammenfasst.[6]

Bevor wir dazu übergehen, die Beiträge in den eröffneten Horizont einzubetten, schieben wir noch eine kurze Bemerkung zum Anspruch der hier versammelten Beiträge ein.

1.7   Methodenkoffer

Die in diesem Band versammelten Beiträge zeigen, dass im Feld sozialwissenschaftlichen Wissens in Bezug auf die methodische und konzeptionelle Unterstützung von Managementaktivitäten sehr viel mehr zu holen ist, als üblicherweise vermutet wird. Sie entstammen alle dem zumeist nicht sozialwissenschaftlich geprägten Arbeitsalltag und beziehen sich alle auf unterschiedliche Weise auf den Bereich grenzüberschreitender Zusammenarbeit.

Untersucht wird jeweils eine für typisch gehaltene Managementsituation, für deren Beschreibung und Analyse sozialwissenschaftliche Theorien/Ansätze/Konzepte den Bezugsrahmen zur Verfügung stellen. Die Erläuterungen erschließen die Situation als Prozess der Zusammenarbeit (mit-, neben- und gegeneinander) mit seinen jeweiligen Besonderheiten und geben Hinweise auf relevante Methoden, mit deren Hilfe Probleme im Managementprozess bewältigt wurden.

Auf diese Weise soll ein besseres Verständnis der beschriebenen Situationen erreicht und es sollen zugleich Methoden für ihre Bearbeitung zur Verfügung gestellt werden. Angestrebt haben wir eine breite Mischung von Anwendungssituationen, damit in der Summe ein möglichst anspruchsvoller Konzept- und Methodenkoffer entsteht, der Mittel für ein effektives Management von grenzüberschreitender Zusammenarbeit an die Hand gibt.

Die Beiträge folgen alle mehr oder weniger der gleichen Struktur, die der inhaltlichen Vielfalt des Bandes einen Rahmen zu setzen versucht: Es wird ein Beispiel aus dem Organisationsalltag vorgestellt. Es werden die sozialwissenschaftlichen Ansätze/Methoden erläutert, mittels derer die Frage- bzw. Problemstellung bearbeitet sowie ein konkreter Lö-

---

[6] Prozesse und Strukturen hängen insofern eng miteinander zusammen, als beide den gleichen Gegenstand betrachten, wenn auch unter verschiedenen Gesichtspunkten. Sie bedingen sich gegenseitig und bauen aufeinander auf: Die Struktur liefert den organisatorischen Rahmen, innerhalb dessen sich die zur Produktherstellung erforderlichen Prozesse vollziehen können. Andererseits kann ein solcher Rahmen nur dann sinnvoll festgelegt werden, wenn mehr oder weniger genaue Vorstellungen über diejenigen Arbeitsprozesse bestehen, die innerhalb dieses Rahmens ablaufen sollen.

sungsweg aufgezeigt werden soll. Schließlich wird der Umgang mit den vorgeschlagenen Ansätzen/Methoden demonstriert.

Besonders betonen möchten wir, dass es uns um die Anwendbarkeit der benutzten Ansätze und Methoden geht und nicht darum, den Forschungsstand zu ihnen möglichst genau wieder zu geben und auch nicht darum, Forschungskontroversen zu referieren. D.h., die Autor/innen beschränken sich ganz gewusst darauf, nur diejenigen Informationen zu den jeweiligen Ansätzen/Methoden einzuführen, die unmittelbar zum Verständnis der ausgewählten Situationen vonnöten sind.

An diese Linie haben wir uns aus Gründen der Lesbarkeit auch in Bezug auf die behandelten Themen – wie etwa „laterales Führen", „Verwaltungsreform" oder auch „Politikberatung" – gehalten. In den Texten und Literaturlisten findet sich vor allem Grundlagenliteratur, die interessierten Leser/innen einen Einstieg in das jeweilige Feld ermöglichen soll, möglichst ohne am oft kritisierten sozialwissenschaftlichen Jargon zu scheitern.

Den Reigen der Beiträge eröffnet mit einer Reflexion über grenzüberschreitende Zusammenarbeit Katrin Späte. Sie erörtert am Beispiel des Konzeptes „Transdisziplinarität" aus innerwissenschaftlicher Perspektive Notwendigkeit und Grenzen disziplinär organisierten Problemlösens.

Nach Späte steht im Mittelpunkt von Transdisziplinarität der Versuch, zwei gegenläufige Tendenzen unter einen Hut zu bekommen. Auf der einen Seite ist die Ausdifferenzierung von Disziplinen innerhalb von Wissenschaft als Begrenzung des „Forschungsgegenstandsbezugs" Voraussetzung jedes Wissenschaffens, da auf diese Weise eine erforderliche Reduzierung von Komplexität erfolgt.

Auf der anderen Seite zeigen sich angesichts des Auftauchens disziplinenübergreifender Probleme die Grenzen dieser Form von Erkenntnisgewinnung immer deutlicher. Nur im Hinblick auf die Problemlösungskompetenzen einer Disziplin lassen sich globale Probleme wie Umweltzerstörung, Klimaerwärmung etc. nicht angemessen bearbeiten. Hinzu kommt, dass sich zunehmend außerwissenschaftliche Wissensproduzenten etablieren, die angesichts ihrer Expertise in tragfähige Lösungen zu integrieren sind.

Für diese Öffnung gegenüber anderen Disziplinen und gegenüber von Nichtwissenschaft eignen sich nach den Beobachtungen von Späte soziologische Theorien und Methoden ganz besonders und sie präsentiert dafür folgende Indizien:

Soziologie hat zu einem nicht unerheblichen Anteil an der Entstehung neuer Disziplinen, wovon ihre fortgesetzte Diffusion in andere Disziplinen hinein beredt Zeugnis ablegt.

Zum anderen liegen wichtige Ressourcen etwa in ihrer Fähigkeit zur Thematisierung von Wechselwirkungen zwischen Handlungen, von Wirkungen sozialer Rollenkomplementarität, von gruppendynamischem Konformitätsdruck, von Perspektivübernahmen für gelingende Zusammenarbeit und nicht zuletzt von Effekten der gesellschaftlichen und organisationalen Bedingtheit von Positionen und Perspektiven der in Kooperationsprojekten beteiligten Akteur/innen.

In soziologischen Theorien und Methoden sieht Späte insofern hervorragende Kandidat/innen zur Überwindung bisheriger disziplinärer Engführungen beim Problemlösen in grenzüberschreitenden Kooperationen. Für besonders hervorhebenswert sind dabei für sie ein Ausgehen von der Gleichwertigkeit aller Beteiligten und eine Offenheit für Multiperspektivität. Beide eröffnen erst den Horizont, der es erlaubt, sich den Reichtum soziologischer Konzepte und Verfahren neu zu erschließen. An diesem Punkt trifft sich die soziologische Reflexion Spätes des Problemlösens mit unserer Managementperspektive.

1.8   Steuerung von Kulturen grenzüberschreitender Zusammenarbeit

Die Managementperspektive startet mit den Beiträgen zu Kulturen grenzüberschreitender Zusammenarbeit. Ein Ausgangspunkt ist die Beobachtung, dass sich seit geraumer Zeit zahlreiche wissenschaftliche Disziplinen mit den unterschiedlichen Facetten interkultureller Kommunikation und Kooperation beschäftigen (vgl. etwa Straub et al. 2007). Ein praktischer Auslöser solcher Forschungen sind international agierende Institutionen und Organisationen, deren Beschäftigte sich in der Zusammenarbeit mit Mitgliedern fremder Kulturen nicht selten vor eine Reihe von Problemen gestellt sehen.

Neben sprachlichen Barrieren treten häufig Konflikte und Missverständnisse auf, die im Zusammenhang mit unterschiedlichen Deutungsmustern der beteiligten (kulturell bedingten) Regeln, Werte und Normen stehen. Vor diesem Hintergrund leuchtet es unmittelbar ein, dass die Erforschung interkultureller Handlungskompetenz an Gewicht gewinnt. Eine wichtige Frage, die beantwortet werden soll, lautet etwa, mit welchem Wissen Personen ausgestattet sein müssen, um sich in kulturell grenzüberschreitenden Situationen adäquat verständigen zu können.

Denn vor genau diesem Problem steht das Management interkultureller Zusammenarbeit: Grenzüberschreitende Prozesse können nur weiter geführt werden, wenn bestimmte Bedingungen wechselseitigen Verstehens erfüllt sind. Aber wie können sie hergestellt werden, wenn sie in der Regel erst im Nachhinein nach leidvollen Erfahrungen oder einer Reflexion des Scheiterns zur Verfügung stehen? An diese Ausgangslage knüpft der Beitrag von Andrea Kronenthaler mit der Frage nach den Merkmalen interkultureller Handlungskompetenz an.

Sie geht von der These aus, dass Organisationsmitglieder, bedingt durch ihre Sozialisation, Standards der eigenen Kultur nicht bewusst erfahren. Erst im Kontakt mit fremdkulturell sozialisierten Personen werden sie sich ihrer bewusst und erleben Kulturstandards sowie ihre Wirkung in Form kritischer Ereignisse („critical incidents"). Anlass für solche kritischen Ereignisse sind unerwartetes Verhalten oder unerwartete Reaktionen, deren Bedeutung und Sinn sie nicht verstehen und für die sie keine geeigneten Deutungen zur Verfügung haben.

Die verfolgte Strategie besteht darin, Situationen mit kritischen Ereignissen, wie sie in grenzüberschreitender Zusammenarbeit zwischen deutschen und ägyptischen Manager/innen aufgetreten sind, ex post zu analysieren. Auf diese Weise soll verstanden werden, wie in den geschilderten Situationen Nicht-Verstehen und damit verbunden die gescheiterte Verständigung zustande kam. Als ein wichtiges Ergebnis hält Kronenthaler fest, dass erst mit der Bereitschaft, die aus der Analyse gewonnenen Erkenntnisse in die eigenen

Wahrnehmungs-, Denk-, Bewertungs- und Handlungsmuster zu integrieren, ein Horizont erwächst, der es in Zukunft erlauben dürfte, kritische Ereignisse mittels ausgewählter Taktiken in verhandelbare Situationen zurück zu übersetzen.

Auch Ekkehard Nau geht es in seinem Beitrag darum, eine Verstehens- und Verständigungsbasis zu erarbeiten, auf der dann die weiteren Aushandlungen aufruhen können. Dafür ist nach seiner Auffassung aber eine Voraussetzung, Kultur als eigenständige Organisationsdimension zu verstehen. Jede Organisation bildet in dieser Vorstellung eine spezifische Kultur aus, die das organisatorische Verhalten maßgeblich beeinflusst. Sie ergibt sich aus dem Zusammenspiel von Werten, Normen, Denkhaltungen und Paradigmen, welche die Organisationsmitglieder teilen. Sie umfasst das, was das Zusammenleben in einer Organisation sowie ihr Auftreten nach außen prägt. Im Anschluss an Schein kann von einem Muster gemeinsamer Grundprämissen gesprochen werden, das eine Organisation bei der Bewältigung ihrer Probleme externer Anpassung und interner Integration erlernt hat, das sich bewährt hat und somit als bindend gilt und von daher an neue Mitglieder als rational und emotional korrekter Ansatz für den Umgang mit Problemen weitergegeben wird.

Nau erläutert am Beispiel einer Fusion, wie eine Strategie aussehen kann, die Akteur/innen verschiedener Berufsgruppen, Personen mit unterschiedlichen Ausbildungen und aus unterschiedlichen Disziplinen mit ihren unterschiedlichen Kompetenzen und Perspektiven auf die Arbeit an einer gemeinsamen Organisationswirklichkeit mit geteilten Werten, Regeln und Normen vorbereitet. Die Taktik T.A.O.® (Typen-Analyse für Organisationen) dient dazu, Kulturen zuverlässig, gültig und verständlich zu ermitteln, um bei den internen Wandlungsprozessen frühzeitig und schnell mögliche Widersprüche und daraus entstehende Konflikte zu erkennen und bearbeiten zu können. Dabei kommt es darauf an, einen Dialog-Prozess im Unternehmen anzustoßen, in dem sich die Organisationsmitglieder über ihre Gesamtkultur mit ihren organisationalen Subkulturen bewusst werden und daraus Konsequenzen für ihr Zusammenwirken ziehen.

Als ein weiterer Aspekt des Managens innerhalb der Kulturdimension kann der Aufbau von Vertrauen angesehen werden. Es fungiert insbesondere dann als Basis sozialer Beziehungen, wenn Face-to-face Kommunikation reduziert, auf eine umfangreiche vertragliche Absicherung verzichtet wird und Projektzeiträume auf einen relativ kurzen Zeitraum begrenzt sind. Die strategische Suche von geeigneten Beratern durch politische Organisationen kennzeichnen Doris Beer und Hans-Werner Franz als unsicher und komplex. Offenheit gegenüber Neuem, Vorleistungen an Vertrauen in die potentiellen Partner/innen sind zwar unabdingbar, zugleich erfolgen aber eine Reihe von Passungen, die signalisieren, dass Vertrauen gerechtfertigt erscheint und eine Kooperation zustande kommen kann. Welche Taktiken stehen zur Verfügung, um beim Zustandekommen von Verträgen internationaler Politikberatung das zu Beginn solcher Kooperationen fehlende Vertrauen zu überbrücken?

Nach Beer/Franz muss die Politikberatung durch ausländische Fachleute die Möglichkeit bieten, in der innenpolitischen Auseinandersetzung mit politischen Gegenspieler/innen ihre Werthaltungen in unangreifbarer Form ins Gespräch zu bringen. Aus diesem

Grund ist zu erwarten, dass Berater/innen vorgezogen werden, die dem eigenen Überzeugungssystem entsprechen. Von Bedeutung ist hier nur die Unterstellung einer solchen Übereinstimmung. Ein zweiter wichtiger Aspekt für den Aufbau von Vertrauen setzt ein abgestimmtes inneres Team voraus. Ein Ansatz, der nicht zuletzt dabei hilft, im Nachhinein verschiedene Überlegungen in Bezug auf die Entscheidung für ein Beratungsprojekt und in Bezug auf ein Verstehen der unterschiedlichen Perspektiven auf ein Beratungsprojekt aufzuzeigen und gegeneinander abzuwägen. Diese Taktik kann im Rahmen einer Reflexion von Suchstrategien eine wichtige Funktion erfüllen.

Die Sozialkapitaltheorie ermöglicht, die Differenzierung von Handlungs- und Interventionsebene eines Beratungsprojektes analytisch zu unterscheiden und darüber zu reflektieren, aus welchen Quellen sich das Anfangsvertrauen des Auftraggebers und des Klienten möglicherweise speisen. Diese Taktik ist insbesondere für eine Einordnung und Einschätzung der mit einem Beratungsprojekt erzielbaren Erfolge von Bedeutung. Schließlich macht es nach Beer/Franz Sinn, die Meso-, Makro- und Mikro-Ebene zu berücksichtigen. Die in der Beratung Tätigen bringen Kompetenzen mit, um Vertrauen aufzubauen: Sie brauchen Vorkenntnisse zum Politikfeld, den Akteur/innen, ihren Interessen, ihren Handlungsweisen. Andererseits ist es nötig, dass sie über ihre Rolle in der Beratung reflektieren können, etwa um auftretende Stereotypen nicht als Problem, sondern als eine mögliche Lösung zu beobachten. Dieses Set an Methoden steht sowohl Beratenden als auch zu Beratenden zur Verfügung, um Transparenz in die eigenen Auswahlstrategien zu bringen und um Programme/Verfahren entwickeln zu können, die den Umgang mit Unsicherheit und Komplexität erleichtern.

Der letzte Aspekt, auf den hier im Rahmen der Kulturdimension eingegangen wird, ist der der Integration. Für den Integrationsprozess im Rahmen einer Behördenzusammenführung stellt Heiko Kosow die Frage, welche Instrumente zur Verfügung stehen, um den Bedarf an wechselseitigem Verstehen als Voraussetzung für Integration zu decken und auf diese Weise die Zusammenführung von Personen über Organisationsgrenzen hinweg zu befördern. Um Widerstände und Ängste im Eingliederungsprozess möglichst gering zu halten, schien es ratsam, frühzeitig nach anschlussfähigen kommunikationstheoretischen Ansätzen zu suchen, die es erlauben sollten, für eine möglichst reibungslose Umsetzung des Integrationskonzeptes zu sorgen.

Die Strategie bestand darin, einerseits Foren für Pflege und Intensivierung von Kommunikation über den Veränderungsprozess zu schaffen und andererseits eine Kultur der Wertschätzung zu etablieren, beides um Metakommunikation in friedliche Bahnen zu lenken. Im Zuge der Umsetzung der Strategie wurde z. B. auf Transparenz im Vorgehen durch rechtzeitigen Einbezug der Betroffenen geachtet. Im Rückblick war es wohl nicht zuletzt die so beförderte „professionelle Kommunikation", die den Erfolg der Zusammenführung ermöglicht hat. Im Rahmen der Eingliederung der Sonderbehörden erwiesen sich so weder die rechtlichen und politischen Legitimierungsversuche noch die Erfahrungen positiver Auswirkungen von Strukturänderungen als ausreichend motivierend für eine erfolgreiche Bewältigung des Veränderungsprozesses.

Kosow bilanziert, dass erst die Beförderung wechselseitigen Verstehens wichtige Voraussetzungen für die Integration schafft und auf diese Weise die Zusammenführung von Personen über Organisationsgrenzen hinweg sowie die Zusammenführung unterschiedlicher Organisationen bzw. Organisationsteile erleichtert, die bisher nebeneinanderher existiert haben. Auch dieser Beitrag verweist wie der von Nau auf die Notwendigkeit, bei Restrukturierungsvorhaben neben Überlegungen zum Umbau von Aufbau- und Ablauforganisation eben auch dafür Sorge zu tragen, dass kulturelle Aspekte – in diesem Fall der Aufbau und die Unterstützung einer „Wertschätzungskultur" – zum Erfolg des Vorhabens beitragen bzw. ihn erst möglich machen.

1.9 Steuerung von Strukturen/Prozessen grenzüberschreitender Zusammenarbeit

Das weite Feld der Sozialwissenschaften verfügt über eine Vielzahl von Modellen und Theorien, um soziale Musterbildung innerhalb von Gesellschaft zu beschreiben und zu erklären. Dafür werden als Ordnungsstrategie vor allem die Begriffe Struktur und Prozess benutzt. Bei Strukturen kann es sich z. B. um eine Beschreibung von Rollen oder Institutionen handeln, die sozialem Handeln einen mehr oder weniger engen Orientierungsrahmen vorgeben. Prozessen liegt die Vorstellung von Ereignisketten sozialen Handelns zugrunde, die zielorientiert oder ergebnisoffen sein können. Im zweiten Teil nun wird nach Strategien und Taktiken gesucht, mittels derer Management auf den Aufbau und den Ablauf grenzüberschreitender Zusammenarbeit Einfluss nehmen kann.

Über Strukturen und Prozesse gelingt Management auf unterschiedliche Weise eine Eingrenzung dessen, was innerhalb eines bestimmten Kontextes möglich ist und was nicht. Dabei kommen Strukturen durch Auswahlstrategien zustande und eröffnen ihrerseits Möglichkeitsspielräume, innerhalb derer sich dann das weitere Geschehen fortschreibt. Aus der Perspektive von Strukturen kommt es zu Bestimmungen des Rahmens durch Ausschluss anderer bereitgehaltener Möglichkeiten.

Auf Seiten der Prozesse kommt noch ein Vorher-Nachher-Unterschied hinzu. In Prozessen kommt es im Ausgang vom aktuellen Prozessschritt zur Bestimmung eines neuen, des nächsten Elementes. Das neue Element muss sowohl zum Kontext als auch zum vorangegangenen Prozessschritt passen. Insofern stehen sowohl Strukturen als auch Prozesse für ein Verfahren, das über Ausschluss einerseits und Anschlusssuche andererseits die Vielzahl vorhandener Möglichkeiten verringert und in relevanter Hinsicht bewahrt, so wie z. B. Sprache als Struktur den Prozess des Redens immer wieder neu und anders möglich macht.

Andrea Bührmann, Matthias Horwitz und Sabine von Schlippenbach verfolgen anhand des Beispiels einer Kooperation zwischen einem Verlag und einer Internetplattform, welche Strategien und Taktiken Akteur-Netzwerk-Theorie (ANT), symbolischer Interaktionismus (SI) und Dispositivanalyse (DA) für das Projektmanagement bereitstellen können, um deren Erfolg wahrscheinlicher zu machen. Es geht ihnen darum, Struktur- und Prozessmuster zu identifizieren, die es erlauben, Kontexte unterschiedlich festzulegen und darin ablaufende Prozesse unterschiedlich zu strukturieren und zu steuern, je nachdem, welche Absichten, Interessen, Bedingungen und Anforderungen an die gemeinsamen Aufgaben zu stellen sind.

So ermöglicht es jeder der Ansätze, die grenzüberschreitende Zusammenarbeit jeweils einer anderen Strategie zu unterstellen – „obligatorischer Passagepunkt" (ANT), „Grenzobjekt" (SI) und „Dispositiv" (DA) –, die es dann mit entsprechenden Taktiken unterfüttert möglich machen, entsprechend der identifizierten Ansprüche vorzugehen. Bührmann u. a. halten vor diesem Hintergrund fest, dass es aus ihrer Sicht nicht das Modell, nicht die Lösung, also keinen Königsweg gibt, wenn es um das Management grenzüberschreitender Zusammenarbeit geht. Sie legen stattdessen nahe, vorab zu klären, angesichts welcher zur Verfügung stehenden Ressourcen welche Erwartungen an die Zusammenarbeit vorhanden sind, gestellt werden müssen und danach Strategien und Taktiken sowie passende Verlaufsformen auszuwählen. Auch ist es i. E. vorstellbar und zielführend, im Verlauf des Vorhabens Strategiewechsel vorzunehmen, allerdings nur dann, wenn die neue Strategie den zu erwartenden Bedingungen des vorausliegenden Abschnitts besser gerecht zu werden verspricht als die des gegenwärtigen.

Einen ähnlichen Weg schlägt Thomas Kopsch in seinem Beitrag unter Verwendung ganz anderer Ansätze ein. Auch er widmet sich der Arbeitsform Projekt als einer gängigen Organisationsstruktur grenzüberschreitender Zusammenarbeit. Da diese Arbeitsform einerseits immer wichtiger wird, in der praktischen Durchführung aber andererseits zu einer Menge von Reibungspunkten führt und dadurch ihr Erfolg immer wieder gefährdet ist, geht er der Frage nach, ob die Soziologie Instrumente zur Verfügung stellen kann, um Projekte erfolgreicher gestalten zu können.

Sein Beispiel entstammt einem mittelständischen Unternehmen, das fast zeitgleich zwei größere Aufträge zum Bau von Softwarelösungen erhielt. Im Management war man der Überzeugung, beide Aufträge parallel durchführen zu können. Die Softwareentwickler hingegen warnten. Dennoch wurde nach Start des ersten Auftrages bald darauf auch der zweite angenommen. Nachdem sich herausstellte, dass im Unternehmen nur an einem Auftrag gearbeitet wurde, zog das Management eine externe Projektleitung zu, um die Situation zu retten.

Welcher Instrumente hat sich die Projektleitung nun konkret bedient, um die im Projekt auftretenden Probleme zu bearbeiten? Kopsch beschreibt zwei Strategien: Mittels des Ansatzes von Berger/Luckmann wird die Strategie verfolgt, die bisher im Unternehmen vorhandenen „subjektiven Wirklichkeiten" (Management, Softwareentwickler) im Hinblick auf die beiden Aufträge in eine von allen Beteiligten geteilte „objektive Wirklichkeit" zu überführen. Und die zweite Strategie verfolgt mittels Weberscher Überlegungen zur Legitimität einer Herrschaft das Ziel, das Handeln der neuen Projektleitung mit der nötigen Autorität und Folgebereitschaft durch die Mitarbeiter/innen zu versehen.

Der erfolgreiche Einsatz der beiden Ansätze führt nach Kopsch dazu, dass Menschen und Gruppen von Menschen so zum Mitmachen veranlasst werden, dass am Ende erfolgreiche Ergebnisse stehen. Was er als „Führung" bezeichnet und gerade in komplexen Projekten für unerlässlich hält, wenn es etwa durch den Einsatz soziologischer Methoden

gilt, Probleme zu lösen. So gesehen kann Soziologie auch Beiträge zur Unternehmensführung leisten. Damit ist der Aspekt von Führung angesprochen, der uns im Folgenden
beschäftigen wird.

Die letzten beiden Beiträge nehmen die von Kopsch aufgeworfene Frage auf, ob ein der
Kooperationsform grenzüberschreitenden Zusammenarbeitens angemessenes Führungs-
instrument existiert und wenn ja, wie dies beschaffen sein muss, um den Besonderheiten der Arbeitsform Rechnung zu tragen. Als ein Kandidat wird das „laterale Führen"
angesehen und auf seine Tauglichkeit hin überprüft. Konzepte lateralen Führens stellen
Reflexionsstrategien zur Verfügung, anhand derer Management sowohl auf gestiegene organisationale Vernetzung reagieren kann als auch auf höhere institutionelle Komplexität
sowie darauf, dass diese Bedingungen nur durch Mitarbeiter/innen mit hoher Qualifikation bewältigt werden können. Im Anschluss an Friedberg/Crozier lässt sich auch davon
sprechen, dass laterales Führen eine Reaktion auf zunehmende Ungewissheitszonen in Organisationen darstellt.

Deshalb reicht es nach Bennet van Well und Kai Matthiesen nicht mehr, einen „heroischen" Führungsstil zu pflegen. Vielmehr gelte es im Rahmen einer diskursiven Führung,
die Spannungsverhältnisse rund um die Machtverteilung in Organisationen zu thematisieren. Ihr Gegenbegriff „diskursives Führen" stellt nämlich Macht jenseits von Weisungsbefugnissen qua Hierarchie ins Zentrum. Denn – so argumentieren van Well und Matthiesen – wer keine Macht hat oder verkennt, welche Macht er hat und welche Grenzen ihm als
Akteur gesetzt sind, kann nichts durchsetzen. In dieser Perspektive ist diskursives Führen
machtbewusstes Führen, im Umfeld systemimmanent widersprüchlicher Interessen. Insofern führt eine Person, die Macht ins Zentrum ihres Führungskonzeptes rückt, nicht wegen
sondern trotz ihrer Weisungsbefugnis.

Gestützt auf mikropolitische Überlegungen vor allem in Anschluss an Giddens und Ortmann machen van Well und Matthiesen deutlich, dass diskursives Führen größere Chancen
für die Interessensdurchsetzung der Führenden birgt. Sie zeigen, dass das Potenzial der Arbeitsteilung optimaler genutzt werden könnte, indem Führende für mehr Verständigung
sorgen, Vertrauen ermöglichen, erforderliche Entscheidungen treffen und so nachhaltiger
Ungewissheitszonen überwinden. Dabei ist die Weisungsbefugnis geradezu als das Gegenteil von Führung zu verstehen: Denn wer anweist, lässt erstens das Potenzial diskursiven
Führens ungenutzt, zweitens verkennt er die guten Gründe seiner/ihrer Beschäftigten, drittens muss er detailliert kontrollieren, ob und inwiefern die Weisungen befolgt worden sind
und viertens schwächt er die eigene Position, insofern er Dienst nach Vorschrift provozieren könnte.

Auch Guido Tolksdorf beschäftigt sich ausgehend von systemtheoretischen Überlegungen mit dem Thema lateralen Führens. Es geht ihm in seinem Beitrag allerdings nicht
primär um die Anwendung originär soziologischer Theorien, Konzepte oder Methoden,
sondern vielmehr um die Verwendung von Soziologie in Gestalt von Orientierungskomplexen außerhalb der disziplinären Soziologie, die eine lebensweltlich geprägte Perspektive
auf die Wirklichkeit ermöglichen. Bezogen auf organisationale Transformationsprozesse
zeigt Tolksdorf – gestützt auf eigene Erfahrungen in Unternehmen – am Beispiel der Ein-

führung von kaizen und business reengineering – wie Anschlussfähigkeit in der Kommunikation mit Nichtsoziolog/innen hergestellt wird. Das bedeutet, Konzepte so zu formulieren,
dass sie im Kern von Ingenieur/innen oder Ökonom/innen, aber auch von Personen verstanden werden können, die keine akademische Ausbildung absolviert haben.

Dies macht nicht selten Vereinfachungen in Form von Modellen, Schemata oder anderen Visualisierungen notwendig. Zentral für die Herstellung solcher Anschlüsse ist es,
Anknüpfungspunkte in der jeweiligen anderen Sprach- und Denkweise zu identifizieren.
Dies zeigt Tolksdorf z. B. anhand der Visualisierung von Zielvereinbarungen auf einer einfachen Zielscheibe. Zur Erarbeitung dieser Ziele können Konzepte wie Kommunikation,
Störung oder Selbstregulation den kritischen Blick auf die ablaufenden Prozesse schärfen
und so als Verfremdungen der Lebenswelt eine andere Perspektive auf die Realität ermöglichen.

1.10 Erkenntnisgewinne

Was lässt sich aus den Beiträgen über das Managen, das Steuern von grenzüberschreitender
Zusammenarbeit lernen? Und welche Strategien und Taktiken lassen sich aus den Beiträgen destillieren und für unseren Methodenkoffer sichern? Wir haben eine Reihe von
Strategien und Taktiken kennen gelernt, auf die sich unsere Autor/innen stützen, um bestimmte Effekte innerhalb der von ihnen beschriebenen Kontexte und Abläufe zu erzielen.
Im Schwerpunkt „Kultur" drehen sich die Beiträge um das Thema „Verstehen", also um Formen, in denen die Übersetzung von Fremdperspektiven in die je eigene gelingt, gelingen
kann.

In interkulturellen Zusammenhängen steht die Organisation von Zusammenarbeit
immer wieder vor dem Problem, dass grenzüberschreitende Prozesse erst dann (erfolgreich) weiter geführt werden können (und nicht abgebrochen werden), wenn bestimmte
Minimalbedingungen wechselseitigen Verstehens in die Verständigungsprozesse eingebaut sind. Wir haben gesehen, dass die Wahrnehmung von so genannten „kritischen
Ereignissen" vor dem Hintergrund von „Kulturstandards" eine wichtige Rolle spielt. Erst
diese Methode ermöglicht es, auf interkulturelle Barrieren zu stoßen und so Anlass zu
Reflexionen zu geben, die klären, wie produktiv mit ihnen umgegangen werden kann.

Die Methode T.A.O.® (Typen-Analyse für Organisationen) steht für eine Möglichkeit,
wie bei Bedarf Organisationskulturen analysiert werden können, um so Anhaltspunkte für
potentielle Konflikte in der Zusammenarbeit oder bei der Zusammenführung von Organisationen aufzeigen und angehen zu können. Sicher nicht nur im Feld internationaler Politikberatung anschlussfähig sind die für eine Schaffung von Vertrauen erörterten Methoden.
Um auch unter unsicheren und komplexen Bedingungen zu tragfähigen Beratungen zu
kommen, lassen sich Methoden wie „Stereotype", „inneres Team", „soziales Kapital" und
„Makro-, Meso- und Mikro-Ebene" einsetzen, deren Kombination zu einer transparenten
und erfolgreichen Suchstrategie führen oder beitragen kann. Versatzstücke aus den Kommunikationstheorien von Watzlawick u. a. und Rosenberg schließlich werden benutzt, um

mit ihrer Unterstützung Ängsten und Widerständen in einem Veränderungsprozess zu begegnen. Durch die Schaffung von Foren für Metakommunikation (Kommunikation *über*
den Veränderungsprozess), von Anlässen für Austausch und durch die Vorbildfunktion
von Vorgesetzten konnte so vermutlich zum erfolgreichen Abschluss des Veränderungsprozesses beigetragen werden.

Aber auch im Problemkreis Steuerung von Strukturen/Prozessen grenzüberschreitender Zusammenarbeit sind eine Reihe von Strategien und Taktiken diskutiert worden, die
ein grenzüberschreitendes Zusammenarbeiten erleichtern können. Als ein wichtiger the-
matischer Fokus hat sich das Führen ohne Hierarchien herausgestellt.[7] In den zugehörigen
Beiträgen werden Konzepte wie Diskurs und Kommunikation im Hinblick auf sinnvollen
Einbezug von Geführten sowie in Bezug auf Anschlussfähigkeiten von Führungskonzepten
reflektiert. Fähigkeiten zur Übersetzung unterschiedlicher Perspektiven ineinander und zu
deren Integration stellen sich als wichtige Indikatoren für Erfolg versprechendes Führen
heraus.

Als konkrete strategische Vorgaben werden im Hinblick auf Prozesssteuerung grenzüberschreitender Zusammenarbeit „obligatorische Passagepunkte" (ANT), „Grenzobjekte"
(SI) und „Dispositive" (DA) angeboten, die es dann situativ mit unterstützenden Taktiken
zu unterfüttern gilt, um die Kooperation erfolgreich zu gestalten. Auch die Unterscheidung
von „subjektiven/objektiven Welten" und der „Typen legitimer Herrschaft" gehören hier-
her.

Damit sind eine ganze Reihe von Konzepten und Methoden genannt, die u. E. als Strategien und Taktiken auch in anderen als den vorgestellten Situationen zur Anwendung kommen können und auch dort zum Erfolg führen sollten. Insofern macht dieser abschließende
Überblick über den Inhalt des Sammelbandes deutlich, dass es sich durchaus lohnt, im
Steinbruch der Soziologie/Sozialwissenschaften nach Konzepten für das Managen grenzüberschreitender Zusammenarbeit zu suchen. Unsere eigene Suche ist mit diesem Sammelband zwar nicht abgeschlossen, aber gelangt an ihr vorläufiges Ende.

Bleibt nur noch festzuhalten, dass die hier versammelten Ausführungen und Argu-
mentationen auf den beruflichen Erfahrungen der Autorinnen und Autoren basieren. Sie
sind oder waren als selbständige Trainer/innen, Berater/innen, Manger/innen oder auch
Projektleiter/innen in Unternehmen, öffentlichen Verwaltungen und Einrichtungen tätig
und haben sich der Mühe unterzogen, ihren Arbeitsalltag zu beobachten und ihre Beobachtungen kritisch zu reflektieren. Wir hoffen, dass ihre Anstrengungen dazu beitragen,
soziologische/sozialwissenschaftliche Konzepte weiter in den beruflichen Alltag zu integrieren und die Zumutungen soziologischer/sozialwissenschaftlicher Reflexion salonfähig
zu machen.

---

[7] Was als Beleg für unsere These genommen werden kann, dass hergebrachte hierarchische Strukturen in grenzüberschreitender Zusammenarbeit an ihre Grenzen geraten.

Literatur

Biber-Klemm, S., Grossenbacher-Mansuy, W., Hirsch Hadorn, G., Hoffmann-Riem, H., Joye, D., Pohl, C., Wiesmann, U., & Zemp, E. (Hrsg.). (2008). *Handbook of Transdisciplinary Research.* Heidelberg: Springer.

Bleicher, K. (1991). *Das Konzept Integriertes Management. Visionen – Missionen – Programme.* Frankfurt a. M.: Campus.

Brand, F., Schaller, F., & Völker, H. (Hrsg.). (2004). *Transdisziplinarität. Bestandsaufnahme und Perspektiven.* Göttingen: Universitätsverlag.

Die Bibel (1955). *Die ganze heilige Schrift des alten und neuen Testaments nach der deutschen Übersetzung D. Martin Luthers. Neu durchgesehen nach dem vom deutschen evangelischen Kirchenausschuß genehmigten Text.* Stuttgart: Privilegierte württembergische Bibelanstalt.

Gibbons, M., Limoges, C., Nowotny, H., Schwartzman, S., Scott, P., & Turow, M. (1994). *The New Production of Knowledge. The Dynamics of Science and Research in Contemporary Societies.* London: Sage.

Gläser, J., Meister, M., Schulz-Schaeffer, I., & Strübing, J. (Hrsg.). (2004). *Kooperation im Niemandsland. Neue Perspektiven auf Zusammenarbeit in Wissenschaft und Technik.* Opladen: Leske + Budrich.

Staehle, W. H. (1985). *Management: eine Verhaltenswissenschaftliche Einführung.* München: Vahlen.

Schreyögg, G., & Steinmann, H. (1993). *Management. Grundlagen der Unternehmensführung. Konzepte – Funktionen – Fallstudien.* Wiesbaden: Gabler.

Straub, J., Weidemann, A., & Weidemann, D. (Hrsg.). (2007). *Handbuch für interkulturelle Kommunikation und Kompetenz. Grundbegriffe – Theorien – Anwendungsfelder.* Stuttgart: Metzler.

Sydow, J., & Windeler, A. (Hrsg.). (2000). *Steuerung von Netzwerken. Konzepte Praktiken.* Opladen: Westdeutscher Verlag.

Teil I
Reflexion grenzüberschreitender Zusammenarbeit

An Grenzen arbeiten: Soziologische Beobachtungen zum Management disziplinierten Problemlösens am Beispiel des Konzepts „Transdisziplinarität"

2

Katrin Späte

Inhaltsverzeichnis

2.1 Einleitung

In hochgradig arbeitsteiligen Gesellschaften haben Effizienzsteigerungen von Produktionsprozessen und Produktionsergebnissen sowie beständige Innovationen zu fortlaufender Professionalisierung und Spezialisierung einer Bewältigung auftretender Probleme geführt. Zu dieser Entwicklung gehört in den letzten Jahrzehnten aber auch, dass die so entstandene Arbeitsteilung zwischen verschiedenen Handlungsfeldern im Hinblick auf Problemlösungen zum einen kritisch reflektiert wird, zum anderen deren Grenzen verschoben und überschritten werden.

Zu den zahlreichen diesen Wandel vorantreibenden Prozessen gehören die zunehmende Weltvergesellschaftung nicht nur im Bereich der Produktion und des Austausches von Gütern aller Art, sondern auch im Bereich der Wissensproduktion und des Wissensaustauschs. Beschleunigt wird dies durch technologische Neuerungen im Bereich der Telekommunikation und begleitet durch die exponentielle Steigerung von Problemen und de-

Dr. Katrin Späte ✉
e-mail: horwitz@web.de

A. Bührmann et al. (Hrsg.), *Management ohne Grenzen*, DOI 10.1007/978-3-658-01262-5_2,   23
© Springer Fachmedien Wiesbaden 2013

ren Wahrnehmungsmöglichkeiten insbesondere im Bereich der technologischen Gestaltung und gleichzeitigen Gefährdung natürlicher Grundlagen.

Daraus ergeben sich immer neue De-Institutionalisierungen, die z. B. gewohnheitsmäßige Kooperationskonstellationen und Kooperationsroutinen in Frage stellen und dazu führen, dass Probleme in den Beziehungen zwischen kooperierenden Parteien lösungsorientiert überdacht werden.

Das Konzept „Transdisziplinarität" reflektiert diesen Befund innerwissenschaftlich. Deshalb werde ich am Beispiel dieses Konzepts erkunden, in welcher Weise im Wissenschaftssystem Grenzüberschreitungen problembezogen gedacht werden und welche Grenzen durch Unterscheidungen von Wissenschaften – den Disziplinen – überhaupt gesetzt werden. Welche Funktionen erfüllen Grenzsetzungen zwischen Disziplinen im Hinblick auf die wissenschaftliche Beobachtung der unendlichen Komplexität von Welt, warum sollen sie überschritten oder auch versetzt werden und welches Verfahren kann das Überschreiten disziplinärer Grenzen für Problemlösungen aus einer soziologischen Perspektive begünstigen?

Zunächst stelle ich das äußerst facettenreiche Kooperationsprinzip Transdisziplinarität vor, das in wissenschaftlichen Diskursen entstanden ist und nicht losgelöst vom zeitgeschichtlichen Kontext seiner diskursiven Entstehung betrachtet werden kann, da die gesellschaftspolitischen Probleme der Zeit ein wesentliches Motiv der Ermöglichung überwissenschaftlicher also transdisziplinärer Aspirationen waren. Meinen Beitrag beginne ich daher mit einer Spurensuche nach der Benennung des Konzepts und nach Motiven der Forderung nach Transdisziplinarität, um die mit dem Konzept verbundenen Ansprüche und Intentionen zu klären (1).

Der weitere Argumentationsgang ist ausgerichtet an Diskussionen über Überschreitungen zweier großer sozialer Grenzziehungen in Ansätzen zur Transdisziplinarität. In diesen Ansätzen werden folgende Grenzüberschreitungen in das Zentrum der Überlegungen gestellt: Erstens die Überschreitung von Grenzen zwischen wissenschaftlichen Disziplinen im Hinblick auf disziplinäre Transdisziplinarität (Mittelstraß 2005) und zweitens die Überschreitung von Grenzen, die zwischen Wissenschaft und Nichtwissenschaft (Horwitz 2000), respektive zwischen Wissenschaft und Gesellschaft (Nowotny et al. 2004) oder auch Wissenschaft und Lebenswelt (Pohl und Hirsch Hadorn 2008) gesehen werden.

Anhand der genannten Unterscheidungen strukturiere ich das weitere Vorgehen zu Untersuchungen wissenschaftlicher Disziplinarität als Grenzarbeit (2), um jene Besonderheiten disziplinären Wissenschaffens als disziplinär Begrenztes beobachten zu können, die durch transdisziplinäres Problemlösen überwunden werden sollen. Darauf aufbauend skizziere ich im dritten Teil Bedingungen für das Gelingen von Transdisziplinarität als supra-organisationaler Kooperationsform des Problemlösens (3). Abschließend widme ich mich der Frage nach dem Transdisziplinaritätspotential von Soziologie als wissenschaftlicher Disziplin und skizziere Bausteine für ein Verfahren des Managens unterschiedlich disziplinierter Problemlösung (4).

2.2   Entstehung und Kontext von Transdisziplinarität

In geistes- und sozialwissenschaftlichen Arbeiten ist die Klärung der Verwendungsweise eines Begriffs in Verbindung mit einer personalisierten Zuschreibung seiner Prägung ein herkömmliches Verfahren, dem hier Rechnung getragen werden soll. Wie steht es also mit der Geschichte des Begriffs „Transdisziplinarität"?

Der Autor des „Manifesto of Transdisciplinarity" (2002), der Physiker Basarab Nicolescu, lässt die wissenschaftliche Diskussion um Transdisziplinarität mit einer Tagung im Jahr 1970 beginnen, deren Gegenstand die Verhandlung von Problemen mit Interdisziplinarität in Lehre und Forschung war (vgl. Nicolescu 2010, S. 19) und benennt als Autoritäten u. a. Jean Piaget und Erich Jantsch. Nicolescu bezeichnet die Diskussion um Transdisziplinarität als „War of definition" (Nicolescu 2010, S. 20), obwohl es sich doch um das Kerngeschäft wissenschaftlichen Arbeitens handelt, möglichst solche Begriffsbestimmungen im Rahmen von hermeneutischen Definitionsaushandlungen zu leisten, an die sich so viele anschließen, dass Reputation der Urheberin oder des Urhebers entsteht[1].

Im deutschsprachigen Raum ist es der Philosoph Jürgen Mittelstraß, der darauf hinweist, wie er dazu beigetragen hat, das Konzept Transdisziplinarität als „Forschungs- und Wissenschaftsprinzip" in der Wissenschaft verankert zu haben, allerdings mit der Präzisierung „eines wissenschaftstheoretischen Kontextes":

> Transdisziplinarität – in einem wissenschaftstheoretischen Kontext von mir erstmals 1986 auf einer Tagung [...] im Sinne einer Weiterentwicklung des Konzepts der Interdisziplinarität als Terminus vorgeschlagen (Mittelstraß 1987, S. 152) – hat in der Wissenschaft als Konzept Fuß gefasst und beginnt bald schon ein Modewort zu werden (Mittelstraß 2005, S. 1).

Es kann sein, dass die wissenschaftsinterne Verwendung und Anwendung des Begriffs der Transdisziplinarität neben authentischen Absichten unterschiedlicher Akteure und Akteurinnen zur Rettung der Welt auch dem Druck durch die wissenschaftliche Norm der Innovation, dem wissenschaftlichen Wettbewerb und politisch-administrativen Setzungen geschuldet ist. Zugegeben werden muss, wie Harald Völker es andeutet,

> [...] dass die Versuchung, politisch gewollten Trends und Stichworten rhetorisch Genüge zu tun, im Wissenschaftsbetrieb zu einer inflationären Verwendung des Terminus geführt hat und dass dieser inhaltsschlanke Gebrauch von den wissenschaftspolitischen Institutionen bis heute nur mäßig geahndet wird. [...] Und selbst beim Gebrauch des Wortes interdisziplinär wird wohl viele von uns die Befürchtung nicht loslassen, sie könnten allein deswegen von den Gutachtern die entscheidenden Meter hinter der vermeintlichen Exzellenzschwelle verortet werden (Völker 2004, S. 25).

---

[1] In Analogie zum von Robert K. Merton benannten Matthäus-Effekt in der Wissenschaft wie wissenschaftliches Kapital in Form der Reputation vermehrt wird („Wer hat dem wird gegeben", vgl. Krekel-Eiben 1990, S. 33), ließe sich hier in Bezug auf Begriffsschöpfungen von einem wissenschaftlichen Johannes-Prinzip sprechen: „Am Anfang war das Wort."

Bei einem Studium von Ansätzen zur Transdisziplinarität sind neben Effekten von Innovationsrhetorikzwang unterschiedliche Ausschöpfungen des semantischen Potentials der Vorsilbe „trans" in wissenschaftlichen Diskursen mit zu berücksichtigen.

Konstruktionen von Transdisziplinarität Dank der vergleichenden Arbeit von Harald Völker lassen sich drei idealtypische Muster hinsichtlich der Bedeutungsfüllung der lateinischen Vorsilbe „trans-" im Konzept der Transdisziplinarität unterscheiden (Völker 2004): Eine Reihe von Wissenschaftlern [sic!] verbindet den Begriff damit, dass die neue Methode zur dauerhaften Änderung akademischer Disziplinstrukturen und zur Entdeckung neuer erkenntnistheoretischer Grundlagen führt (trans = jenseits).

Andere wiederum betonen den Aspekt des Überschreitens von Disziplingrenzen *an sich* als neue Qualität von wissenschaftlicher Arbeit (trans = über) und die dritten legen Wert auf den *Prozess* des Überschreitens von universitären Grenzen der Wissensproduktion (transgressive), um gesellschaftliche Probleme zu lösen (trans = über ... hinweg).

Allen gemeinsam ist, dass sie in einen zeitgeschichtlichen Kontext eingebunden sind, in dem Furcht um die weitere Existenz des Planeten Erde, unserer Welt, Zweifel an der Funktionalität von Differenzierungen in den Wissenschaften säen. Die Rede von Transdisziplinarität erscheint somit tief eingebettet in Befürchtungen, dass menschliches Überleben auf der Erde gefährdet ist:

> We must not forget, as well Edgar Morin and Basarab Nicolescu remind us, that at present the risk is the destruction of our planet and, in consequence, of humanity. For this reason, the University must respond at the same level as the present circumstances (Adame 2011, S. 35).

Die Einsicht und Einigkeit unter Wissenschaftlerinnen und Wissenschaftlern in die begrenzte Problemlösungsfähigkeit einzelner Disziplinen (vgl. Weber 2003, S. 199) angesichts der Komplexität gesellschaftlicher Probleme soll nun dazu beitragen, disziplinär gesetzte Grenzen der Zuständigkeiten von Fachwissenschaften im Hinblick auf Problemdefinitionsmacht und im Hinblick auf die aus der Problemdefinition resultierenden Lösungsvorschläge zumindest zu überdenken, wenn nicht gar zu überwinden.

Rufe nach Transdisziplinarität ertönen somit grundsätzlich mit Sorgenklängen um die Weiterexistenz der ausgezeichneten Wirklichkeit der Lebenswelt aller Menschen. Deren Grundlagen sind in der phänomenologischen Soziologie auf die subjektiven Haltungen der Einzelnen mit den Grundhaltungen des „ich kann immer wieder" und des „und so weiter" reduziert worden. Diese Gewissheiten der Wiederholbarkeit von Handlungsabsichten und ihren gewohnheitsmäßigen, vertrauten Verläufen mit gewissen Ergebnissen sichern das Vertrauen in die Fortexistenz von routinemäßiger Welterfahrung, werden aber durch das vielstimmige Getöse über die mögliche existentielle Gefährdung aller natürlichen Ressourcen erschüttert.

Es steht die Frage auf der Tagesordnung, wie die natürlich begrenzten Ressourcen Wasser, Öl, Gas und Holz in der Weltgemeinschaft zukünftig, zu welchen Preisen, bei gleich bleibenden geopolitischen Herrschaftsterritorien verteilt werden. Verantwortung für entstandene Probleme und Risiken wird auch den wissenschaftlichen Disziplinen selbst und

nicht zuletzt ihrer Arbeitsteilung zugeschrieben. Gefahren einer unbegrenzten Durchsetzung einer ausschließlich verwissenschaftlichten Weltdeutung und Weltaneignung hat bereits Max Weber benannt. Den Sieg der kalkulierenden, instrumentellen, zweckrationalen
Vernunft über das naive, auf Mythen gründende Staunen über Welt nannte er „Entzauberung" und warnte vor dem Erscheinen von „Fachmenschen ohne Geist und Genußmen-
schen ohne Herz" (Weber 2005, S. 161).

Und seit vielen Jahrzehnten scheint es nun so zu sein, dass die Entzauberung die Entzau-
berer selbst ergriffen hat (vgl. Beck 1986, S. 257) und sich viele Menschen nach einer Wie-
derverzauberung zu sehnen scheinen. Ulrich Beck analysierte in seiner „Risikogesellschaft"
den Wandel der Bedeutung von Wissenschaften in der reflexiv modernen Gesellschaft und
diagnostizierte angesichts des Ausmaßes des Bedrohungspotentials produzierter Risiken
einen zunehmenden Autoritätsverlust wissenschaftlicher Erkenntnisproduktion. Wissenschaftliche Erkenntnisansprüche würden ihr Monopol verlieren bzw. es würde ihnen genommen (vgl. Beck 1986, S. 256), denn in der reflexiven, auf sich selbst zurückwirken-
den, risikokonturierten Moderne, die seit Mitte des 20. Jahrhunderts einen ungemütlichen
Platz auf dem „zivilisatorischen Vulkan" eingenommen habe, werden Wissenschaften nicht
mehr nur als Problemlöser, sondern nun auch als Verursacher von Problemen wahrgenommen:

> Sie [die Wissenschaften, KS] kommen damit nicht mehr nur als Quelle von Problemlösungen,
> sondern zugleich auch als Quelle von Problemursachen ins Visier. Gerade mit den Erfol-
> gen scheinen die Risiken der wissenschaftlich-technischen Entwicklung überproportional zu
> wachsen [...] (Beck 1986, S. 255).

Neben kaum noch absehbaren Folgen, Nebenfolgen und Folgen der Nebenfolgen von
Technikentwicklung kommt in Ulrich Becks Kritik der wissenschaftlich-technologischen
Entwicklung, deren Wahrheits- und Aufklärungsgehalt er in Frage stellt, ein nervöses
Unbehagen angesichts von Fülle und Komplexität wissenschaftlicher Ergebnisse zum
Ausdruck. Die Produktivität wissenschaftlichen Schaffens führt dazu, dass den Wissen-
schaffenden selbst die Orientierung in ihren sich ständig weiter verzweigenden Disziplinen
schwerfällt:

> [...] mit der Ausdifferenzierung der Wissenschaft [wächst] die unüberschaubar werdende
> Flut konditionaler, selbstungewisser, zusammenhangloser Detailergebnisse. Dieser Über-
> komplexität des Hypothesenwissens ist mit methodischen Überprüfungsregeln allein nicht
> mehr beizukommen. Auch Ersatzkriterien wie Reputation, Art und Ort der Veröffentlichung,
> institutionelle Basis usw. versagen. Entsprechend greift die mit der Verwissenschaftlichung
> systematisch produzierte Unsicherheit auf das Außenverhältnis über und macht nun um-
> gekehrt die Adressaten [sic!] und Verwender [sic!] wissenschaftlicher Ergebnisse in Politik,
> Wirtschaft und Öffentlichkeit zu aktiven Mitproduzenten [sic!] im gesellschaftlichen Prozess
> der Erkenntnisdefinition (Beck 1986, S. 256).

Nicht einmal mehr wissenschaftsinternen Mechanismen der Qualitätskontrolle von
Forschungsergebnissen wie Reputation, Art und Ort der Veröffentlichung spricht Beck

die Autorität zu, Übersicht zu schaffen, er verwendet hier sogar das starke Werturteil „versagen".

Die Diffusion von akademischem Wissen durch akademisch ausgebildete Menschen in alle Gesellschaftsbereiche und insbesondere in die Redaktionen von Massenmedien sowie die Rezeption wissenschaftlichen Wissens allgemein tragen zur Verwissenschaftlichung von sozialem Handeln insgesamt so bei, dass die Zeitdiagnose der „Wissensgesellschaft" gestellt wurde und Grenzen zwischen Wissenschaft und Nichtwissenschaft verwischen. Entsprechend der ökonomischen Grundregel, nur knappe Güter seien begehrt, hat wissenschaftlich produziertes Wissen mithin eher weniger ein Knappheitsproblem, als ein Problem des Überangebotes an wissenschaftlichem Wissen. Dieses Überangebot wirkt auf außeruniversitäre Akteurinnen und Akteure so unübersichtlich und widersprüchlich, dass nicht mehr klar ist, welche Disziplin für die Analyse und Lösung welcher komplexen gesellschaftlichen Probleme eigentlich zuständig ist und welche darüber hinaus die effizientesten Lösungen anbieten kann.

Die Komplexität der Probleme ist so groß, dass bereits die Definition des Problems selbst schon zum Problem wird. Pohl und Hirsch Hadorn führen hier beispielhaft das Klimaproblem an, das für sie paradigmatisch ist hinsichtlich der Konkretisation der Notwendigkeit transdisziplinärer Forschung:

> Das vorhandene Wissen [zum Klimaproblem, KS] ist unsicher, es ist umstritten worin die Probleme genau bestehen und für die direkt oder indirekt Involvierten bzw. Betroffenen steht viel auf dem Spiel (Pohl und Hirsch-Hadorn 2008, S. 6).

Die Beteiligung vieler unterschiedlich organisational eingebundener Akteurinnen und Akteure soll dazu beitragen, Probleme präziser zu identifizieren, indem mehr Möglichkeiten durch viele unterschiedliche Perspektiven und Wissensvorräte berücksichtigt werden können. Das Vorgehen ermöglicht auch, die Verantwortung im Fall des Scheiterns tragen zu können, weil alles Menschenmögliche zumindest versucht worden ist, um einer Problemlösung näher zu kommen.

Im Folgenden werde ich zunächst einige Aspekte von Disziplinarität untersuchen, um herauszuarbeiten, wie Grenzen zwischen wissenschaftlichen Disziplinen aus der Perspektive von Transdisziplinarität versprachlicht werden können, so dass sie für Kommunikationsprozesse zugänglich werden.

2.3   Wissenschaftliche Disziplinarität als Grenzarbeit

Es ist immer wieder zu beobachten, dass nicht allen in der Wissenschaft tätigen Menschen ausreichend bewusst ist, welche gesellschaftliche Bedeutung ihr Tun hat, wenn sie *neues* Wissen schaffen. Mit anderen Worten werden das Wissenschaffen als sozial eingebundene menschliche Tätigkeit, die institutionellen Rahmenbedingungen dieses Schaffens und die gesellschaftlichen Funktionen von wissenschaftlicher Wissensproduktion, insbesondere unter Machtaspekten, häufig nicht hinreichend reflektiert. Dieser Mangel mag in Hochschulsozialisationsprozessen von Wissenschaftlerinnen und Wissenschaftlern begründet liegen und sich je nach Disziplin, Ausbildenden, Zeitpunkt und Ausbildungsstandort erheblich unterscheiden. Ein Verständnis der historisch entstandenen, sich im stetigen Wandel befindenden systematischen Ordnung der Beobachtung der unendlichen Komplexität von Welt als disziplinierte Sichtweisen, ihre organisierte Institutionalisierung als differenziert kann die transdisziplinäre Verständigung allerdings erleichtern.

Es sind insbesondere Grenzziehungen zwischen Natur- und Technikwissenschaften einerseits und Geistes- und Sozialwissenschaften andererseits, die in unterschiedlichen Bedingungen der Wissensproduktion, auch daraus resultierenden Geltungsansprüchen des geschaffenen Wissens und der ökonomischen Verwertbarkeit begründet liegen (vgl. 2.2) und zu Schwierigkeiten der Verständigung in transdisziplinären Projekten beitragen.

Transdisziplinarität erfordert sozusagen die Gleichgültigkeit von Disziplinarität im Sinne gleichermaßen zugebilligter Geltungsansprüche. Mit anderen Worten ist auf Zielerreichung/Problemlösung bezogen die Differenz der Zugänge produktiv zu nutzen. Dies ist dann von den die Disziplinen repräsentierenden Akteurinnen und Akteuren in konkreten Projekten selbst zu leisten[2].

Mittelstraß formuliert dies in ähnlicher Weise als Voraussetzung für das Gelingen transdisziplinärer Zusammenarbeit, wenn er Lernbereitschaft, Offenheit und interdisziplinäre Kompetenz „[…] in der produktiven Auseinandersetzung mit anderen disziplinären Ansätzen" (Mittelstraß 2005, S. 22) einfordert. Dies setzt Einsichten in die Partikularität der eigenen sowie die der anderen Disziplinen voraus. Den beteiligten Akteurinnen und Akteuren sollten also die Grenzen der eigenen Sichtweise, das Begrenzte, ebenso bewusst sein wie die der anderen Sichtweisen.

Wissenschaftliches Wissen schaffen Die differenzierte Beobachtung von Welt als Disziplinarität entstand im Laufe der Wissenschaftsgeschichte und führte dazu, exklusive Wissensgemeinschaften und vornehme Orte in Form von Organisationen zur Wissensproduktion als Akademien, Institute, Universitäten zu institutionalisieren. Daher wird im allgemeinen Sprachgebrauch auch nur solches Wissen als wissenschaftliches Wissen bezeichnet, das in zur Wissensproduktion vorgesehenen Organisationen von Wissenschaffenden hergestellt wird, die durch bürokratisch organisierte Auswahlverfahren historisch gewachsener wissenschaftlicher Gemeinschaften nach mehr oder weniger zahlreichen, mehr oder weniger Kriterien geleiteten Prüfungen der Befähigung zur Wissensproduktion durch Urkunden autorisiert werden[3]. Allein hier liegt der Unterschied zu solchem Wissen, das an anderen Orten von nichtwissenschaftlich Tätigen geschaffen wird (vgl. supraorganisationale Transdisziplinarität), denn „[…] keinem gesellschaftlichen Ort [kann] per se zugestanden werden, ein ausgezeichnetes Wissen zu produzieren." (Horwitz 2000, S. 5)

---

[2] Hier wären noch die persönlichen Geltungsansprüche von Akteurinnen und Akteuren zu berücksichtigen.

[3] Vgl. zur Promotion: Stollberg-Rilinger, Barbara 2010: Soziale Magie. Das Ritual der Promotion in der Frühen Neuzeit. In: Gegenworte, Berlin, S. 30–33.

Allen wissenschaftlich Tätigen gemeinsam ist, dass sie (außer-)weltliche Phänomene analysieren, auswählen, beobachten, beschreiben, beurteilen, erklären, deuten, kategorisieren, klassifizieren, modellieren, ordnen, schematisieren, typisieren, unterscheiden, zeichnen, usw. Dadurch werden kreative analytische Unterscheidungen in Gestalt von Fachbegriffen und Dingen als Erfindungen zur Welt und in Gesellschaft gebracht. Sie zerlegen die Einheit von subjektiver Lebensweltwahrnehmung der an Zeit und Raum untrennbar gebundenen Leiblichkeit von Menschen, des Körperzeitraums, und machen menschliches Handeln logisch rational, über Zeit und Raum hinweg kommunizierbar und damit tradierbar (vgl. Berger und Luckmann 2000, S. 24 ff.).

Die entstandenen modernen Wissenschaften zeichnen sich mithin durch extensiv spezialisierte Wissensvorräte, spezifische Wissensordnungen, Fachsprachen und spezielle Methoden der Erkenntnisproduktion im Sinne eines spezifizierten Forschungsgegenstandsbezuges aus. Im Laufe der überlieferten Menschheitsgeschichte(n) entstanden so disparate Wissensvorräte, die sozial äußerst unterschiedlich verteilt sind, auch innerhalb der wissenschaftlichen Gemeinschaften selbst, und deren Komplexität und Umfang durch die zunehmenden Kommunikationsmöglichkeiten infolge der digitalen °evolution wahrnehmbarer werden als es zu Zeiten der Humboldt Brüder der Fall war.

Zur Scheide zwischen Naturwissenschaften und Geisteswissenschaften Die einfachste Unterscheidung, die zur Ordnung der zahlreichen Wissenschaften dominant verwendet wird, ist die Trennung in Natur- und Technikwissenschaften und Geistes- und Sozialwissenschaften. Diese Unterscheidung beruht in erster Linie auf dem Unterscheidungskriterium „Forschungsgegenstandsbezug" und ist keine Unterscheidung nach dem Kriterium „Erkenntnisinstrument". Eine Unterscheidung nach dem Kriterium Erkenntnisinstrument würde bedeuten, dass alle Wissenschaften eigentlich als *Geistes*wissenschaften zu bezeichnen wären.

Ich spreche hier vom Forschungsgegenstandsbezug und nicht nur vom „Forschungsgegenstand", weil dies kein ausreichendes Kriterium einer Abgrenzung von Natur- und Geisteswissenschaften darstellt. In seiner Kriteriologie von Disziplinarität kommt Mathias Gutmann zu dem Schluss, dass es weder Gegenstände, Themen, Mittel, Methoden noch Probleme sind, die sich dazu eignen, Fachwissenschaften trennscharf voneinander abzugrenzen (vgl. Gutmann 2005). Es ist die Art und Weise wie ein Forschungsgegenstand beobachtet und im Anschluss an den vorhandenen Wissensvorrat der wissenschaftlichen Gemeinschaft untersucht wird. Eine Genetikerin nähert sich einem Fisch als Forschungsgegenstand mit ihren Fragen auf der Grundlage vorhandener Wissensvorräte anders als eine Ernährungs- oder Kultursoziologin oder als eine Paläontologin usw.

Natur- und Technikwissenschaften werden als „harte" Wissenschaften bezeichnet, weil sie gültige Faktizität schaffen. Sie erforschen (un-)belebte feste, flüssige und gasförmige Körper, also Materialitäten, indem sie sie entdecken oder erfinden durch sinnliche Wahrnehmung und/oder maschinelle Messung. Ihre Wissensprodukte sind als Beobachtungen von „natürlichen" Phänomen in der Gestalt von Formeln und Dingen unangefochten, sie gelten faktisch, um mit Habermas zu sprechen (Habermas 1992, S. 29 f.), und sie sind sinnlich wahrnehmbarer und enger mit vielen anderen wirtschaftsgesellschaftlichen Bereichen wie Landwirtschaft, industrieller Güterproduktion, Handel und unmittelbarer auch mit Regierungen verbunden als Geistes- und Sozialwissenschaften.

In diesem Zusammenhang wird auch von einer „triple helix" der Beziehungen zwischen Hochschulen, Industrie und Regierung gesprochen (vgl. Leydesdorff und Etzkowitz 1996). Natur- und Technikwissenschaften sind so wirtschaftlich weitaus bedeutsamer, da sie durch Innovationen zur Produktion und Veränderung aller Verbrauchsgüter und Gebrauchsgüter beitragen, die von Menschen zu welchen Zwecken auch immer nachgefragt werden.

Geistes- und Sozialwissenschaften sind dagegen die „weichen" Wissenschaften, die sich nicht auf natürliche, sondern kulturelle Erscheinungen und damit Produkte rein menschlicher, weitestgehend unverdinglichbarer Handlungsfähigkeit beziehen. Sie sind weniger direkt mit Möglichkeiten industrieller Güterproduktion verbunden. Eine Ausnahme bildet hier die Unterhaltungsindustrie. Die Sozial- und Geisteswissenschaften tragen allein zur Produktion von Wissen bei, das nur über die Schnittstellen Druckerzeugnisse und Dienstleistungen als Ver- oder Gebrauchsgüter wahrnehmbar bzw. konsumierbar wird.

Sonderstellungen in diesem Ordnungssystem nehmen die vier ältesten universitären Wissenschaften ein: die Philosophie, die Theologie, die Medizin und die Rechtswissenschaften. Die Rechtswissenschaften tragen zur Regelung diesseitiger Bedürfnisse von Menschen bei, indem sie soziales Handeln durch Grenzsetzungen in Form der Rechtsprechung regulieren und Eigentumsverhältnisse klären. Die Theologie trägt zur Befriedigung dies- und jenseitiger Bedürfnisse von Menschen bei, indem sie durch Auslegung religiöser Texte[4] Orientierungen für soziales Handeln durch Deutung und Klärung von Normen und Werten anbietet und Grenzen des absoluten Nichtwissens verflüssigt, indem Aussagen über ein mögliches Jenseits gemacht werden. Die Philosophie ist die Wiege wissenschaftlichen Denkens, der Ursprung der Bemühungen um Welterkenntnis. Die Medizin verspricht körperliches Leiden zu lindern, Leben zu verlängern und durch Anwendung neuer Technologien auch die Einflussnahme auf das „Design" menschlicher Körper.

Hinsichtlich der Bedingungen wissenschaftlichen Arbeitens ist zu berücksichtigen, dass diejenigen, die Wissen über „Natur" schaffen, also über all das schaffen, was kein Selbstbewusstsein im Mead'schen Sinn aussprechen und aushandeln kann, und in einem gewissen Sinn gehören dazu auch menschliche Körper, den Vorteil haben, das eigene Tun weniger bis überhaupt nicht gegenüber dem Forschungsgegenstand selbst verteidigen zu müssen. Bisher hat noch kein Gänseblümchen einer Botanikerin/einem Botaniker widersprochen und gesagt, es sei doch gar kein Korbblütler. Nur eine Änderung der botanischen Taxonomie von Pflanzen kann dazu führen, dass das Gänseblümchen anders eingeordnet wird. Die Wissensordnungen in den einzelnen naturwissenschaftlichen Disziplinen sind über Hunderte von Jahren von Kundigen geschaffen worden und werden immer wieder verändert. Sie werden aber meistens so dargestellt und an Wissensdurstige kommuniziert, als seien sie sprichwörtlich vom Himmel gefallen. Erreicht wird dies in den Naturwissenschaften in der Regel durch die Formulierung von Ordnungsgesetzen (Taxonomien).

---

[4] Die Weltreligionen konzentrieren sich dabei jeweils nur auf ein einziges Buch.

Es kann für die Autorität naturwissenschaftlich geschaffenen Wissens als konstitutiv bezeichnet werden, dass die Forschenden ihren persönlichen Beitrag auslöschen und auf diese Weise die unanfechtbare Objektivität des geschaffenen Wissens und der damit verbundenen Praxen herstellen: faktische Geltung. Dies geschieht umso leichter, je deutlicher die Verfahren der Wissensproduktion auf Rechenoperationen (vgl. Daston 2001, S. 161), auf die Nutzung von technisch aufwendigen und teuren Messinstrumenten gründen und Forschungsergebnisse in Zahlen versprachlicht[5] oder durch Bilder visualisiert werden können, wie es zum Beispiel bei statistischen Verfahren oder bildgebenden Maschinen der Fall ist.

Für die Kommunikation zwischen den Natur Beobachtenden und den Gesellschaft Beobachtenden bergen unterschiedliche Routinen in den Forschungsgegenstandsbezügen und ihre Reflexion zahlreiche Verständigungsprobleme, die nicht zuletzt in den Geltungsunterschieden von Wissenschaften begründet liegen.

Disziplinarität als künstliches Hindernis für Transdisziplinarität Grenzen von Fachwissenschaften resultieren nicht nur aus der Notwendigkeit der finiten Limitierung von Forschungsgegenstandsbezügen, um Komplexität in Forschungsprozessen handhabbar zu reduzieren. Disziplinäre Grenzen müssen von den in den wissenschaftlichen Gemeinschaften Disziplinierten auch aus wissenschaftspolitischen Gründen performativ gewahrt werden. Sie müssen stets bewacht, verteidigt und auch erneuert werden, damit eine Fachwissenschaft universitär institutionalisiert bleibt, sich weiterhin selbst reproduzieren kann und daher einer gewissen Einheit bedarf. Gerade in der als Wissenschaft undiszipliniertern Soziologie (vgl. Luhmann 1974, S. 113) führt dies immer wieder zu Diskussionen um Chancen und Risiken der Einheit des Fachs (vgl. Scheffer und Schmidt 2009).

Inneruniversitären, disziplinpolitischen Strategien steht aber die Forschungspraxis von Wissenschaftlerinnen und Wissenschaftlern selbst gegenüber. Nicht selten ist der Blick über die eigenen Disziplingrenzen hinaus für Wissenschaffende aller Disziplinen Quelle der Inspiration für Innovationen in Form neuer theoretischer Perspektiven und neuer Fachbegriffe in der eigenen Disziplin. Was gegenwärtig „travelling theories" genannt wird, der Transfer von Denkmodellen und Fachbegriffen bzw. Wissen aus anderen Disziplinen in die eigene, ist gang und gäbe: „Knowledge seeps through institutions and structures like water through the pores of a membrane" (Nowotny 2006, S. 1). Bei diesem Vergleich von Wissen mit Wasser, das sich bekanntlich immer seinen Weg bahnt, ist noch hinzuzufügen, dass Wissen stets Trägerinnen und Träger braucht, um nicht träge zu bleiben.

Der Arbeitsstil von Soziologinnen und Soziologen selbst ist ein gutes Beispiel für Wissenstransfers. Zu erwähnen sind hier die Methoden der Metaphorisierung, um die Entwicklung von moderner Gesellschaft als „Körper" mit einer „organischen Solidarität" vorzustellen wie etwa bei Emile Durkheim oder die Stilisierung von Familie zur „Keimzelle" der Gesellschaft bei Wilhelm Reich. Ein weiteres prominentes Beispiel für wenn nicht

---

[5] Vgl. zur Macht von Zahlen: Vormbusch 2004: Accounting. Die Macht der Zahlen im gegenwärtigen Kapitalismus. In: Berliner Journal für Soziologie, Heft 1, S. 33–50.

trans- dann zumindest interdisziplinäre Offenheit aus der Soziologie ist die Übertragung des Autopoiesiskonzeptes von Humberto Maturana und Francisco Varela durch Niklas Luhmann (Luhmann 1984) auf die Analyse von Gesellschaft respektive genauer auf lebensweltlich begrenzte und durch organisational geschlossene Zielbindungen geleitete Handlungslogiken von Menschen, deren Komplexität zu Analysezwecken auf binär strukturierte Entscheidungsmuster reduziert werden.

In universitären Organisationsstrukturen wird die Wissensdurchtränkung bzw. -verschränkung von Disziplinen mittels der Schaffung von Bindestrich-Disziplinen sicht- und kommunizierbar gemacht. Die Soziologie ist dabei eine Disziplin, in die Wissen anderer Wissenschaften besonders leicht integriert wird und deren Wissen wiederum in vielen anderen Wissenschaften aufgenommen wird, z. B. als Rechtssoziologie, Soziobiologie, Medizinsoziologie, Sozialpsychologie, Sozio-Linguistik usw. Eine Praxis, die innerhalb soziologischer Diskurse auch kritisch betrachtet wird mit dem Argument, Soziologie würde dadurch von einer Leitdisziplin zu einer „Leihdisziplin" (Scheffer und Schmidt 2009, S. 197; vgl. auch Späte 2006).

Diese Form disziplinstrukturierter, universitär organisierter Wissensproduktion steht allerdings im Zentrum der Kritik transdisziplinärer Ansätze. Eine Gruppe von Wissenschaftlerinnen hat diese Form der Organisation von Wissenschaft als „Mode 1" bezeichnet. Die Ziele dieser in Universitäten und Instituten organisierten Wissenschaften im „Mode 1" bestünden hauptsächlich darin, solche Fragen zu stellen, die nur die hierarchisch organisierte wissenschaftliche Gemeinschaft selbst interessiere: Wissenschaft als geschlossenes System.

Dieser Form der Wissenschaftsorganisation wurde ein „Mode 2" von Wissenschaft entgegengesetzt. Wissenschaft im „Mode 2" verfahre in flachen Hierarchien und vornehmlich mit der Methode der Transdisziplinarität (vgl. Nowotny et al. 2005). Wissenschaft im „Mode 2" stelle Forschungsfragen und Forschungsprobleme erstens im Austausch mit vielen organisational unterschiedlich eingebundenen Akteurinnen und Akteuren und zweitens formuliere sie solche Fragen und Probleme, die gesellschaftlich relevant sind und helfen, die dringlichen Probleme auf der Erde zu lösen, indem „sozial robustes Wissen" geschaffen wird.

Die Aufforderung lautet: „Wissenschaft neu denken" (Nowotny et al. 2005) in einer Zeit, in der wissenschaftliches Wissen für alle Menschen potentiell frei zugänglich geworden ist und keine vornehmen Orte oder Personen für den Wissenserwerb mehr aufgesucht werden müssen, sondern Wissen bequem, solange alle notwendigen Bedingungen dafür erfüllt sind, vom eigenen Computer aus in digitalen Bibliotheken oder aus anderen Quellen erworben werden kann. Nach der Bildungsexpansion in den modernen Industriegesellschaften führt die digitale °evolution global zu einem sozialen Wandel, dessen Folgen zur Zeit nur diffus erahnbar sind:

Der Wissensbegriff der neuzeitlichen Moderne und das dazugehörige Dispositiv des gesellschaftlich relevanten Wissens erfahren vermutlich gerade eine nicht zu unterschätzende strukturelle Umformung (Pscheida 2010, S. 18).

Die Folgen der Veränderung der Geltungskriterien für die Definition dessen, was von wem wann und warum als gesellschaftlich relevantes bzw. „sozial robustes" Wissen anerkannt und nachgefragt wird, sind wenig absehbar. Oder, anders ausgedrückt, müssen auf diese Frage Antworten gegeben werden:

> Was aber hat es für Konsequenzen für die Beziehungen zwischen Wissenschaft und Nichtwissenschaft, wenn der besondere Status von Wissenschaft geleugnet wird? (Horwitz 2000, S. 6).

In welcher Weise dieser besondere Status von Wissenschaft existiert und wie er reflektiert werden könnte, werde ich im Folgenden diskutieren.

2.4   Transdisziplinarität als supra-organisationale Kooperationsform

Das Verständnis von Transdisziplinarität als supra-organisationaler Kooperationsform setzt voraus, dass Grenzen zwischen Wissenschaft und Nichtwissenschaft wenn nicht aufgehoben, so doch versetzt werden müssen. Wissenschaft selbst muss überhaupt als organisational eingebundene soziale Praxis von Wissenschaftlerinnen und Wissenschaftlern wahrgenommen werden, die gesteuert werden kann, so wie es derzeit auch im bundesrepublikanischen Hochschulsystem in Deutschland geschieht[6]. Dies ist aber dann nicht der Fall, wenn Wissenschaft weiterhin als etwas außerhalb von Gesellschaft (Nowotny et al. 2004) oder Lebenswelt (Pohl und Hirsch Hadorn) stehendes Phänomen wahrgenommen wird und auf diese Weise einen Sonderstatus erhält. So formuliert Helga Nowotny:

> Knowledge seeps in both directions, from science to society as well as from society to science. It seeps through institutions and from academia to and from the outside world. Transdisciplinarity is therefore about transgressing boundaries. Institutions still exist and have a function (Nowotny 2006, S. 1).

Nach wie vor wird Wissenschaft oftmals als außerhalb von Gesellschaft situiert imaginiert, so dass das Wissen hin und her wandern muss „from science to society as well as from society to science". Eine Denkfigur, die mit der Stilisierung der so genannten „Theorie und Praxis Kluft" korreliert. So als würden Wissenschaffende nur nachdenken (Theorie), alle anderen aber nur handeln (Praxis). In Organisationen eingebundene Wissenschaft ist ebenfalls durchaus Lebenswelt, nur eben die Lebenswelt von Wissenschaftlerinnen und Wissenschaftlern. In der Organisation Universität liegen den Handlungen der Menschen lediglich andere Relevanzstrukturen zugrunde als in anderen Organisationen. Diese unterschiedlichen Relevanzstrukturen liegen in den spezifischen Zielen der jeweiligen Organisation, denen die Mitglieder verpflichtet sind, und ihren Strukturen begründet, in die die Mitglieder wiederum eingebunden sind und die ihre Handlungsmöglichkeiten begrenzen.

---

[6] Auf eine Kritik dieses change managements muss an dieser Stelle verzichtet werden.

Wissensproduktion wird nicht länger als Alleinstellungsmerkmal von Universitäten und
Forschungsinstituten wahrgenommen, denn

> [...] Wissenschaft [steht] in Konkurrenz mit anderen Orten und Sorten von Wissenspro-
> duktion in der Gesellschaft. Welches Wissen dann in bestimmten außerwissenschaftlichen
> Bereichen Verwendung findet, ist keine Frage wahren Wissens mehr, sondern eine von Be-
> währung. (Horwitz 2000, S. 5).

Dem Ziel der kollaborativen, transdisziplinären Problemlösung organisational unterschiedlich eingebundener Personen kann man näher kommen, wenn auch Relevanzstrukturen von Wissenschaftlerinnen und Wissenschaftlern als „Actors in the life-world" reflektiert und Wissenschaften nicht als gesellschaftlich freischwebend apostrophiert werden,
bzw. das Handeln von Wissenschaffenden nicht hinter verdinglichenden, abstrakten Kenn-
zeichnungen von wissenschaftlichen Disziplinen zum Verschwinden gebracht wird.

Unter diesen Bedingungen ließe sich auch die Gleichrangigkeit aller Beteiligten in einem transdisziplinären Projekt besser herstellen, wenn sowohl die in der Wissenschaft
Tätigen, als auch die in anderen Organisationen Tätigen Wissenschaft nicht länger als etwas Besonderes, Höherstehendes, Erhabenes wahrnehmen würden, sondern deutlich wird,
dass jede Theorie, jede Deutung von Welt nur ein Angebot unter vielen anderen ist, etwas
zu erklären oder zu verstehen. Unerlässlich ist meines Erachtens daher eine vertiefte Kenntnis der Funktionsweisen und Ziele der betreffenden Organisationen, deren Mitglieder in
transdisziplinären Projekten zur Kooperation zusammen kommen, um unterschiedliches
Wissen zur Lösung komplexer Probleme nicht nur zu integrieren, sondern auch zu synthe-
tisieren.

Die bereits angesprochene Veränderung von menschlichen Kommunikations- und
Kooperationsformen durch die °evolution kann dazu beitragen, die Gleichrangigkeit und
Gleichwertigkeit der Problemlösungskompetenz von Projektbeteiligten aus unterschiedli-
chen Organisationen zu fördern:

> [...] die Beobachtung der kollaborativen Produktion und enthierarchisierten Kommunikati-
> on von Wissensinhalten im Kontext der Anwendungen des sogenannten Web 2.0 erscheint
> [...] als etwas Neuartiges. So orientiert sich der dortige Wissensdiskurs augenscheinlich we-
> niger an den neuzeitlichen, typographisch geprägten Konventionen und Legitimationsprinzi-
> pien eines akademisch gesicherten, objektiven und folglich „wahren" Wissens, sondern eher
> an individuellen Interessen, subjektiven Erfahrungswerten und entsprechend flexiblen, d. h.
> veränderlichen Gültigkeiten, die situativ ausgehandelt werden (Pscheida 2010, S. 18).

Diese vorrangig aus einer Analyse der demokratischen Wissensproduktion auf der digitalen Wissensplattform Wikipedia beruhende Schlussfolgerung, Menschen orientierten
sich zukünftig weniger am „„wahren' Wissen", sondern eher an veränderlichen, situativ
ausgehandelten Gültigkeiten, weist auf Schwierigkeiten des Managements in transdisziplinären Projekten hin, wenn für diese als eine Grundanforderung gesetzt wird, dass „[...]
Wissen zu einer am Gemeinwohl orientierten praktischen Lösung von Problemen" erarbeitet wird (Pohl und Hirsch Hadorn 2008, S. 7) und alle normativen Setzungen auf dem

Problemlösungsweg somit unter Anwesenden im Sinne der Deliberation ausgehandelt werden müssen bis ein Konsens über das Gemeinwohl ermittelt ist.

2.5 Zum Transdisziplinaritätspotential von Soziologie

Das Potential von Soziologie für transdisziplinäre Projekte ergibt sich nicht nur aus ihrer Undiszipliniertheit als Wissenschaft, die leider häufig zum Ausgangspunkt für düstere Geltungsverlustdiagnosen genommen wird. So konstatieren Thomas Scheffer und Robert Schmidt auf dem Weg ihrer Beantwortung der Frage, wie interdisziplinaritätsfähig die Soziologie sei (Scheffer und Schmidt 2009), dass Soziologie im Wettbewerb mit anderen Wissenschaften an Geltung für a) das „Geschäft des Erklärens", b) das „Geschäft des Verstehens" und c) das des „Kritikübens" verloren habe. Diese „Geschäfte" seien von den Lebenswissenschaften (a), der Philosophie und den Kulturwissenschaften (b) und den KlimaforscherInnen und GeowissenschaftlerInnen (c) übernommen worden.

Scheffer und Schmidt begnügen sich aber nicht mit passivem Lamentieren und der Externalisierung von Schuld in Form des Topos „neoliberale Reformagenda", sondern explizieren die interdisziplinäre Dialogfähigkeit von Soziologie als „modus operandi" anhand der Benennung von drei Kompetenzen. Sie unterscheiden eine Übersetzungs- und methodische Reflexionskompetenz sowie Perspektivenvariation (vgl. Scheffer und Schmidt 2009, S. 302).

Wenn auch die zur näheren Beschreibung der drei Kompetenzen herangezogenen Beispiele eher eklektisch aus einer innerdisziplinären, theoriefragenorientierten Perspektive gegeben werden, so können diese Kompetenzen umstandslos für das Konzept der „Transdisziplinarität" ausgeweitet werden, das sich von der Interdisziplinarität vornehmlich durch die Überwindung von Grenzziehungen zwischen Wissenschaft und Nichtwissenschaft unterscheidet.

Die Möglichkeit von Soziologie, sich als Wissenschaft auch auf sich selbst beziehen zu können, die Soziologie der Soziologie, ermöglicht die Einsicht in die Begrenztheit disziplinärer Zugriffe und hilft auf diese Weise zu vermeiden, dass Grenzen von Disziplinen zu Erkenntnisgrenzen werden (vgl. Mittelstraß 2005, S. 19). Soziologie bietet derart viele Denkmodelle zur Erfassung von Komplexität sozialer Wirklichkeiten aus sozialkonstruktionistischer[7] Perspektive, ihrer möglichen Analyse und der Reflexion von Kontingenz, dass sowohl flexibel auf Problemdefinitionsprozesse als auch auf Problembearbeitungsaushandlungen reagiert werden kann.

Die Einsicht in die Notwendigkeit der Perspektivübernahme für gelingende Kommunikation, der gegebenenfalls zur Verständigung notwendigen Übersetzungsleistungen von

---

[7] Mit der Wahl des Begriffs „sozialkonstruktionistisch" möchte ich den Unterschied zwischen dem phänomenologischen Lebensweltansatz und dem erkenntnistheoretischen Konstruktivismus verdeutlichen. Im Zentrum des phänomenologischen Lebensweltansatzes steht Intersubjektivität als gegebene soziale Tatsache. Dies wird in Diskussionen über Konstruktivismus leider häufig verwechselt.

zu versprachlichenden Handlungslogiken und -intentionen sowie das Bewusstsein der Moderationsbedürftigkeit stets heterogener Interessen, unterscheidet soziologisches Denken als „modus operandi" deutlich von anderen Disziplinen. Als Disziplin bietet Soziologie die Chance, die Notwendigkeit der Herstellung von Gleichgültigkeit wissenschaftlicher Disziplinen in Bezug auf ihre Beitragsmöglichkeiten zur transdisziplinären Lösbarkeit komplexer Probleme begreifbar und damit kommunizierbar zu machen.

Müssen nun disziplinär gesetzte Grenzen versetzt oder überschritten werden, um Transdisziplinarität zu ermöglichen? In Anbetracht des Umfangs, der Differenziertheit und Spezialisierung sowohl des überlieferten Wissens, als auch des ständig neu geschaffenen Wissens ist es sehr unwahrscheinlich, dass die disziplinierte Beobachtung von Welt an Bedeutung verlieren wird. Eher ist anzunehmen, dass Disziplinen weiter bestehen, denn „[…] new ones arise continuously from interdisciplinary work" (Nowotny 2006, S. 1), und es gilt Methoden zu finden, mit Grenzsetzungen und Begrenzungen produktiver umzugehen.

„Die Soziologie", die Einheit der Wissenschaft sei an dieser Stelle nochmals bemüht, hat nach wie vor an der Entstehung neuer Disziplinen einen erheblichen Anteil, davon zeugt ihre fortgesetzte Diffusion in andere Disziplinen hinein durch Bindestrich-Soziologien und ganz neu entstehende Wissenschaften. Deshalb gilt es, diese inter- und transdisziplinäre Anschlussfähigkeit von Soziologie, in Form der Übersetzungs- und Reflexionskompetenz sowie des Perspektivwechselvermögens stärker für die Durchführung facettenreicher Kooperationen nutzbar zu machen.

Soziologinnen und Soziologen können zur effizienten Steuerung und Moderation komplexer supra-organisationaler Kommunikationsprozesse im Sinne eines sozial intelligenten Managements beitragen. Mit sozial intelligentem Management ist hier ein Verfahren gemeint, das neben den verfügbaren logisch-rationalen, disparaten Wissensbeständen zur Definition und/oder Lösung eines Problems sowie der Umsetzung eines Problemlösungsverfahrens, auch die Reziprozität von Handlungen, Wirkungen sozialer Rollenkomplementarität als Erwartungserwartungen, gruppendynamischen Konformitätsdruck, die Notwendigkeit der Perspektivübernahme für gelingende Kommunikation *in* den konkreten Kommunikationssituationen sowie Effekte der gesellschaftlichen und organisationalen Bedingtheit von Positionen und Perspektiven der in Kooperationsprojekten beteiligten Akteurinnen und Akteure *auf* die Kommunikationssituation berücksichtigen kann.

Soziologisch geschultes Denken ermöglicht den geordneten Einbezug vieler Kommunikationssituationen beeinflussender Faktoren, mit anderen Worten eine Offenheit für die Wahrnehmung von mehr Komplexität und dadurch die Reflexion von Kontingenz statt kontingenten Reflexen: Ein differenzierteres Management der Arbeit mit Grenzen und der Arbeit an Grenzen.

Die Beiträge des vorliegenden Sammelbandes zeigen Möglichkeiten der Überwindung bisheriger disziplinärer Engführungen beim Managen heterogener Kooperationen. Allen voran sind hier der Ausgang von der Gleichwertigkeit aller Beteiligten und die Offenheit für

Multiperspektivität zu nennen. Sie öffnen den Horizont, um den Reichtum soziologischer Konzepte, Modelle und Verfahren situations- und kontextadäquat neu zu erschließen.

Literatur

Adame, D. (2011). From a Disciplinary to a Transdisciplinary Vision of the University: A Space of Knowledge, Culture, Art, Spirituality, and Life. *Transdisciplinary Journal of Engineering & Science*, 2, 33–39. http://www.theatlas.org/index.php?option=com_phocadownload&view=category&id=4:vol-2011&Itemid=76. Zugegriffen: 06. Juli 2012.

Beck, U. (1986). *Risikogesellschaft*. Frankfurt a. M.: Suhrkamp.

Berger, P. L., & Luckmann, T. (2000). *Die gesellschaftliche Konstruktion der Wirklichkeit*. Frankfurt a. M.: Fischer.

Daston, L. (2001). *Wunder, Beweise, Tatsachen. Zur Geschichte der Rationalität*. Frankfurt a. M.: Fischer.

Gutmann, M. (2005). Disziplinarität und Inter-Disziplinarität in methodologischer Sicht. *Technikfolgenabschätzung – Theorie und Praxis*, 14, 69–74.

Habermas, J. (1992). *Faktizität und Geltung*. Frankfurt a. M.: Suhrkamp.

Horwitz, M. (2000). *Rechtswissenschaftliche Expertise für den Tiergartentunnel: Zur Institutionalisierung eines Grenzobjekts*. Schriftenreihe der Forschungsgruppe Metropolenforschung des Forschungsschwerpunkts Technik-Arbeit-Umwelt am Wissenschaftszentrum Berlin für Sozialforschung, No. FS II 00-502. http://www.econstor.eu/handle/10419/49632. Zugegriffen: 2. August 2012.

Leydesdorff, L., & Etzkowitz, H. (1996). Emergence of a Triple Helix of University-Industry-Government Relations. *Science and Public Policy*, 23, 279–286.

Luhmann, N. (1974). *Soziologische Aufklärung. Aufsätze zur Theorie sozialer Systeme*. Opladen: Westdeutscher Verlag.

Luhmann, N. (1984). *Soziale Systeme. Grundriss einer allgemeinen Theorie*. Frankfurt a. M.: Suhrkamp.

Mittelstraß, J. (2005). Methodische Transdisziplinarität. *Technikfolgenabschätzung – Theorie und Praxis*, 14, 18–23.

Nicolescu, B. (2010). Methodology of Transdisciplinarity – Levels of Reality, Logic of the Included Middle and Complexity. *Transdisciplinary Journal of Engineering & Science*, 1, 17–32. http://www.theatlas.org/index.php?option=com_phocadownload&view=category&id=2:vol10-2010&Itemid=76. Zugegriffen: 21. Juni 2012.

Nielsen, K. H. (2012). Scientific Communication and the Nature of Science. *Science and Education*, 21. doi:10.1007/s11191-012-9475-3.

Gibbons, M., Nowotny, H., & Scott, P. (2004). *Wissenschaft neu denken. Wissen und Öffentlichkeit in einem Zeitalter der Ungewissheit*. Weilerswist: Velbrück Wissenschaft.

Nowotny, H. (o.J.) *The Potential of Transdisciplinarity*. http://helga-nowotny.eu/downloads/helga_nowotny_b59.pdf. Zugegriffen: 9. Juli 2012.

Hirsch Hadorn, G., & Pohl, C. (2008). Gestaltung transdisziplinärer Forschung. *Sozialwissenschaft und Berufspraxis*, 31, 5–22.

Pscheida, D. (2010). *Das Wikipedia Universum. Wie das Internet unsere Wissenskultur verändert.* Bielefeld: transcript.

Scheffer, T., & Schmidt, R. (2009). Soziologie als modus operandi. Wie interdisziplinaritätsfähig ist die Soziologie? *Soziologie, 28,* 291–306.

Späte, K. (2006). No prestige, no money, no contribution? The German Social Sciences' Didactics and the Omissions of Sociology: What it is all about. *Journal of Social Science Education, 10,* 72–81. http://www.jsse.org/2006/2006-2/spaete-sociology.htm.

Völker, H. (2004). Von der Interdisziplinarität zur Transdisziplinarität?. In F. Brand, F. Schaller, & H. Völker (Hrsg.), *Transdisziplinarität. Bestandsaufnahme und Perspektiven* (S. 9–28). Göttingen: Universitätsverlag. http://webdoc.sub.gwdg.de/ebook/univerlag/2006/transdisziplin_book.pdf. Zugegriffen: 04. Juli 2012.

Weber, J. (2003). Hybride Technologien. Technowissenschaftsforschung als transdisziplinäre Übersetzungspolitik. In G.-A. Knapp, & A. Wetterer (Hrsg.), *Achsen der Differenz. Gesellschaftstheorie und feministische Kritik II* (S. 198–226). Münster: Westfälisches Dampfboot.

Weber, M. (2005). *Die protestantische Ethik und der Geist des Kapitalismus.* Erfstadt: Area.

Die Geschichte vom Stuhl und den Milliarden

3

Andrea Kronenthaler

Inhaltsverzeichnis

3.1 Einleitung

Die Diskussion über die Entsendung geeigneter Fach- und Führungskräfte ins Ausland hat zwar zu konkreteren Vorstellungen von Inhalten und Anforderungen in Bezug auf die Berufsrolle der Entsandten geführt. Im Fokus standen bisher jedoch eher die wirtschaftlichen, berufspolitischen und internationalen Machtaspekte global tätiger Konzerne. Was die Diskussion nicht geliefert hat, ist ein Profil emanzipatorischer, gleichberechtigter und nachhaltiger Kriterien, die an grenzüberschreitend tätige Akteurinnen und Akteure einer globalisierten Welt anzulegen sind. Bisherige Entsendungs- und Zusammenarbeitsansätze beinhalten zudem meist direkt oder indirekt die alte Kolonialisierungsidee „Die können doch nichts dort!" oder die Vorstellung, dass das eigene Vorgehen das einzig Richtige sei. Vor diesem Hintergrund wird die grenzüberschreitende Handlungskompetenz von einer Managerin und einem Manager eines deutschen Konzerns theoriegeleitet analysiert.

Dr. Andrea Kronenthaler ✉
e-mail: andrea.kronenthaler@gmx.de

A. Bührmann et al. (Hrsg.), *Management ohne Grenzen*, DOI 10.1007/978-3-658-01262-5_3,   43
© Springer Fachmedien Wiesbaden 2013

Hierfür werden zwei Situationen vorgestellt, die einen Auszug aus einer qualitativen Untersuchung bilden (vgl. Kronenthaler 2008).

Die Anforderungen eines Unternehmens an seine Mitarbeiter/innen, hier an den jeweiligen entsandten Deutschen, sind Erfolg, Gewinn, Umsatz für das Unternehmen und evtl. noch zufriedene Mitarbeiter/innen. Bei einer grenzüberschreitenden Auslandstätigkeit bedeutet dies für eine/n Manager/in, will er/sie diesen Anforderungen gerecht werden, insbesondere die Bewältigung von Ungewissheit. „Unter Ungewissheitsbedingungen können nen … keine präzisen Regeln befolgt werden, sondern nur ‚Handlungsprogramme‘, die selbstgesteuertes Entscheiden und Handeln … verlangen" (Dewe und Peters 1984, S. 312). Hierbei werden außerfachliche Fähigkeiten wie die grenzüberschreitende Handlungskompetenz relevant. Dies vor dem Hintergrund, dass das charakteristische Wirkungsgebiet des Managements soziale Beziehungen, Manager/innen also Spezialisten/innen für soziale Beziehungen sind (vgl. Mintzberg 1973). Soziale Beziehungen aufzubauen, zu gestalten, zu leiten und zu lenken, ist ihre Fachkompetenz über alle Disziplinen und Kontinente hinweg.

Der Fokus in diesem Artikel wird deshalb auf die grenzüberschreitende Handlungskompetenz gelegt. Der zugrunde liegende theoretische, eigens für solche Analysen entwickelte Ansatz ermöglicht das, indem er einen Schwerpunkt auf reflexive gegenseitige Konstruktionsprozesse legt und damit auf die personelle Ebene des/der jeweiligen Managers/in in seinem/ihrem Interaktionskontext. Jeder einzelne ist in einen größeren Kontext eingeflochten, innerhalb dessen sich die Kompetenz zum grenzüberschreitenden Handeln in internationalen Zusammenhängen erst ergibt.

Der grenzüberschreitende Aspekt der Handlungskompetenz wird für diesen Artikel folgendermaßen definiert:

- Die Fähigkeit, sich auch in anderen Kulturräumen (anderen Ländern, anderen Unternehmen, anderen Branchen, anderen Fachabteilungen) als den eigenen bewegen zu können, mit kultureller Fremdheit umgehen und mit Menschen anderer Kulturen, anderer Unternehmen etc. erfolgreich kommunizieren und interagieren zu können,
- in der Lage zu sein, Vorstellungen, Motive und Probleme von Menschen aus fremden Kulturräumen nachzuvollziehen und angemessen darauf zu reagieren (vgl. Kiesel und Ulsamer 2000; Luchtenberg 1999),
- der Sachverstand einer Person „bei der Zusammenarbeit mit Menschen aus ihr fremden Kulturräumen, deren spezifische Konzepte der Wahrnehmung, des Denkens, Fühlens und Handelns" zu erfassen und zu begreifen (Kopper und Kiechl 1997, S. 23).

Wobei es illusorisch ist zu glauben, Toleranz und Neugierde führe automatisch zu einer Öffnung gegenüber dem Fremden. Meist ist es eine schwierige Entwicklung, die die kritische Auseinandersetzung mit sich selbst voraussetzt: Welchen Blick hat man auf den anderen? Welche Wertvorstellungen liegen meinem Handeln zugrunde? Welche Vorstellung habe ich von ‚richtigem‘ und ‚falschem‘ Miteinanderumgehen im Arbeits- oder Führungsprozess? Wie sind meine eigenen Rollenvorstellungen und -erwartungen? Was für Vorkenntnisse oder Vorurteile der fremden Kultur, dem fremden Unternehmen, dem fremden Fachbereich sind vorhanden? Welches Bild hat das Gegenüber wahrscheinlich von mir? Mit welchen Stereotypen arbeite ich selbst bzw. mein Gegenüber?

Der Ethnozentrismus oder Egozentrismus stellt sich meist als erste Reaktion auf das Anderssein ein. Ethnozentrismus funktioniert auf ein Volk bezogen ebenso, wie Egozentrismus bezogen auf ein Individuum. Er ist keineswegs pathologisch und in der Regel der Zugehörigkeit zu einer soziokulturellen, nationalen oder ethnischen Gruppe geschuldet. In diesem Sinne „… stellt sich der Ethnozentrismus als ein universell verbreiteter kultureller Charakterzug dar, … bei dem jegliche Wahrnehmung durch einen Filter geleitet wird, der unbewusst auf der Basis dessen arbeitet, was uns vertraut ist und unseren eigenen Werten entspricht." (Ladmiral und Lipiansky 2000, S. 129).

Hierzu zählen Stereotypen und Vorurteile. Sie machen das Handeln einfacher oder ermöglichen es erst. Stereotypen dienen dazu, die eigene Umwelt zu schematisieren. Stereotypenbildung kennzeichnet einen Vorgang des Vereinfachens und der Generalisierung, um sich so in komplexen Situationen besser zurechtzufinden und handlungsfähig zu bleiben. Vorurteile haben die Besonderheit, dass sie Erklärungsmuster anbieten und die persönliche Reflexion ersparen. Stereotypen müssen in diesem Zusammenhang nicht immer negativ sein.

Die eigene Welt, das eigene Unternehmen, die eigene Fachabteilung bzw. die eigene Person wird als der „Mittelpunkt des Universums" gesehen. Selbstverständlich sind weder Egozentrismus noch Ethnozentrismus eine angemessene Basis für grenzüberschreitende Zusammenarbeit. Macht man sich diese Phänomene jedoch bewusst, liegt hierin eine Chance zur Weiterentwicklung der grenzüberschreitenden Handlungskompetenz und somit zur Verbesserung der grenzüberschreitenden Zusammenarbeit (vgl. Hofstede 1993; Ladmiral und Lipiansky 2000).

Auf der Basis von „Konstruktionsprozessen" der interagierenden Personen mit ihrem jeweiligen Erfahrungsraum aus unterschiedlichen Kulturen, Unternehmen und Fachabteilungen entstehen neue gemeinsam konstruierte „Welten". „Sobald wir enger mit der fremden (Unternehmens- oder Fachbereichs-, Anm. d. Verf.) Kultur interagieren, erleben wir einen Konflikt zwischen unseren eigenen Werten und denjenigen dieser Kultur – die Werte stoßen zusammen. Während man immer weiter in die neue Kultur eintaucht, entwickelt man normalerweise andere Verhaltensweisen, was wiederum das Selbstbild verändert. All das ist Teil der Selbstentwicklung, welche die meisten Menschen während ihrer Tätigkeit im Ausland (oder in der Zusammenarbeit über Abteilungsgrenzen hinweg, Anm. d. Verf.) durchlaufen." (Marx 2000, S. 35). Dieser Zusammenhang, der anhand zwei weiter unten exemplarisch dargestellter Interaktionssituationen theoretisch analysiert werden wird, sieht folgendermaßen aus (Abb. 3.1).

Abb. 3.1 Entwicklungschan-
cen bei grenzüberschreitender
Zusammenarbeit in Anleh-
nung an Marx (2000, S. 30)

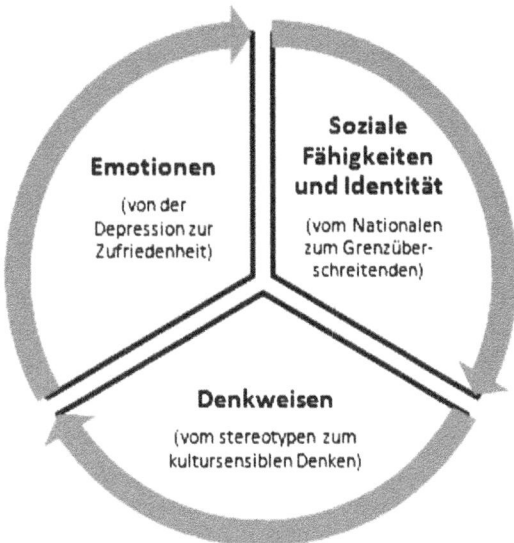

3.2 Theoretischer Zugang

Den theoretischen Ausgangspunkt für die nachfolgenden Überlegungen bildet das Konzept der „Entwicklung von interkultureller Handlungskompetenz" nach Kronenthaler (vgl.
Kronenthaler 2008), das auf der konstruktivistischen Sozialtheorie (vgl. Hejl 1987) und
dem Ansatz zur individuellen Identität (vgl. Glasersfeld 1997) basiert. Als Untersuchungs-
grundlage dienen kritische Interaktionssituationen und -sequenzen von nach Ägypten entsandten Managern/innen. Es wurden Experteninterviews, eine telefonische sowie eine teil-
standardisierte Befragung durchgeführt.[1]

Analysiert wurde, wie Manager/innen in für sie kritischen Situationen interagiert bzw.
kommuniziert haben, um Irritationen zu meistern. In solchen Momenten entstehen Bildungsfiguren, die für eine bestimmte Zeit im Leben eines Menschen Orientierung geben.
Schütze spricht von Phasen individueller Bildungsprozesse (vgl. Schütze 1995). Bei der Entwicklung des Theorieansatzes „Entwicklung interkultureller Handlungskompetenz" wurden diese Bildungsfiguren isoliert und zu Konstrukten verdichtet. So wurde es möglich,
die Handlungs- und Deutungslogik der Manager/innen herauszuarbeiten und für andere
Deutungszusammenhänge fruchtbar zu machen. Was in diesen Momenten einer kritischen
Interaktionssituation – im Prozess der indexikalen Rationalität (vgl. Bohnsack 1999) – entsteht bzw. entstehen kann, sind neue Handlungskonzepte und Typisierungen. Sie werden
abgelegt und bei der nächsten ähnlichen (dann nicht mehr kritischen) Situation handlungsleitend. Individuelle Handlungskonzepte weisen häufig Schnittmengen mit solchen

---

[1] Die Grundgesamtheit bei den Interviews setzt sich aus 39 Deutschen, einem Schweizer und zwei
Österreichern zusammen. Es sind 13 Frauen und 29 Männer interviewt worden.

Abb. 3.2 Kulturkern und
Kulturnetzwerk in Anlehnung
an Sackmann (2000, S. 148)

von Kolleg/innen des gleichen Unternehmens, derselben Fachabteilung auf. Dem liegt eine Sichtweise von Organisationskultur als etwas zugrunde, das die Organisationsmitglieder gestalten. Es geht darum, diesen Gestaltungsprozess der Organisationsmitglieder zu verstehen, interpretierend nachzuvollziehen – ihn also in seinem hermeneutischen Sinngehalt zu erschließen.

Der Kern einer Unternehmenskultur oder auch der Kulturkern entsteht aus einer gemeinsamen Wahrnehmung täglicher Praktiken sowie geteilten Gewohnheiten, Konventionen, Ritualen, Symbolen und Traditionen. Der Ort des Lernens von solchen Gemeinsamkeiten ist der Arbeitsplatz. „Diese Interpretationsmuster sind soziale Konstruktionen, die in Interaktionen entstanden sind und im Kulturkern verankert wurden." (Sackmann 2000, S. 147). So entstehen über kollektive Erfahrungen grundlegende Überzeugungen über das ‚richtige‘ oder ‚angemessene‘ Handeln in der eigenen Abteilung bzw. im eigenen Fachbereich und Unternehmen. In ihrem wiederholten Gebrauch, der von Machtinteressen geprägt wird (vgl. Castells 2002, S. 8), werden diese grundlegenden Überzeugungen dann mit Gefühlen belegt – und Vertrautes und Gewohntes wird z. B. angenehmer, harmonischer, schöner, richtiger und besser. Insofern wirken Kultur und Unternehmenskultur verhaltenssteuernd und Komplexität reduzierend und können folgendermaßen dargestellt werden (Abb. 3.2).

Kulturkern und Kulturnetzwerk bilden die Basis einer Beurteilung von Handlungskompetenz im grenzüberschreitenden Kontakt. Zugleich dienen sie als Voraussetzung für die Wahrnehmung von kritischen Ereignissen („critical incidents"). Solche Ereignisse bezeichnen Teile aus Interaktionen zwischen Personen unterschiedlicher (Unternehmens-)

Kulturen, die offensichtlich konfliktbehaftet, verwirrend und typisch für eine unangemessene Auslegung sind. Kritische-Ereignis-Situationen sind Situationen, in denen eine richtige Entscheidung getroffen werden könnte, wenn alle Informationen, die für eine spezifische Aufgabe oder Mission relevant sind, aus Kulturkern und -netzwerk verfügbar wären (vgl. Flanagan 1954). Sie sind Schlüssel dafür, als verlässlicher/e Manager/in zu gelten. In diesem Sinne verhält sich eine Person kulturell kompetent, wenn ihr Handeln für ihr Gegenüber aus der anderen Kultur, der anderen Abteilung oder dem anderen Unternehmen berechenbar erscheint. In grenzüberschreitenden Interaktionen zwischen deutschen und ägyptischen Manager/innen ließen sich typische Konfliktindikatoren aus den verschiedenen Kulturkernen und -netzwerken ableiten und wurden später in die Form kritischer Ereignisse gebracht:

1. Zeitvorstellung eher polychron oder monochrom,
2. Orientierung an der Person oder eher an der Sache,
3. Kommunikation in einem starken Kontext (der Punkt des Anliegens wird nicht direkt angesteuert) und in berührungsreicher Form oder eher in einem schwachem Kontext (der Punkt des Anliegens wird direkt angesteuert) und in körperlich distanzierter Form,
4. Hierarchie und Bürokratie, die im Grad der emotionalen Distanz, der Formalität und des Umgangs mit Vorgesetzten und Mitarbeitern seinen Ausdruck findet,
5. Religiosität, die Allgegenwart oder Trennung zwischen Geschäftsleben und Glaubensdingen (vgl. Flanagan 1954).

Diese fünf Ebenen sind dann jeweils im entsprechenden Kontext von Familie, Geschäftsleben und Freundeskreis modifiziert anzuwenden.

Dafür werden im Folgenden zwei berufliche Situationen einer grenzüberschreitenden Interaktionssituation mit typischen Momenten kritischer Ereignisse skizziert. Sie werden anschließend auf das Entwicklungspotenzial zur Ausbildung grenzüberschreitender Handlungskompetenz hin analysiert. Das Potenzial einer Situation alleine ist jedoch für eine tatsächliche (Weiter-)Entwicklung von Kompetenz nicht ausreichend. Inwieweit das Potenzial von unseren Protagonist/innen Frank Müller bzw. Ute Maier genutzt wurde, stellt entsprechend den Abschluss der Überlegungen dar.

3.3 Die Interaktionssituationen in ihrem Umfeld

Beispielsituation 1 Während einer Veranstaltung in Ägypten wird der deutschstämmigen Bank-Managerin Ute Maier von einem Ägypter ein Stuhl angeboten. Man wollte gastfreundlich sein. Dies gilt als wichtiger Wert in Ägypten.

Ute Maier lehnt berührt, fast beschämt – in Ägypten will sie alles richtig machen – das Sitzangebot dankend ab. Die ägyptischen Gäste der Veranstaltung lächeln und unterhalten sich schnell; ein weiterer Ägypter bietet seinen Stuhl an. Auch den lehnt die Bankmanagerin ab. Die Blicke der Ägypter begegnen sich. Man schaut die Deutsche an. Diese lächelt, nickt leicht mit dem Kopf, freut sich für einen kurzen Moment über die wohl geschätzte Entscheidung, dass sie[2], genau wie viele anderen stehen kann und sich nicht hervorheben will.

Jetzt erhebt sich der Familienvorstand Mohmad Shafik von seinem Stuhl und nötigt beinahe Frau Maier sich zu setzen. Voller Respekt dem schon leicht angegrauten, charismatischen Herrn gegenüber nimmt sie bescheiden, etwas verlegen Platz, nicht mehr in der Lage, sich zu widersetzen und das Angebot abzulehnen.

Die Veranstaltung beginnt. Frau Maier hört im Hintergrund leises Stühlerücken. Sie dreht sich um, blickt in die Augen des Herrn, der ihr zuvor den Stuhl anbot, der nun auch wieder sitzt. Jetzt ist sie erleichtert. Hatte sie doch ein etwas ungutes Gefühl, den Stuhlplatz doch noch angenommen zu haben. Aber die Ägypter sind in ihren Augen ja so gastfreundlich und zuvorkommend Ausländer/innen gegenüber. Frau Maier genießt die Veranstaltung und wundert sich über so beharrliche Gastfreundschaft.

Eine junge Frau hinter Frau Maier wundert sich auch und denkt: Ausländer/innen können schon undankbar und unverschämt sein. Ein gewöhnlicher Holzstuhl war nicht gut genug, es musste der gepolsterte von Herr Shafik sein. Deutsche Frauen gehen wohl davon aus, dass unsere Männer den Frauen gegenüber genauso respektlos und unhöflich auftreten wie das ihre Männer tun. Dumm und bemitleidenswert sind die deutschen Frauen. Und wie sie sich doch in ihrer Kleidung zur Schau stellen und zu Objekte machen müssen. Sie glauben sie würden noch etwas gewinnen, wenn sie sich wie Männer aufführen. Dumm sind die deutschen Frauen – wirklich dumm.

Wenn es in deutsch-ägyptischen Beziehungen schon bei einem einfachen Stuhlangebot so verzwickt wird, wie sieht es dann erst bei Geschäftsessen, bei Unternehmens- oder Personalführung oder gar bei Verhandlungen aus? Lassen Sie uns dafür den deutschstämmigen Bankmanager Frank Müller beobachten.

Beispielsituation 2 Frank Müller weiß, dass er seine Verhandlung heute Morgen ebenfalls in einer solch freundlichen Atmosphäre wie gestern seine Kollegin bei der Veranstaltung zum Abschluss bringen wird. Der ägyptische Banker Mehmet Said war ihm gegenüber immer sehr zuvorkommend und freundlich. Beinah könnte man den Eindruck erhalten, freundlicher als den eigenen Leuten gegenüber.

Frank Müller begibt sich also zu seinem Verhandlungstermin in eine der größten ägyptischen Staatsbanken. Es geht um Milliarden von Dollars. Er, vorbereitet auf die Verhandlungen in arabischen Ländern mit einem interkulturellen Training, trifft sich heute zum dritten Mal mit seinem Banker Mehmet Said von der ägyptischen Staatsbank. Optimistisch und gut gelaunt betritt er die Bank. Er ist sich sicher, dass er das Milliardengeschäft heute unter Dach und Fach bringen wird. Mit seinem ägyptischen Kollegen war er sich beim letzten Meeting über alle strittigen Punkte einig geworden. Im Schlepptau hat un-

---

[2] In diesem Moment fällt unserer Managerin auf, dass sie die einzige Frau ist, die keinen Sitzplatz hat. Das macht sie doppelt stolz. Man muss den Ägypten/innen schließlich zeigen, dass man als deutsche Managerin keine Sonderbehandlung oder Bevorzugung wegen des Geschlechts wünscht.

ser Manager seine/n Dolmetscher/in. Sichtlich gut gelaunt begrüßt er seinen Kollegen Said lässig lächelnd mit Handschlag. Sie setzten sich.

Da er das im interkulturellen Seminar Gelernte gut umsetzen kann, weiß er: „schwaya, schwaya" – heißt – „langsam, langsam". Jetzt nicht mit der Tür ins Haus fallen. Wir verkaufen schließlich keine Versicherung, sondern es geht um die Milliardenfinanzierung eines Kraftwerks für einen Kunden unserer Bank. Smalltalk ist jetzt angesagt. Da unser Bankmanager Frank Müller auch schon ein paar Worte arabisch spricht, fragt er nach dem Wohlergehen von Kindern und Frau. Er hat die Familie bei einer Essenseinladung bereits kennen gelernt als er vor zwei Monaten das zweite Mal hier war. Der/die Dolmetscher/in zuckt zusammen, der ägyptische Kollege lächelt und sagt etwas gequält „schokran" – Danke. Herr Müller kommt ins Plaudern und lobt die Bank, wie groß und geschmackvoll eingerichtet sie doch sei. So modern. Viele Frauen tragen schon kein Kopftuch mehr. Unserem/r Dolmetscher/in bleibt nichts andres übrig als zu übersetzen. Die Handbewegungen des Deutschen bedürfen der Übertragung und außerdem sitzt der/die Dolmetscherkollege/in des ägyptischen Bankers inzwischen auch dabei. Die Blicke der drei Ägypter/innen begegnen sich. Der ägyptische Banker Mehmet Said lächelt und denkt sich: „Unverschämt aber zuverlässig!"

Frank Müller holt die Vertragspapiere aus seiner Tasche. Es ist alles perfekt vorbereitet. Wie gewünscht, fünf Exemplare für Said und je ein Exemplar für die deutsche Bank und den deutschen Kraftwerksbauer. Der ägyptische Kollege nimmt das Paket, das ihm entgegengehalten wird und gibt es dem Deutschen dann gleich wieder zurück. Dann nimmt er die zwei Exemplare des Deutschen entgegen, wirft einen raschen Blick darauf und legt sie vor sich auf den Tisch. Er entgegnet: „Inshaallah, haben wir hier eine schöne Vereinbarung zustande gebracht und werden gute Geschäfte miteinander machen." Unser deutscher Banker nickt, freut sich, lacht und sagt: „Ja das ist unser Verdienst! Ich freue mich auf unsere Zusammenarbeit." Er nimmt seinen Füller aus dem Etui und kommentiert lächelnd – die Augen bereits auf die Vertragsblätter gerichtet – „Na ja, das haben wir gut hinbekommen – Allah alleine reicht da nicht aus."

Unser ägyptischer Banker hält inne, steckt den eben auch abgenommenen Verschlussdeckel des Füllers wieder auf seinen Füller, lächelt, erhebt sich und meint, dass er dann die Verträge erst einmal prüfen lassen werde. Das könne dauern. Unser deutscher Bankmanager blickt verdutzt auf, Zeit, um etwas zu sagen, bleibt nicht. Der ägyptische Kollege samt Dolmetscher/in ist verschwunden. Der/die Dolmetscher/in des Deutschen blickt beschämt zu Boden. Unser Banker schaut auf seine Uhr am Arm, trinkt schnell seinen Tee aus, verabschiedet sich von seinem/r Dolmetscher/in mit dem Hinweis er würde sich dann melden und verlässt eilig die Bank. Er muss auf den Flughafen – wenn er sich beeilt, erwischt er den Flieger in einer Stunde zurück nach Frankfurt noch. Sonst muss er acht Stunden auf den nächsten warten. Zuhause im Büro wird er dann alles analysieren. „Was mit den Papieren wohl nicht in Ordnung war?" fragt er sich im Gehen.

3.4 Analyse der beiden vorgestellten Situationen

Für die Analyse wurden vor dem Hintergrund der oben gegenübergestellten deutschen und ägyptischen Kulturkerne und Kulturnetzwerke die Situationen auf mögliche kritische Ereignisse hin untersucht, diese stichwortartig festgehalten und den jeweiligen kulturspezifischen Konfliktindikatoren (in Klammern) zugeordnet.

Die Geschichte vom Stuhl *Kritische Ereignisse*

- Ablehnung von zwei Sitzplatzangeboten
- (Hierarchie/Familie/Kommunikation: Das Angebot kam von in der Familienhierarchie tiefer stehenden Personen; die Ablehnung kommt einem harten „Nein" gleich, was so in der ägyptischen Kultur als inakzeptabel gilt)
- Drittes Stuhlangebot und dann die Annahme
- (Hierarchie/Familie: Vom Familienvorstand wurde das Stuhlangebot angenommen)
- Stuhlunterschiede (mit und ohne Polster)
- (Hierarchie: der Respekt vor dem Alter verbietet die Annahme des Stuhls)

Die Bank-Geschichte *Kritische Ereignisse*

- Optimismus und gute Laune
- (Kontext/Anrede, Begrüßung: in der ägyptischen Kultur, die eine „starker Kontext" Kultur ist, wird auf eine respektvolle Begrüßung wert gelegt. Durch die reiche Symbolsprache in dieser Kultur wird Lässigkeit als eine nicht vorhandene Wertschätzung der Bank und des Gesprächspartners gegenüber interpretiert. Beim Betreten der Bank konnten dies zudem auch alle Kollegen/innen und der/die Vorgesetzte sehen.
- Nichtvorstellen des/der Dolmetschers/in
- (Hierarchie: Höflichkeit steht über Hierarchie)
- Kein Geschenk überreicht/Keine Essenseinladung für den Abend
- (Beziehung: eine größere Zurückweisung der Person und automatisch der Sache gibt es kaum wie diese beiden Punkte)
- Kein Verabredungsangebot für den nächsten Tag, damit Mitarbeiter/innen des ägyptischen Kollegen alles in Ruhe prüfen können
- (Bürokratie/Hierarchie/Beziehung: Nichtakzeptanz der internen Abläufe, gewollte Blamage wegen der ev. geringeren Entscheidungskompetenz des ägyptischen Kollegen)
- Frage nach der Frau
- (Beziehung: In der arabischen Kultur gilt es als Tabu, sich nach dem Befinden einer Person des anderen Geschlechts zu erkundigen; kann sogar so interpretiert werden, dass ein intimes Verhältnis herrscht)
- Äußerungen über Modernität der Bank
- (Religion: Zustände und Ereignisse basieren auf dem Willen Allahs und sind nicht zu beurteilen; man sollte mit dem zufrieden sein, was ist)

- Äußerung „unser Verdienst"
- (Religion: Viele Menschen sind in der arabischen Welt davon überzeugt, dass alles seinen Ursprung in Allah hat und nicht im eigenen Verdienst)
- Kommentar zum Kopftuch
- (Religion: Ebenso wie in Deutschland ist es im Geschäftsleben ein Tabu, sich zu Glaubensfragen oder religiösen Themen zu äußern, selbst wenn man sich gut und lange kennt oder dieselbe Religion hat)
- Eile bei der Unterzeichnung
- (Zeitvorstellung/Beziehung: in der arabischen Welt herrscht eine eher polychrone Zeitvorstellung, d. h. Eile ist keine Tugend und eine Missachtung der Beziehung und der eigenen Person wird damit verbunden)
- Selbst anfangen, die Papiere zu unterzeichnen
- (Orientierung/Religion: eine Sachorientierung wird in der arabischen Welt nicht geschätzt, hier herrscht eine Personenorientierung vor und muss um jeden Preis – auch um den eines verpassten Fluges – geachtet werden)
- Tee austrinken und gehen
- (Beziehung/Orientierung/Kontext: Teezeremonien haben in der arabischen Kultur einen hohen symbolischen Charakter; Tee sollte nie alleine (leer) getrunken werden, da dadurch Interesse bzw. Desinteresse zum Ausdruck gebracht wird; Freundschaft und persönliche Beziehung fordert eine Teeeinladung, die nie hoch genug geachtet werden kann)
- Vertragspapiere dem Kollegen in die Hand geben
- (Hierarchie/Kontext/Beziehung: durch die starker-Kontext-Orientierung in Ägypten kommt die Weitergabe der Papiere an eine hierarchisch niedriger gestellte Person symbolisch einer Minderschätzung des Gegenübers gleich und spiegelt nicht eine würdevolle Beziehung)

Reflexion Damit ein Kompetenzentwicklungsprozess ablaufen kann, müssen Ute Maier und Frank Müller hohe Anforderungen erfüllen. Die Kulturkerne und Kulturnetzwerke des deutschen und ägyptischen Unternehmens und die damit verbundenen kritischen Ereignisse sind dafür präsent zu halten.[3] Nur so lassen sich zwei ineinandergreifende zentrale Kompetenzen dieses Prozesses, die Selbstkonstruktionskompetenz und die Generalisierungskompetenz, adäquat fördern.

Die Selbstkonstruktionskompetenz Die eigene Situation ist zu erfassen und die Interpretation der Situation durch die Anderen muss erschlossen werden: „Ich sitze jetzt auf einem Stuhl mit Polster und das ist wohl der Stuhl von einer wichtigen Person". Dies setzt Aufmerksamkeit, Selbstwahrnehmung, rationale und emotionale Wahrnehmung und Berück-

---

[3] Von Relevanz sind in diesem Zusammenhang die Kulturkerne der beteiligten Personen und Unternehmen. Weisen beide deutliche Unterschiede auf einer Seite oder auf beiden Seiten der beteiligten Kulturen auf, sind sie in die Reflexion einzubeziehen, was hier aus Gründen der Übersichtlichkeit unterblieben ist.

sichtigung von Dissoziationen voraus. Zu fordern sind in diesem Zusammenhang Respekt, Authentizität, sprachliche Ausdrucksfähigkeit bzw. Sprachkenntnis und Beobachtungsfähigkeit. Die Interpretation der Situation kann durch zirkuläres Denken (was ist anders als in der eigenen Wahrnehmung und Interpretation? Gibt es Muster, nach denen ich, Ute Maier/Frank Müller, hier handle?) und historisches Denken (gibt es vergleichbare Situationen von früher oder aus Erzählungen von meinem Dolmetscher?) erreicht werden.

Auf diese Weise wird die Integration neuer Interpretationen in zukünftige Situationen möglich. Dann wird die Frau in der Eigenwahrnehmung nicht mehr bevorzugt, wenn sie ein Sitzplatzangebot annimmt. Oder Frauen mit Kopftuch sind dann nicht altmodisch, traditionell etc. Wenn Veränderungswille, Überzeugtheit und auch eine gewisse Risikobereitschaft vorhanden sind, können auf dieser Ebene neue und andere Handlungserfordernisse abgeleitet und realisiert werden.

Die Generalisierungskompetenz Frank Müller und Ute Maier sollten indexikal rationale Führungskräfte in dem Sinne sein, dass sie die Handlungs- und Deutungslogiken der beschriebenen Situationen herauszuarbeiten und für andere Deutungszusammenhänge fruchtbar zu machen in der Lage sind. Was in solchen Momenten einer kritischen Interaktionssituation entsteht, sind neue Handlungskonzepte und Typisierungen, die abgelegt und bei der nächsten ähnlichen Situation handlungsleitend werden. Solche „kulturell richtigen" Generalisierungen einer Situation sind für erfolgreiches (wirtschaftliches) Handeln unabdingbar. Die das Handeln bestimmenden Bildungsfiguren müssen selbstkritisch auf fünf Ebenen hinterfragt werden, die sich im Kulturkern bzw. -netzwerk wiederfinden und sich durch die kritischen Ereignisse herauskristallisieren lassen:

Interpretiere ich als Führungskraft die Bedeutungen von Situationen kulturell richtig? (kurzes Unterhalten der Ägypter nach Ablehnung des Sitzplatzangebots)

1. Hat mein Gegenüber dasselbe oder ein ähnliches Relevanzsystem? (Eindruck, den ich mache, wenn ich als einziger ausländischer Gast bzw. als einzige Frau stehe)
2. Ist meine Situationsdefinition richtig? Oder sehe ich die Situation nur so, wie ich sie sehe, weil ich es schon immer so gesehen habe? (Gastfreundschaft der Ägypter/innen versus Interesse am Geschäftemachen der Deutschen)
3. Kann ich meiner Interpretation vertrauen oder sollte ich vielleicht besser meine/n Dolmetscher/in fragen, wieso der Kollege jetzt verschwunden ist? Oder wieso blickte er zuvor zu Boden? Vielleicht waren es ja nicht die Unterlagen; kann ich diese Feinheiten – Blick auf den Boden oder den Stuhl mit und ohne Polster überhaupt wahrnehmen?
4. Bin ich in der Lage zu erfassen, was mit wem in der jeweiligen Situation los ist? Kann ich Parallelen zu Vorkommnissen in anderen Situationen zu der jetzt stattfindenden Interaktionssituation herstellen? (Was war das letzte Mal, als mein/e Dolmetscher/in zu Boden blickte?)

Das Beispiel lässt den Konstruktionsprozess der deutschstämmigen Manager/innen in der sozialen Situation deutlich erkennen. Ungewissheitsbedingungen wurden ausgeblendet, um ihre Handlungsfähigkeit nicht zu verlieren und die Komplexität der Situation zu minimieren. Herr Müller und Frau Maier handelten nach Handlungsmustern, typisierten Situationen auf der Basis ihres Wissens und ihrer Erfahrungen aus der deutschen Kultur. Die Wahrnehmung der sozialen Konfliktindikatoren (Lächeln des Kollegen, Blicke der drei Ägypter/innen untereinander, Bodenblicke des/der Dolmetschers/in etc.) wurde durch eine an dieser Stelle nicht stattfindende Selbstreflexion verhindert. Wäre der/die Manager/in adäquat darauf vorbereitet gewesen, was mit den eigenen Überzeugungen und deren Folgen im grenzüberschreitenden Kontakt passieren kann, hätte hier Entwicklung von grenzüberschreitender Handlungskompetenz jenseits von Seminaren stattfinden können. So jedoch konnte selbstgesteuertes reflexives Entscheiden und Handeln im Rahmen eines reflexiven Konstruktionsprozesses nicht stattfinden.

Für das hier skizzierten Beispiel kann festgehalten werden, dass weder Frank Müller noch Ute Maier neue Handlungskonzepte entwickelt haben. Die kritischen Interaktionsmomente wurden nicht wahrgenommen und konnten so auch nicht für die eigene Entwicklung grenzüberschreitender Handlungskompetenz genutzt werden. Bei der Anwendung des Theorieansatzes ging es also darum, die Irritationen oder Krisen der deutschen Führungskräfte aufzuzeigen und darauf zu achten, welche Konsequenzen daraus gezogen werden. Ute Maier oder Frank Müller haben auf Verhaltensweisen zurückgegriffen, die für sie in der Vergangenheit im deutschen Kontext erfolgreich waren, aber im kulturell fremden (Arbeitsplatz-)Kontext nicht angemessen sind bzw. nicht zu langjährigen guten Geschäftskontakten führen.

Dies bedeutet vor allem, den Erfolg einer grenzüberschreitenden Zusammenarbeit nicht nur am schnellen Erfolg zu messen. Für Frank Müller und Ute Maier sollte dies bedeuten, dass sie überzeugend in diesem Sinne auf ihre Konzernleitung einwirken müssen. Eine nicht immer einfache Aufgabe, aber der langfristige Erfolg wird ihnen Recht geben und mittelfristig überzeugt dies selbst Vorstände. Frank Müller und Ute Maier werden irgendwann auch erleben, dass sich auf diese Weise leichter Geschäfte machen und vielleicht sogar Freunde/innen gewinnen lassen.

Letztendlich kann festgestellt werden, dass die beiden Führungskräfte in den skizzierten Beispielen zumindest zu wenig selbstreflektiert waren. Ähnliches ließe sich auch über unsere ägyptischen Protagonisten/innen sagen, die hier jedoch nicht im Zentrum der Analyse standen. Bei ihnen ist die Ausgangserwartung die, dass eine Firma, die im Ausland Geschäfte machen will, sich den Gegebenheiten – vor allem des Profits wegen – im Ausland anpassen sollte. Wie in Deutschland finden inzwischen allerdings auch auf ägyptischer Seite „kulturelle Trainings" statt.

Ob die beiden ihre Entwicklungschance wahrgenommen hätten, wenn es zur Grenzüberschreitung gekommen wäre (bspw. hätte die Frau hinter der deutschen Führungskraft ihren Gedanken laut Ausdruck verleihen können), bleibt Spekulation. Vielleicht hätte die Irritation und das damit entstehende labile Gleichgewicht, das Sich-Selbst-Fremd-Fühlen, der kurzfristige Zusammenbruch der Orientierung und die dann zwangsläufige theoretische Verarbeitung, um wieder handlungsfähig zu werden (vgl. die Verlaufskurve nach Fritz

Schütze 1995, S. 129 f), unserer Führungskraft zur Weiterentwicklung der Handlungskompetenz verholfen.

Entscheidend ist, dass es zu dem aufgeführten Wertprofil ganz klare, allerdings meist ungeschriebene Gesetze gibt. Dies gilt selbstverständlich für Ägypten und Deutschland gleichermaßen! Eine Missachtung der Werte und Normen dieses schwer zu erkennenden Regelwerks führt häufig zum Misserfolg. „Wer sie nicht beachtet, wird scheitern", so ein ägyptischer Topmanager.

3.5 Schlussbemerkung

Die Ausführungen sollten deutlich machen, dass es bei der Vorbereitung von Führungskräften für eine Auslandtätigkeit im Rahmen einer grenzüberschreitenden Zusammenarbeit vor allem um den Ausbau von Selbstreflexion und damit einhergehend um Abbau der eigenen Stereotypen und Vorurteilen geht. Der Aufbau von Selbstkonstruktions- und Generalisierungskompetenz ist hierbei zentral – will man eine Entwicklung von grenzüberschreitender Handlungskompetenz für die Person, für die grenzüberschreitende Zusammenarbeit im Rahmen internationaler Wirtschaftsbeziehungen.

Durch die Diskussion von zwei Beispielsituationen sollte gezeigt werden, dass die Entstehung von Neuem, von neuer Typisierung, von Weiterentwicklung von Handlungskompetenz darauf beruht

- Unterschiede zu den eigenen Erfahrungen und Verhaltensweisen bewusst wahrzunehmen,
- sich auf einen gemeinsamen Wirklichkeitskonstruktionsprozess einzulassen,
- den Verhandlungspartner als gleichberechtigt anzuerkennen.

Sämtliche Vorbereitungsmaßnahmen, Begleitungs- und Rückkehrintegrationsmaßnahmen für Mitarbeiter/innen im Ausland, aber auch für Mitarbeiter/innen, die über Fachgrenzen und Branchengrenzen hinweg tätig sind, legen sinnvoller Weise hierauf den Fokus (vgl. Kronenthaler 2008; Bergmann et al. 2010). Will man das eigene (Human Resources) Potenzial des Unternehmens nutzen, sollte auf die Tatsache, dass es je eigene (Bereichs-, Abteilungs-)Kulturen gibt, verstärkt eingegangen werden. Ein (indischer) IT-ler tickt eben anders als eine (marokkanische) Designerin oder ein (deutscher) Controller.

Literatur

Bohnsack, R. (1999). *Rekonstruktive Sozialforschung* (3. Aufl.). Opladen: Budrich + Leske.

Castells, M. (2002). *Die Macht der Identität*. Opladen: Westdeutscher Verlag.

Bergmann, M., Jahn, T., Knobloch, T., Krohn, W., Pohl, C., & Schramm, E. (2010). *Methoden transdisziplinärer Forschung. Ein Überblick mit Anwendungsbeispielen*. Frankfurt a. M.: Campus Verlag.

Dewe, B., Ferchhoff, W., & Peters, F. (1984). Professionelle Kompetenz im Wandel: alte Probleme und neue falsche Propheten. In S. Müller, H.-U. Otto, P. Hilmar, & H. Sünker (Hrsg.), *Handlungskompetenz in der Sozialarbeit/Sozialpädagogik II* (S. 297–322). Bielefeld: AJZ-Verlag.

Flanagan, J. C. (1954). The Critical Incident Technique. *Psychological Bulletin, 51,* 11–28.

v. Glasersfeld, E. (1997). *Wege des Wissens. Konstruktivistische Erkundungen durch unser Denken.* Heidelberg: Carl Auer.

Hejl, P. M. (1987). Konstruktion der sozialen Konstruktion. Grundlinien einer konstruktivistischen Sozialtheorie. In S. J. Schmidt (Hrsg.), *Der Diskurs des radikalen Konstruktivismus* (S. 303–339). Frankfurt a. M.: Suhrkamp.

Hofstede, G. (1993). *Interkulturelle Zusammenarbeit. Kulturen – Organisationen – Management.* Wiesbaden: Gabler.

Kiesel, M., & Ulsamer, R. (2000). *Interkulturelle Kompetenz für Wirtschaftsstudierende.* Berlin: Cornelsen.

Kopper, E., & Kiechl, R. (Hrsg.). (1997). *Globalisierung: Von der Vision zur Praxis.* Zürich: Versus.

Kronenthaler, A. (2008). *Zur Entwicklung interkultureller Handlungskompetenz. Eine empirische Untersuchung deutsch-ägyptischer Interaktionen in Arbeitskontexten.* Landau: Empirische Pädagogik.

Ladmiral, J.-R., & Lipiansky, E. M. (2000). *Interkulturelle Kommunikation.* New York: Oxford University Press.

Luchtenberg, S. (1999). *Interkulturelle kommunikative Kompetenz.* Wiesbaden: Westdeutscher Verlag.

Marx, E. (2000). *Vorsicht Kulturschock: So wird Ihr beruflicher Auslandseinsatz zum Erfolg.* Frankfurt a. M.: Campus Verlag.

Mintzberg, H. (1973). *The Nature of managerial Work.* New York: Harper.

Sackmann, S. A. (2000). Unternehmenskultur – Konstruktivistische Betrachtungen und deren Implikationen für die Unternehmenspraxis. In P. M. Hejl, & H. K. Stahl (Hrsg.), *Management und Wirklichkeit. Das Konstruieren von Märkten, Unternehmen und Zukünften* (S. 141–158). Heidelberg: Carl Auer.

Schütze, F. (1995). Verlaufskurven des Erleidens als Forschungsgegenstand der interpretativen Soziologie. In H.-H. Krüger, & W. Marotzki (Hrsg.), *Erziehungswissenschaftliche Biographieforschung* (S. 116–157). Opladen: VS.

Vielfalt zwischen Bewahren und Verändern – Typologien als Diagnose- und Designinstrument in Veränderungsprozessen

4

Ekkehard Nau

Inhaltsverzeichnis

4.1 Organisationskultur und Wandel

Dass in Organisationen immer wieder Veränderungen stattfinden und stattfinden müssen, ist inzwischen eine Binsenwahrheit. Dass diese Prozesse immer wieder nicht das gewünschte Ergebnis erbringen, schief laufen, Schaden stiften, ist gängige Erfahrung. Dass wir zu wenig über Veränderungsprozesse in Organisationen wissen und lernen können, ist unwahrscheinlich. Die Zeitschrift „Organisationsentwicklung" gibt es immerhin 2011 im 30sten Jahr. Was also hindert Unternehmen, Veränderungsprozesse erfolgreich durchzuführen? Um zu Antworten zu kommen, ist zunächst zu fragen: Was geschieht bei Veränderungsprozessen?

Einem verbreiteten Modell zufolge geht es darum, in den Unternehmen die drei interdependenten Dimensionen „Strategie – Struktur – Kultur" (Bleicher 1991) so zu verändern, dass eine möglichst optimale und nachhaltige Wertschöpfung unter Berücksichtigung der Innenwelt und der Umwelt des Unternehmens erreicht wird. Strategie bezieht sich auf

Dr. Ekkehard Nau ✉
e-mail: contact@nauconsult.de

A. Bührmann et al. (Hrsg.), *Management ohne Grenzen*, DOI 10.1007/978-3-658-01262-5_4,   57
© Springer Fachmedien Wiesbaden 2013

Visionen und Intentionen, wie sie sich in der Unternehmenspolitik und den Zielen ausdrücken. Struktur bezieht sich auf geordnete und geregelte Systeme und Prozesse, in denen sich die Menschen bewegen und etwas bewegen – und so wie sie sich bewegen, verhalten sie sich nicht wie Maschinen, sondern in Beziehungen, in Relation zueinander. Die in diesem sozialen Interaktionsgefüge wirksamen Momente wie Werte, Tabus, Identitäten, Rituale werden als Aspekte der Kultur bezeichnet.

Die erste Antwort auf die oben gestellte Frage: Warum laufen Veränderungsprozesse oft aus dem Ruder? („Why Transformation Efforts fail", Kotter 1996) ergibt sich aus der Beobachtung durchgeführter Veränderungsprojekte: Die ersten beiden Dimensionen werden in den Unternehmen eifrig bedient, die letztere – Kultur – nur halbherzig oder gar nicht. Die Anschlussfrage lautet dann: Warum spielt Kultur eine so geringe Rolle bei den Entscheidenden?

Strategie und Struktur sind eher der Ratio zugängliche Gestaltungsfelder des Managements, mit Kultur sind emotionale und soziale Aspekte verbunden. (Scheins 1985) Organisationskultur-Modell nennt als Ebenen „sichtbare Verhaltensweisen und Artefakte", „Gefühle für das Richtige und kollektive Werte" und „Grundannahmen über die Beziehung zur Umwelt und andere grundlegende Überzeugungen". Strategie und Struktur eignen sich eher für ein planerisches Vorgehen, Kultur entzieht sich klassischen Planungsmethoden. Wissen über Strategie und Struktur wird in den BWL-Fakultäten und MBA-Schmieden reichlich vermittelt, Kultur wird weniger oder gar nicht behandelt (vgl. Wimmer 2009, S. 5).

So sitzen in den meisten Organisationen in den oberen Hierarchieebenen Männer, die betriebswirtschaftlich, juristisch oder fachbezogen oft naturwissenschaftlich-technisch ausgebildet sind. Aus ihrer Ausbildung, ihrer Berufs- und Lebenserfahrung resultiert ein spezifisch strukturierter Denk- und Sprachraum, ein Mindset oder Muster für die Wahrnehmung und Lösung der gestellten geschäfts- und unternehmensweltlichen Aufgaben. Menschenbild, Bild der Organisation, Führungsverständnis und Selbstbild als Entscheidende sind bestimmt durch diese Wahrnehmungs-, Denk- und Handlungsmuster. Die Unternehmenswelt wird deshalb eher rational-funktionalistisch betrachtet, die Organisation als komplizierte Maschine, als technisches System gesehen und so behandelt. Das Selbstbild der Führung ist eher „Kapitän" als „Leader". In Veränderungsprozessen geht es für die Entscheidenden meist darum, formale Strukturen und Prozesse, wie sie im Organigramm und in Regelwerken festgelegt sind, umzubauen. Mit der Blaupause in der Hand werden dann die einzelnen Elemente anders zusammengesetzt, einiges wird weggelassen, anderes hinzugefügt. Ich nenne das „Wandel mit dem LEGO-Baukasten". Für (Kotter 1996) sind Entscheidende mit diesem „Mindset" die „Manager"; gebraucht werden aber „Leader" mit Visionen und dem Gefühl für Menschen und soziale Systeme, die in Beziehungen denken (vgl. von Mutius 2004, S. 17).

Gegen das „facts-and-figures-Management" steht die Auffassung von Unternehmen als sich selbst organisierenden und kreierenden Systemen, mit dynamischer Komplexität, deren Steuerung über das herkömmliche betriebswirtschaftliche Instrumentarium allenfalls in ruhigen Zeiten und dann nur bedingt möglich ist. Die Entscheidenden stehen nach systemischer Auffassung eben nicht außerhalb des Geschehens und haben den Überblick, sondern sind mitten drin in der Dynamik mit der damit unweigerlich verbundenen Begrenzung der Perspektive (vgl. Simon 1998; Karst et al.1996). Zudem wirken die Folgen der Entscheidungen oft mit zeitlicher Verzögerung und räumlicher Verschiebung auf die Entscheidenden zurück und werden nicht mehr als zugehörig zur Entscheidung wahrgenommen.

Als Bild: Der Kapitän sitzt in der Kabine seines Schiffes und bekommt die Schiffsbewegungen, den Status des Schiffs und Ereignisse nur über Instrumente und gelegentliche Berichte seiner Offiziere mit, die aber auch nicht direkt erfahren, was an und unter Deck los ist, sondern ihren Instrumenten und den Äußerungen der Mannschaft trauen müssen. Immerhin: Ziel, Mittel und Regeln sind festgelegt. Dass das Schiff seinen Kurs ungeschoren verfolgen und seinen Bestimmungsort erreichen kann, hängt aber davon ab, wie alle an Bord in kritischen Situationen auch außerhalb der Regeln zusammenwirken. Wenn's brenzlig wird, kann der Kapitän oder die Kapitänin eben nicht alles wissen und machen. Ein schlechter Kapitän wird auf seine Macht pochen und dadurch eventuell Schiff und Mannschaft gefährden, wie z. B. Commander Queeg in Herman Wouks mit Humphrey Bogart verfilmtem Epos „Die Caine war ihr Schicksal".

Die systemische Betrachtung von Veränderungsprozessen in Organisationen sieht anders als das LEGO-Modell die Beziehungsmuster der Organisationsmitglieder und deren wechselseitige Verhaltensdynamiken auch in Reaktion auf Strategie und Struktur als wesentlich für die real stattfindenden Prozesse im Unternehmen – eben die „Ursuppe" der Kultur. Diese Auffassung stützt nicht das solitär gefärbte Selbstbild zupackender Manager/innen. Veränderungsprozesse gelingen in dieser Perspektive nicht ohne hinreichende Berücksichtigung der dritten Unternehmensdimension „Kultur". Alle drei Dimensionen – Strategie, Struktur, Kultur – sind notwendig, auf keine kann verzichtet werden, dennoch ist die bei Veränderungsprozessen immer wieder vernachlässigte Größe die Kultur. Das trifft in besonderem Maße auf Fusionen zu. Obwohl bei der Verschmelzung von Unternehmen oft der Öffentlichkeit von vereinbaren Kulturen erzählt wird, belässt man es meist bei einer – dann aber meist gründlichen – „due diligence", einer Prüfung der Zahlen und formalen Aspekte, die Jurist/innen, Steuerfachleute, Betriebswirt/innen intensiv beschäftigt. Wer davon kennt sich mit Unternehmenskulturen aus? Erst seit ein paar Jahren taucht zaghaft der Begriff „cultural due diligence" (als Beispiel Schneck 2007) auf und das Konzept hat Mühe, gegen das Kartell der Strategie- und Strukturfetischisten Beachtung zu erlangen. Sinnvoll wäre, wenn bei Veränderungsprozessen welcher Art auch immer alle notwendigen Disziplinen an einem Tisch sitzen und nicht aufstehen, bis jede verstanden hat, was die andere in diesem Fall bewegt und was jede dazu beitragen kann, dass der Wandel Möglichkeiten für das Unternehmen öffnet und Energien im Unternehmen freisetzt.

4.2 Typologien als Kulturanalyseinstrumente

Wenn man nun „Kultur" berücksichtigen und womöglich verändern will, sollte man sie kennen. Hier können Typologien helfen, zwischen wissenschaftlichen Untersuchungsergebnissen und den Anforderungen der betrieblichen Realität eine Brücke zu schlagen. Typologien dienen u. a. der Strukturierung und Klassifizierung beobachtbarer Aspekte etwa menschlicher Charaktere, fokussieren auf ähnliche herausragende Merkmale und beschreiben Merkmalscluster. Damit sind sie Hilfsmittel oder Heuristiken, um Erscheinungen überschaubar zu machen. Entscheidend für die Nützlichkeit von Typologien ist, inwieweit sie ein möglichst gutes Abbild der Realität liefern können und leicht verständlich sind. Sie dürfen nicht für die Realität selbst gehalten werden, denn man wird nur durch die Speise, nicht durch die Speisekarte satt. Der Vorteil von Typologien liegt darin, dass sie komplexe Situationen und Sachverhalte auf ihre wesentlichen Dimensionen reduzieren, beschreiben und handhabbar machen.

Was sollen Typologien leisten? Konzept und Instrument müssen für die Entscheidenden leicht nachvollziehbar und verständlich sein. Aufwand und Ergebnisse müssen im Vorhinein klar bestimmt werden können. Das jeweilige Instrument muss einfach einzusetzen und zuverlässig sein. Ergebnisse müssen schnell vorliegen ohne langwierige Datenaufbereitung. Die Auswertung muss nachvollziehbar und verständlich sein. Die Ergebnisse müssen grafisch einfach vermittelt werden können und unmittelbar klare Hinweise für Handlungsansätze liefern. Dass Zuverlässigkeit und Gültigkeit beachtet werden sollten, ist eine Standardanforderung. Diese Anforderungen erfüllen einige der Instrumente in unterschiedlicher Weise. Die Instrumente werden neben der Erhebung des Bildes der Ist-Kultur auch für die Ermittlung der anzustrebenden Soll-Kultur und der im besten Sinne wünschenswerten Ideal-Kultur eingesetzt. Mehrere dieser Ansätze stützen sich dabei auf die Typologie psychologischer Typen von C.G. Jung und deren drei Dimensionen zur Beschreibung unterschiedlicher Persönlichkeiten (z. B.: Bridges 1998; Cameron und Quinn 1999).

Die Anwendung dieser psychologischen Typologie auf Organisationen als soziale Systeme begründet Bridges mit einer Analogie: „Organisationen verhalten sich wie Individuen." (1998, S. 9) Gleichzeitig grenzt er die Übertragbarkeit wieder ein, betont aber die praktische Bedeutung seines Begriffs „Charakter der Organisation". Ohne dass er auf das Konzept Bezug nimmt, argumentiert er fraktal (siehe dazu Mandelbrot 1987). Bridges geht, Mandelbrot folgend (siehe dessen fraktale Analyse von Finanzmärkten 2005), von der Selbstähnlichkeit des Charakters, der Persönlichkeit von Menschen und dem Charakter, „der DNA-Struktur" (1998, S. 7) von Organisationen aus (zur Übertragung psychologisch-psychiatrischer Metaphern auf soziale Systeme auch Simon 2004, S. 292 ff.).

In dieser Arbeit sollen nun nicht alle Typologien vorgestellt und beschrieben werden, Prinzip und Nutzen von Typologien werden vielmehr am Beispiel der Typen-Analyse für Organisationen T.A.O® vorgeführt (Nau 2006).

4.3 Organisationskulturanalyse mit T.A.O.®

Da es Ziel einer Kulturanalyse ist, die wesentlichen Aspekte, den Kern der Organisationskultur herauszufinden, geht es um die Entdeckung regelmäßiger Muster in Verhalten, Ergebnissen, Ritualen, Werten und Grundüberzeugungen. Bridges (1998, S. 7, 9) überträgt das Konzept der Persönlichkeitsbeschreibung von C.G. Jung von der Person auf soziale Systeme und spricht vom „Charakter der Organisation". In der Typen-Analyse für Organisationen T.A.O.® werden diese Regelmäßigkeiten als kollektive Verhaltensmuster erfasst, angeregt durch das Konzept der Systemarchetypen von Senge (1996, S. 118 ff.). Die Unterschiedlichkeit der Muster wird durch die Ausprägungen in den drei Jung'schen Typendimensionen und deren Kombination abgebildet. Jung unterscheidet in rationale und irrationale Bewusstseinsfunktionen und Einstellungsdimension. Die Einstellung oder Grundhaltung zum Leben positioniert sich zwischen Introversion und Extraversion, die rationale Bewusstseinsfunktion oder auch Entscheidungsfunktion zwischen den Polen Denken und Fühlen und die irrationale oder Wahrnehmungsfunktion zwischen den Polen Empfinden (Sensorik) und Intuition (siehe zur Einführung Jacoby 1978, S. 20 ff.).

Für die Anwendung dieser Dimensionen auf soziale Systeme wie Organisationen sind die Dimensionen und ihre Pole begrifflich modifiziert und teils zusammengefasst. In einem ersten Schritt sind vier grundlegende (Basis-)Organisationskulturtypen definiert und in einem Vier-Felder-Schema dargestellt (zur weiteren Methodik Nau 2006). Diese sind zur besseren Unterscheidung und zur Verdeutlichung der spezifischen Kultureigenart mit vier Grundfarben farbpsychologisch gekennzeichnet (nach Heller 1989) (Abb. 4.1).

„Rationalität und Kontrolle" und „Innenfokus" kennzeichnen die ordnungsorientierte Kultur. Die Farbe Blau signalisiert Kühle, Klarheit, Distanz. In dieser Kultur wird den internen Prozessen mehr Aufmerksamkeit geschenkt als dem Geschehen im Umfeld. Rationalität und Kontrolle, Standardisierung und Optimierung bestimmen die Prozesse. Die Hierarchie mit ihrer Regelung von Befugnissen und Verantwortung, mit vorgeschriebenen Anweisungs- und Berichtswegen dominiert; das Tun wird gründlich durchdacht und dafür braucht man Zeit. Max Webers Modell bürokratischer Herrschaft strahlt im Hintergrund.

„Rationalität und Kontrolle" und „Außenfokus" sind die allgemeinen Aspekte der wettbewerbsorientierten Kultur. Die Farbe Rot symbolisiert hier Vitalität, Dynamik, auch

RATIONALITÄT UND KONTROLLE			
INNENFOKUS	Ordnungsorientierte Kultur (Blau)	Wettbewerbsorientierte Kultur (Rot)	AUSSENFOKUS
	Beziehungsorientierte Kultur (Grün)	Innovationsorientierte Kultur (Gelb)	
BEZIEHUNGEN UND EMOTIONEN			

Abb. 4.1 T.A.O. – Dimensionen und Basiskulturen (Nau 2006)

Kampf. Hier geht es um Ergebnisse und Erfolg, um schnelles Handeln und Entscheiden auch mit wenigen Informationen. Macht und Einfluss hängen eher davon ab, inwieweit man initiativ ist, beharrlich Dinge vorantreiben und zu einem positiven Resultat führen kann. Regeln werden übergangen, wenn es dem Ergebnis dient.

„Außenfokus" mit „Beziehungen und Emotionen" sind Merkmale der innovationsorientierten Kultur. Die Farbe Gelb drückt in dem Modell Optimismus, Bewegung und Anderssein aus. Flexibilität und Spontaneität sind die wesentlichen Merkmale dieser Kultur. Hier zählt nicht das Gestern, sondern das Morgen. Visionäre Kreativität wird spielerisch gelebt und Ideen werden begeistert verfolgt und weiterentwickelt.

„Innenfokus" und „Beziehungen und Emotionen" kennzeichnen die beziehungsorientierte Kultur. Die Farbe Grün steht hier dann für Leben, ist beruhigend und natürlich. In diesem kulturellen Kontext wird viel Wert auf gute Beziehungen untereinander gelegt. Die anstehenden Aufgaben werden unter Berücksichtigung der individuellen Bedürfnisse und der Integration der Gruppe angegangen und erledigt. Stabiles Vertrauen ist ein wichtiger Wert dieser Kultur. Dann kann das Unternehmen Loyalität gewinnen.

Spezifische Unternehmenskulturen zeigen sich immer als Mischung der verschiedenen Basistypen mit unterschiedlich ausgeprägten Dominanzen bzw. Präferenzen. Die Typenanalyse für Organisationen T.A.O.® wird mit einem Fragebogen durchgeführt, in dem 30 Einzelfaktoren mit Beschreibungen angeboten werden, die jeweils einer der vier Basiskulturen zugeordnet werden. Diese Beschreibungen sollen in eine abgestufte Rangordnung von „trifft voll zu" bis „trifft nicht zu" gebracht werden. Für jede der vier Basiskulturen ergibt sich so ein so genannter Rohwert. Diese werden standardisiert und dann in eine Grafik umgesetzt, so dass sich aus einer Tabelle ein Bild für die jeweilige Misch-Kultur ergibt, wie aus dem folgenden Anwendungsbeispiel ersichtlich.

4.4 Die Typologie T.A.O.® im praktischen Einsatz

Mit einem Anwendungsbeispiel soll gezeigt werden, welche Möglichkeiten und Vorteile der Einsatz typologischer Kulturanalysen bei Veränderungsprozessen bietet. Dabei wird davon ausgegangen, dass Veränderungen in Organisationen häufig mit Grenzüberschreitungen zu tun haben und oft die (Neu-)Organisation von Zusammenarbeit erfordern. Wenn nämlich Organisationen „umgebaut" werden, geht es um die Auflösung bestehender Abgrenzungen und das Ziehen neuer Grenzen. Gewohnte Gewissheiten gelten nicht mehr, andere, neue Prinzipien und Regeln werden gültig und definieren andere, neue Verhaltensmuster. Das gilt im Besonderen für die Zusammenarbeit und deren Organisation. Gerade bei Fusionen geht es um das Auflösen bzw. Überschreiten alter und den Aufbau neuer Grenzen, die kennzeichnen, wo die Organisation anfängt und wo sie aufhört (siehe dazu Simon 2004, S. 223 ff.).

Die Situation Die Vorstände zweier Unternehmen entschieden, ihre Betriebe zu fusionieren. Die Gelegenheit wurde insoweit als günstig angesehen, als einer der Vorstands-

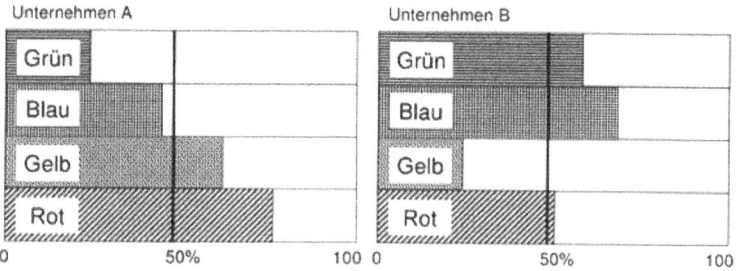

Abb. 4.2 Organisationskulturen im Vergleich (Nau 2006)

vorsitzenden in den Ruhestand gehen würde, somit kein Duell an der Spitze stattfinden würde. Die Standorte der Unternehmen sollten bestehen bleiben, das Hauptquartier sollte an einem dieser Orte eingerichtet werden. Externe Berater/innen führten im Auftrag eines gemeinsamen Gremiums eine klassische due-diligence-Prüfung durch und analysierten nach betriebswirtschaftlichen Gesichtspunkten die vergleichbaren Bereiche und Abteilungen, um Synergien und Rationalisierungspotenzial zu ermitteln. Gleichzeitig wurde von einer Projektgruppe an einer Identität des neu geschaffenen Unternehmens, der Newco gearbeitet (Corporate Identity) und ein neuer Auftritt entworfen (Corporate Design).

Die Beschäftigten beider Unternehmen wurden in Workshops unter externer Leitung an einem neuen Zuschnitt von Aufgaben, Befugnissen und Verantwortlichkeiten beteiligt. Der gesamte Prozess wurde misstrauisch von beiden Belegschaften und vielen Führungskräften beäugt, da sich die Organisationen seit Jahren wechselseitig beobachtet und im Wettbewerb erlebt hatten. Man rechnete mit Personalreduzierungen und erheblichen Umsetzungen. Besonders bedrohlich erlebte man die zu erwartenden Neuzuschnitte von Arbeitsbereichen und das damit verbundene Auseinanderreißen gewachsener Gruppen mit ihrer spezifischen Denk- und Arbeitsweise und eingespielten Arbeitsbeziehungen. Die Unterschiede zwischen den Unternehmen standen in den Gesprächen der Beschäftigten und mittleren Führungskräfte stets im Vordergrund. Entsprechend zäh und Energie kostend verlief der Fusionsprozess.

Erste Analysen mit T.A.O.® Im Rahmen eines Seminars zur Führungsentwicklung bei einem der Unternehmen wurde intensiv über die geplante Zusammenführung diskutiert. Mit Hilfe von T.A.O.® analysierten die Teilnehmenden, die aus verschiedenen Bereichen und Abteilungen des Unternehmens stammten, ihre eigene Organisation (Selbstbild) und die andere Organisation (Fremdbild). Das Ergebnis zeigte einige markante Unterschiede in den Unternehmenskulturen, die bisher nie in den Fusions-Gremien zur Sprache gekommen waren, von denen die Seminarteilnehmenden allerdings nicht überrascht waren (Abb. 4.2).

So sahen die Teilnehmenden ihre Organisation (Unternehmen A) als stark außenbezogen wettbewerbs- und innovationsorientiert mit der Präferenzordnung rot-gelb-blau-grün. Dagegen sahen sie im Fremdbild das andere Unternehmen (B) mit einem starken Innenbezug, einer stärkeren Ordnungs- und Beziehungsorientierung mit der Präferenzordnung blau-grün-rot und wenig gelb. Eine Erweiterung der Analyse auf beide Unternehmen war zu diesem Zeitpunkt nicht möglich, konnte aber zumindest in Ansätzen einige Zeit später in Integrationsseminaren nachgeholt werden. Die als Fremdbild ermittelten Ergebnisse wurden dabei im Selbstbild der Beschäftigten der Organisation B bestätigt.

Die nicht beachteten kulturellen Unterschiede, die die Analyse verdeutlichte, erwiesen sich in der Nach-Merger-Phase als Treiber für eine Reihe außerordentlich störender Konflikte, die nur mühsam eingedämmt werden konnten und noch lange Zeit nachwirkten. Die Konflikte wurden von den Verantwortlichen nicht als Symptom für die Vernachlässigung der kulturellen Aspekte der Fusion gesehen und entsprechend nachbearbeitet, sondern den Beteiligten zugeschrieben. In den dann doch organisierten und viel zu spät stattfindenden Integrationsseminaren stritten die Vertreter/innen der beiden alten Unternehmenskulturen über vermeintliche Belanglosigkeiten und beklagten sich über die Führungskräfte aus dem jeweils anderen „Lager". Mit Hilfe der dann doch eingesetzten Typologie entwickelten die Beschäftigten langsam ein Verständnis für die Ursachen der Schwierigkeiten. Sie erkannten die wesentlichen Unterschiede zwischen den Unternehmenskulturen, die grundsätzliche Gleichwertigkeit unterschiedlicher Denk- und Verhaltensmuster und die Chancen komplementär strukturierter Kooperation. Besonders hilfreich zeigte sich die Darstellung in den Grafiken, die weiter unten dargestellt und erläutert werden.

Die geplante Zusammenarbeit und Ausschöpfung von Synergien wurde zwar nicht im geplanten Umfang erreicht – dafür hatte die Vernachlässigung des Kulturaspektes durch Management und externe Berater/innen zu viel Kränkungen und Verletzungen bewirkt –, dennoch konnten sich eine Reihe von Beschäftigten und Führungskräften aus den Verstrickungen der alten Kulturen lösen und die sich entwickelnde neue Kultur integrierend gestalten.

In den Seminaren waren Personen aus den beiden Ursprungsunternehmen A und B gleichmäßig vertreten. So konnte nach der Darstellung und Diskussion der Ergebnisse der Kulturtypenanalyse sowohl am Verständnis für die jeweilige Ursprungskultur als auch an Lösungen für die aus den Differenzen entstandenen Konflikte gearbeitet werden. Der Fokus richtete sich auf das Verstehen und den Nutzen von Vielfalt (diversity, siehe z. B. Iber 2008). Insbesondere die letztlich auf Jung zurückgehende Auffassung, dass alle Kulturaspekte präsent und notwendig seien, jedoch nur die höchsten Präferenzen bewusst gelebt, die anderen verdrängt würden, wirkte lösend (siehe Jacoby 1999, S. 26, 29, 30).

Nach der Diskussion des Kulturvergleichs im Balkendiagramm (Abb. 4.2) erwies sich die Darstellung der beiden Ursprungskulturen im TAOgramm (Abb. 4.3) als ausgesprochen eingängig und erhellend. In diesem Kreisdiagramm entsprechen die Quadranten den vier Basiskulturen. Der höchste Wert (die erste Präferenz) definiert den Quadranten, die anderen Werte bestimmen die Position innerhalb des Quadranten. Mit den Ringen wird verdeutlicht, ob ein Wert (Außenring), zwei Werte (mittlerer Ring) oder drei Werte (innerer Ring) über 50 % liegen (siehe Abb. 4.3). Diese Unterscheidung dient als Maß für die Vielfalt und Breite oder aber die Verengung und Fokussierung einer Unternehmenskultur.

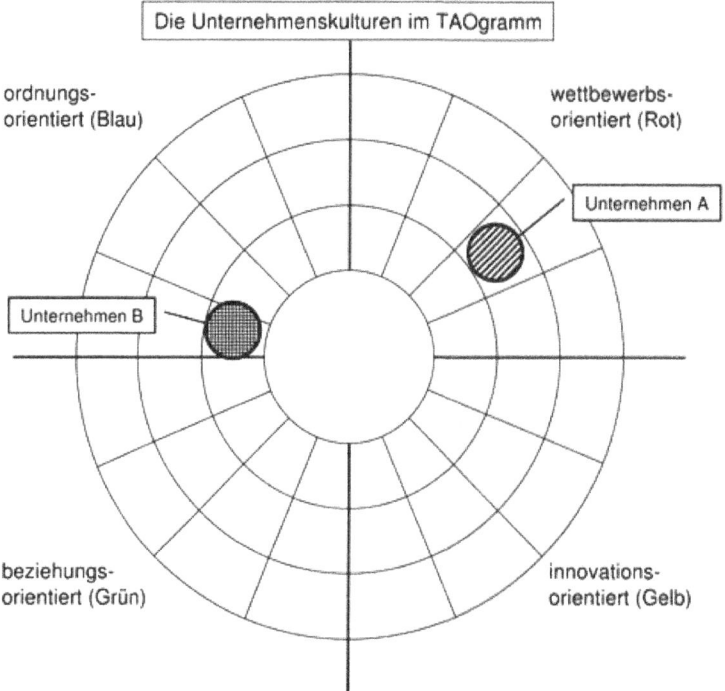

Abb. 4.3 Das TAOgramm (Nau 2006)

In den Kurzbeschreibungen wurde bereits deutlich, dass die Kulturen teilweise polare Unterschiede aufwiesen. Die im TAOgramm gegenüber liegenden Kulturtypen zeigen die stärksten Gegensätze. Dies wurde auch in den Seminaren deutlich, wenn es um die Frage ging, wie die Menschen aus den unterschiedlichen Kulturen Aufgaben auffassen und anpacken, Entscheidungen treffen und Problemlösungen angehen. Es wurde erkannt, dass es nicht nur den einen richtigen, nämlich den eigenen, Weg gebe, sondern auch andere, nicht weniger erfolgreiche. In der betrieblichen Wirklichkeit schienen Widersprüche auf, die bei genauerer Betrachtung aus eben diesen polaren Spannungen rühren. Dass diese existieren, ist kein Betriebsunfall, sondern systembedingt. Die Erkenntnis, dass damit der Dialog und das Abarbeiten unterschiedlicher Auffassungen mit dem Ziel allseits verstandener Entscheidungen unumgänglich werden, setzte sich – erwartbar – allerdings nur langsam durch.

Nach der Analyse der IST-Situation und nachdem die Typologie verstanden war, konnten die Teilnehmenden in die Beschreibung ihrer IDEAL- bzw. SOLL-Kultur übergehen. Mit dem Bild der erwünschten guten Zukunft (Vision) wurden die Elemente einer anzustrebenden IDEAL-Kultur benannt, und mit der Formulierung konkreter Maßnahmen und Schritte wurden baldmöglichst zu verwirklichende Bausteine der SOLL-Kultur beschrieben.

Bei diesem Schritt entwickelte sich eine Diskussion über die Frage, wie eine „gute" Kultur aussehen solle. Dazu können Typologien wie das Beispiel T.A.O.[*] zusätzlich wichtige Hinweise für das Management beim Übergang von der Analyse zur Gestaltung der Unternehmenskultur liefern. Jungs Auffassung über die Komplementarität des Bewussten/Unbewussten (Jung 1995, S. 361 f.) und Watzlawicks Ausführungen über die aus Gegensatzpaaren zusammengesetzte subjektive Erfahrung der Welt (Watzlawick 1992, S. 37 f.) folgend, sind in einer Organisationskultur alle Kulturtypen vorhanden – allerdings unterschiedlich dominant. Diese Dominanzen oder Präferenzen entwickeln sich aus der Interaktion mit den Umwelten der Person bzw. Organisation. Je mehr ein Kulturtyp im Vordergrund steht und andere Kulturaspekte verblassen, umso deutlicher ist dieser Typus zu erkennen. Die Typ-Dominanz bzw. -Präferenz spiegelt, was der Organisation wichtig ist und was nicht. Und hier können Risiken schlummern oder sich bereits in Konflikten ausdrücken, die erkannt und bearbeitet werden sollten.

Abbildung 4.2 zeigt, welche Kulturtypen in den jeweiligen Unternehmen dominant sind. Das rot-gelbe Unternehmen A mit klarer Außenorientierung und dynamisch-flexiblem Handeln legt weniger Wert auf gute Arbeitsbeziehungen und sieht die Aspekte Struktur und Kontrolle eher nachrangig. Dem steht das blau-grüne Unternehmen B gegenüber, dessen Aufmerksamkeit klar geregelten inneren Prozessen und guten Arbeitsbeziehungen gilt, das allerdings Flexibilität und Veränderungen eher ablehnt. Diese im Hintergrund stehenden Aspekte verweisen auf mögliche und manifeste Defizite der Organisation.

In einem wettbewerbsstarken Markt kommt ein Unternehmen mit fokussiert ordnungsorientierter Kultur (Blau) in Schwierigkeiten. In Zeiten von Fachkräftemangel kann sich ein Unternehmen nicht leisten, kaum auf Beziehungsorientierung (Grün) zu achten. Ein Unternehmen mit gering ausgeprägter Innovationsorientierung (Gelb) wird sich mit Veränderungen schwer tun. Und ein Unternehmen mit kämpferischer Konkurrenzhaltung (Rot) wird kaum Interesse an Zusammenarbeit mit Wettbewerbern entwickeln. Im Idealfall werden alle Kulturaspekte ausgewogen praktiziert, denn alle Aspekte sind wichtig. Diese „Funktionen" müssen im Unternehmen insgesamt in nennenswertem Umfang vorhanden sein – wenn auch nicht immer in gleichen Gewichten. Die Abb. 4.4 verdeutlicht diese Funktionen, die die jeweiligen Kulturtypen erfüllen.

Die spezifischen Leistungen der vier Kulturtypen sind in den beobachtbaren Mischkulturen vieler Unternehmen oft in unterschiedlicher Weise realisiert. Bei klassischen Produktionsbetrieben stehen „Rot" und „Blau" oft im Vordergrund. „Grüne" und auch „gelbe" Kulturaspekte sind bei den meisten Unternehmen eher auf dem dritten und vierten Rang der Kulturpräferenzen.

Für das Design von Veränderungsprozessen bedeutet dies, die Funktionen der verschiedenen Kulturtypen zu erkennen und die Dominanzen der eigenen Kultur zu beachten. Diese Funktionen sind für das Design von Integrations- und Veränderungsprozessen unbedingt zu berücksichtigen. Für die „Blau-Grün"-dominante Kultur des obigen Beispiels (Abb. 4.2, Unternehmen B) gilt, dass das Unternehmen, und das heißt natürlich die darin arbeitenden Menschen, planvollem, strukturiertem Vorgehen im Einklang mit Normen

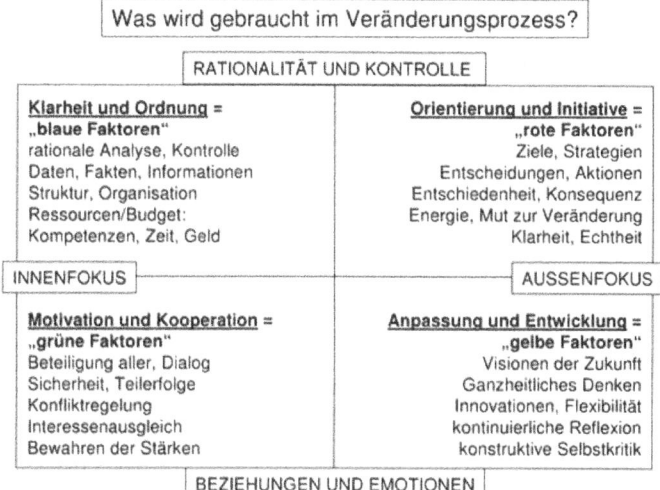

Abb. 4.4 Handlungsnotwendigkeiten/Funktionen im Veränderungsprozess (Nau 2006)

und Regeln großen Wert beimessen. Sie legen Wert auf ein gutes Arbeitsklima, auf achtsamen Umgang miteinander und auf Stabilität. Veränderungen stehen sie eher skeptisch gegenüber, und wenn, dann muss alles gut bedacht und behutsam gemacht werden. Eine solche Kultur beharrt eher auf dem Status-quo und kann allzu forsche Change-Manager/innen zum Verzweifeln bringen. Im obigen Beispiel (Abb. 4.2) sind die „roten" und „gelben" Kulturaspekte nachrangig. Das bedeutet, dass wirklich notwendige Veränderungen so behindert und gebremst werden, dass Unternehmen und Beschäftigte in kritische Situationen geraten können.

Die verantwortlichen Entscheider haben allerdings die Möglichkeit, mithilfe des Funktions-Portfolios (Abb. 4.4) ihre Maßnahmen und Aktionen zu planen und zu überprüfen. Sie werden Notwendigkeit, Orientierung und Richtung des Wandels klar kommunizieren müssen (Rot), dabei aber auch deutlich machen, dass Bewährtes bleibt (Grün). Sie werden für geeignete und stabile Strukturen und Prozesse sorgen müssen (Blau), dabei aber Freiräume für Unvorhergesehenes schaffen und Flexibilität im Vorgehen erlauben müssen (Gelb). Entscheidende müssen einen umfassenden Blick auf die Unternehmenskultur haben und um ihre blinden Flecke wissen. Manager/innen, die sich oft in rot-blauen Kulturen bewegen und sie entwickelt haben, neigen zum „rot-blauen" Blick. Das ist wie mit Käufer/innen eines neuen Autos, die meinen, auf der Straße nur noch seinem Fahrzeugtyp zu begegnen. Die anderen werden übersehen, denn die Wahrnehmung ist auf seinen Fahrzeugtyp fokussiert. Diese selektive Aufmerksamkeit ist auf der Straße wie im Unternehmen kollisionsförderlich und damit schädlich.

Was können die Entscheidenden für sich tun, um ihre blinden Flecke zu überwinden? Was leistet die Typologie der Unternehmenskultur noch, um Entscheidenden für einen Wandel mit weniger Problemen und Konflikten das passende Instrumentarium in die Hand zu geben? Aus der Typologie von Unternehmenskulturen und den Funktionen, die im Unternehmen erfüllt werden müssen, lassen sich klare Handlungsanweisungen für die Verantwortlichen eines Veränderungsprozesses ableiten. Die Typologie ermöglicht es zusätzlich, ihn in einen überschaubaren und verständlichen Gesamtzusammenhang zu stellen. Vergessen oder Übersehen fällt dann schwerer.

Die Leistung und der besondere Vorzug von Typologien besteht darin, den Seminarteilnehmenden mithilfe eines einfachen Modells ihre Wahrnehmungs-, Denk- und Handlungsmuster begreifbar zu machen und zu spiegeln. In dem gesamten Prozess gab es kaum Fragen zur Gültigkeit des Verfahrens. In den Diskussionen und Übungen bestätigten die Teilnehmer ständig die Plausibilität der Typologie. Insbesondere die Umkehr von der Analyse zur Gestaltung (Abb. 4.4) wurde als hilfreiches Schema für den Umgang mit Veränderungen und Entwicklungen jeder Art im Unternehmen angenommen. Leider wurden die Integrationsseminare nicht durchgehalten und für alle Beschäftigten im Unternehmen durchgeführt. Immerhin wirkten die „Typologie-Eingeweihten" als Multiplikatoren und nahmen in ihren Verantwortungsbereichen Einfluss auf die Entwicklung der neuen Kultur in dem Sinne, wie er in den Seminaren skizziert worden war.

4.5 Resümee

Die oben gestellte Forderung nach Einfachheit des Konzepts ohne Simplifizierung scheint gut erfüllt. Nur mit vier Basis-Typen lassen sich Unternehmenskulturen selbst in ihren Mischformen gut beschreiben und angemessene Schlussfolgerungen für das Planen, Entscheiden und Handeln ziehen. Für den Einsatz im Unternehmen sollte eines klar sein, dass es nicht darauf ankommt, präzise zu messen und dem Controlling einen weiteren Zahlensatz zu überlassen. Viel wichtiger ist es, einen Dialog-Prozess im Unternehmen anzustoßen, in dem sich die Organisationsmitglieder über ihre Gesamtkultur mit ihren organisationalen „Sub"-Kulturen bewusst werden und daraus Konsequenzen für ihr Zusammenwirken ziehen. Insoweit ist das bereits beschriebene Analysedesign in den drei Schritten Ist-, Ideal- und Soll-Kultur ein hilfreiches Vorgehen, um Transparenz und Einsicht für die Verbesserung oder Entwicklung der eigenen Unternehmenskultur zu schaffen. Und in diesem Schritt könnte in Workshops überprüft und abgeglichen werden, inwieweit Strategie, Struktur und Kultur kongruent und integriert sind. Es liegt also nicht daran, dass Konzepte und Instrumente zur Analyse der Unternehmenskultur nicht zur Verfügung stehen. Entscheidend ist das Denken des Managements, sind die spezifischen Denkmuster und Wahrnehmungsfilter der Entscheidenden, die eine der zentralen Dimensionen des organisatorischen Systems und damit des unternehmerischen Erfolgs vernachlässigen. Dem kann abgeholfen werden.

Literatur

Bleicher, K. (1991). *Das Konzept integriertes Management*. Frankfurt a. M.: Campus.

Bridges, W. (1998). *Der Charakter von Organisationen. Organisationsentwicklung aus typologischer Sicht*. Göttingen: Hogrefe-Verlag.

Cameron, K. S., & Quinn, R. E. (1999). *Diagnosing and Changing Organizational Culture*. Reading: Addison-Wesley.

Heller, E. (1989). *Wie Farben wirken. Farbpsychologie. Farbsymbolik. Kreative Farbgestaltung*. Reinbek: Rowohlt.

Iber, K., & Virtbauer, B. (Hrsg.). (2008). *Diversity Management: Eine transdisziplinäre Herausforderung*. Göttingen: V&R.

Jung, C. G. (1995). *Psychologische Typen*. Gesammelte Werke Bd. 6. Düsseldorf: Walter-Verlag.

Jacoby, J. (1971). *Die Psychologie von C. G. Jung. Eine Einführung in das Gesamtwerk*. Frankfurt a. M.: Fischer.

Karst, K., & Segler, T. (1996). *Management jenseits der Postmoderne. Plädoyer für ein neues Denken*. Wiesbaden: Gabler.

Kotter, J. P. (1996). Leading Change: Why Transformations Efforts fail. *Harvard Business Review, 73*, 59.

Mandelbrot, B. B. (1987). *Die fraktale Geometrie der Natur*. Basel: Birkhäuser.

Mandelbrot, B. B., & Hudson, R. L. (2004). *Fraktale und Finanzen*. München: Piper.

v. Mutius, B. (2004). *Die andere Intelligenz. Wie wir morgen denken werden*. Stuttgart: Klett-Cotta.

Nau, E. (2006). *Die Typen-Analyse für Organisationen T.A.O. (Type-Analysis for Organizations)*. Immerath: Manuskript.

Schein, E. H. (1985). *Organizational Culture and Leadership. A Dynamic View*. San Francisco: Jossey-Bass.

Schneck, O. (2007). Cultural Due Diligence. Warum Unternehmensübernahmen scheitern. *Kredit, 4*, 23–29.

Senge, P. M. (1996). *Die fünfte Disziplin. Kunst und Praxis der lernenden Organisation*. Stuttgart: Klett-Cotta.

Simon, F. B. (1998). *Radikale Marktwirtschaft. Grundlagen des systemischen Managements*. Heidelberg: Carl Auer.

Simon, F. B. (2004). *Gemeinsam sind wir blöd!? Die Intelligenz von Unternehmern, Managern und Märkten*. Heidelberg: Carl Auer.

Watzlawick, P., Weakland, J. H., & Fish, R. (1992). *Lösungen. Zur Theorie und Praxis menschlichen Wandels*. Bern: Hans Huber.

Wimmer, R. (2009). Kraftakt radikaler Umbau. Change Management zur Krisenbewältigung. *Zeitschrift für Organisationsentwicklung, 28*, 4–11.

Vertrauen und Stereotype in internationalen Beratungsprojekten

5

Doris Beer und Hans-Werner Franz

Inhaltsverzeichnis

5.1 Einleitung und Fragestellung

Vertrauen zwischen Berater/innen und Klient/innen gilt als wichtige Bedingung für den Erfolg von Organisations- und Politikberatung. Dies gilt in nationalen wie in internationalen Arbeitszusammenhängen. Empirische Forschungen zur Politikberatung in den Transformationsländern der 1990er Jahre, wie z. B. TRANSFORM, PHARE und TACIS, zeigten, dass Politikberater/innen Vertrauen, gegenseitige Wertschätzung und Offenheit der Kommunikation als unabdingbar für den Projekterfolg ansehen (Beer 2006, S. 148 f.; Tennberg 2007, S. 327).

Internationale Beratungsprojekte müssen in der Regel dokumentieren, inwieweit sie ihre vorab definierten Ziele erreicht haben. Das Vorhandensein von Vertrauen in der Zu-

Dr. Doris Beer ✉, Dr. Hans-Werner Franz
e-mail: info@doris-beer.de, hwf@franznet.com

A. Bührmann et al. (Hrsg.), *Management ohne Grenzen*, DOI 10.1007/978-3-658-01262-5_5,
© Springer Fachmedien Wiesbaden 2013

sammenarbeit ist relevant für die Projektbewertung und für die Chancen der Beratungsunternehmen, weitere Aufträge zu akquirieren. Darüber hinaus wirkt sich Vertrauen auf die Arbeitsbedingungen in der Beratung aus: mangelndes Vertrauen und Unsicherheit ziehen Informations- und Kontrollarbeit nach sich und stellen einen Stressfaktor dar. Für Berater/innen ist daher die Frage interessant, wie sie Vertrauen bei sich selbst und bei den Klienten aufbauen können.

Im Rahmen einer heimischen Organisationsberatung entwickeln die Klient/innen Vertrauen aufgrund einiger Faktoren: Kompetenz und fachliche Erfahrung der Beratenden, Glaubwürdigkeit, Wohlwollen, Entschlossenheit und Beharrlichkeit, Konsistenz im Sinne einer verlässlichen und vorhersagbaren Handlungsweise, Offenheit und Ehrlichkeit. Beratungsfirmen erhalten neue Aufträge meist durch Empfehlungen von Klient/innen aufgrund ihrer persönlichen Erfahrungen mit dem Beratungsunternehmen. Daneben versuchen Beratungsfirmen, Vertrauen bei potentiellen Kund/innen zu erzeugen, indem sie ihre Kompetenz durch Vorträge und Publikationen öffentlich dokumentieren (Geißler 2007, S. 48). Eine wichtige Funktion beim Schaffen von Vertrauen hat die Angebots- und Kontraktphase eines Beratungsauftrages. Mit ihren Angeboten dokumentieren die Beratenden, wie sie das Problem der Klient/innen verstanden haben und mit welchen Instrumenten sie es bearbeiten würden (Niedereichholz 2001). Während der Kontraktphase handeln Klient/innen und Berater/innen ihre Vorstellungen schrittweise aus. Gelingt diese Interaktion, so bildet sich Vertrauen.

In internationalen Beratungsprojekten, die z. B. Organisations-Know-how an Regierungen, Verwaltungen und politische Akteur/innen im Ausland übertragen sollen, haben die Klient/innen geringere Möglichkeiten, sich vorab ein hinreichendes Bild über die Kompetenz der Beratenden zu machen. Die physischen Entfernungen zwischen Berater/in und Klient/in sind größer, die berufliche Vernetzung ist weniger dicht. Beratungsprogramme supranationaler Organisationen haben stark formalisierte Auswahlverfahren, bei denen ein unmittelbarer Kontakt zwischen Klient/innen und den am Auftrag interessierten Beratungsfirmen sogar unerwünscht sein kann.

Wenn Informationen aus unmittelbaren Kontakten fehlen, wie kann sich dann zwischen den Klient/innen und Beratenden Vertrauen bilden? Worauf greifen die Interaktionspartner in der Anfangsphase einer internationalen Kooperation zurück? Beratende in internationalen Zusammenhängen machen oftmals die Erfahrung, dass nationale Stereotype hier eine gewisse Rolle spielen.

Der nachfolgende Beitrag erörtert die Frage, wie sich Vertrauen in diesen Konstellationen bildet und welche Funktion Stereotype darin haben. Er wurde durch einen Workshop auf der XIV. BDS-Tagung für angewandte Sozialwissenschaften 2007 im Bundesinstitut für Berufliche Bildung in Bonn angeregt. Die Teilnehmenden brachten ihre Erfahrungen aus Wirtschaftsunternehmen, aus der Forschung und aus der Politikberatung in die Diskussion ein. Ihnen allen sei hier herzlich für die Anregungen und Ideen gedankt.

Der Aufsatz gliedert sich in vier Abschnitte: der erste Abschnitt erörtert die Funktion von Vertrauen und Stereotyp für drei Settings internationaler Politikberatung. Der zweite Abschnitt verortet die Handlungsebenen der Politikberatung mit Hilfe von sozialwissenschaftlichen Theorien. Der dritte Abschnitt schildert anhand von Fallbeispielen, wie sich Vertrauen gebildet hat und welcher Abgleichungsprozess wechselseitiger Stereotypen stattfand. Abschließend soll abgeleitet werden, welche Fähigkeiten in der Beratung Tätige aufbauen müssten, um in internationalen Beratungsprojekten gut arbeiten zu können.

5.2 Vertrauen und Stereotyp in internationalen Beratungsprojekten

Nach einer Definition von Luhmann ist Vertrauen ein *Mechanismus zur Reduktion sozialer Komplexität*. Er wird dort eingesetzt, wo aus Zeitmangel, aufgrund des Fehlens von Informationen oder aufgrund nicht überschaubarer Komplexität ein rationales und vollständiges Abwägen von Handlungsalternativen nicht möglich ist (Luhmann 2000). Vertrauen zeigt sich in der *Bereitschaft* von Akteur/innen, in einer Situation auf eine bestimmte Weise zu handeln. Dabei hegen sie die Überzeugung, dass ihre Interaktionspartner/innen Kooperation vorziehen, Vorleistungen mit einer gewissen Wahrscheinlichkeit erwidern und sich nicht ausbeuterisch verhalten (Kydd 2005, S. 6, 9).

Hardin bezeichnet Vertrauen als *kognitive Leistung*, die auf der Annahme einer vertrauenden Person beruht, dass ihre eigenen Interessen und die Interessen der Interaktionspartner/innen zusammengeschlossen sind. Vertrauen kann sich auch auf Organisationen oder Institutionen beziehen; in diesem Fall vertrauen die Akteur/innen auf institutionalisierte Interaktion und Rollenhandlung anstelle von persönlichen Beziehungen (Hardin 2002, S. 31, 171).

Stereotype werden in den Sozialwissenschaften als Bündel von Eigenschaften und Verhaltensweisen verstanden, die bestimmten Personengruppen zugeschrieben werden. Ein Stereotyp vereinfacht und überzeichnet die jeweiligen Eigenschaften und dient als Signal für zu erwartende Verhaltensweisen und für die angemessene eigene Handlungsweise. Das erleichtert die erste Interaktion mit unbekannten Personen, und begrenzt sie gleichzeitig.

Für Beratungen im internationalen Kontext bedeutet das, dass Klient/innen und Beratende in Abhängigkeit davon, wie sie ihre Interaktionspartner/innen konstruieren, ihr Vertrauen mitbringen oder erzeugen. Dabei aktivieren beide Seiten Stereotype und ordnen ihr Gegenüber als Angehörigen einer Nation, einer Profession, eines Geschlechtes oder einer Altersgruppe ein und vertrauen ihm bzw. ihr aufgrund der Eigenschaften, die sie diesen Gruppen zuschreiben. Am Anfang der Zusammenarbeit hat Vertrauen die Qualität einer Vorleistung.

Die auf einem Stereotyp beruhende Vertrauens-Vorleistung wird im Kontakt ersetzt durch reale Erfahrungen. In der weiteren Interaktion verändern die Stereotype ihre Bedeutung und können einen Interpretationsrahmen bilden, in den Berater/innen bzw. Klient/innen ihre nunmehr gemachten Erfahrungen einordnen. Es ist nicht unbedingt ratsam, im ersten Kontakt etwaige stereotype Erwartungen der Interaktionspartner/innen zu durchbrechen. Vielmehr kann eine Bestätigung der bestehenden Erwartungen beim Gegenüber den Aufbau von Vertrauen und damit einer Arbeitsbeziehung fördern. Dies formulierte auch schon Luhmann:

	Persönliche Verhandlung	Klientengesteuerter Wettbewerb	Gebergesteuerter Wettbewerb
Auftragnehmende	Beratungsfirma	Beratungsfirma	Beratungsfirma
Auftraggebende	Regierung/ Ministerium	Regierung/ Ministerium	bilaterale/ multilaterale Förderorganisation
Klient/in	= Auftraggebende	= Auftraggebende	Regierung/ Ministerium
Vertrauensbildung zwischen Klient/in und Beratungsfirma	vor Auftragserteilung, in der Kontrakt-Phase	nach Auftragserteilung, in der Anfangsphase	nach Auftragserteilung, in der Anfangsphase
Wann wirkt das Stereotyp?	vor der Kontaktaufnahme, wandelt sich in der Kontrakt-Phase	in der Auswahlphase, und in der Anfangsphase	nach der Auftragserteilung in der Anfangsphase
Exit-Option	bei der Kontakt-Gestaltung durch Klienten und Berater	in der Anfangsphase durch die Klient/innen	für Beratende und Klient/innen erschwert

Abb. 5.1 Settings internationaler Politikberatung (eigene Zusammenstellung)

Grundlage allen Vertrauens ist die Darstellung des eigenen Selbst als einer sozialen, sich in Interaktion aufbauenden, mit der Umwelt korrespondierenden Identität. … Wer sich Vertrauen erwerben will, muss am sozialen Leben teilnehmen und in der Lage sein, fremde Erwartungen in die eigene Selbstdarstellung einzubauen. … Der Weg zum Vertrauen führt über ein umformendes Eingehen auf fremde Erwartungen. Man kann sie besser erfüllen, als erwartet wurde, oder auf andere Weise. … Das taktische Rezept solcher Vertrauensstrategien liegt im Erkennen funktional äquivalenter Möglichkeiten und in der Beachtung ihrer Grenzen. Wer persönliches Vertrauen erwirbt, tauscht dem Partner gleichsam Standarderwartungen ab gegen solche, deren Erfüllung nur er als diese individuelle Persönlichkeit mit dem ihm eigenen Stil gewährleisten kann (Luhmann 2000, S. 80).

Die folgende Abbildung zeigt drei Settings für internationale Beratungsprojekte: persönliche Verhandlung, klientengesteuerter Wettbewerb und gebergesteuerter Wettbewerb. Beteiligte Akteur/innen sind jeweils die Auftraggebenden, die Auftragnehmenden und die Klient/innen einer Politikberatung. Die Tabelle zeigt, in welcher Phase der Zusammenarbeit sich Vertrauen bildet und Stereotype wirken. Außerdem vergleicht sie die Optionen der Beteiligten, die Zusammenarbeit bei mangelndem Vertrauen zu beenden (siehe Abb. 5.1).

Im Setting der *persönlichen Verhandlungen* verständigen sich Auftragnehmende und Auftraggebende unmittelbar über die Ziele der Beratung. In der Kontrakt-Gestaltung gleichen sie ihre Erwartungen ab und legen ihre Rollen, Regeln und Pflichten fest. Sie nähern ihre Vorstellungen schrittweise aneinander an. Als Ergebnis dieser Aushandlung entsteht

Vertrauen. Stereotype wirken eher vor der Kontaktaufnahme und werden in den Verhandlungen abgewandelt. Die Exit-Option ist leicht zu realisieren: sollten sich die Klient/innen und Auftraggebenden in der Kontraktphase nicht einigen können und sollte kein Vertrauen entstehen, kommt die Beratung nicht zustande.

Im *klientengesteuerten Wettbewerb* formulieren die Klient/innen ihr Beratungsziel schriftlich und laden ausgewählte Firmen ein, ein Angebot abzugeben. Die Beratungsfirmen sind unvollständig informiert über die Hintergründe und Ziele bei der Ausschreibung, sie handeln unter Unsicherheit. In der Formulierung ihres schriftlichen Angebotes legen sie ihr Problemverständnis dar und greifen u. U. auch auf nationale Stereotype zurück. Die Klient/innen entscheiden sich aufgrund des schriftlichen Angebotes für eines der konkurrierenden Problemverständnisse, wobei auch hier stereotype Erwartungen über die Eigenschaften der Beratungsfirmen wirksam sein können. Mit der Auftragserteilung signalisieren sie der Beratungsfirma Vertrauen. Ob dieses Vertrauen gerechtfertigt ist, zeigt sich erst in der Anfangsphase der Zusammenarbeit. Sie kann Elemente der Kontrakt-Gestaltung beinhalten und zum Beispiel eine Exit-Option vorsehen, wenn sich herausstellt, dass das Problemverständnis nicht übereinstimmt. Allerdings wird diese Option für Berater/innen und Klient/innen teurer, da beide ihre bereits investierten Ressourcen in die Zusammenarbeit verlieren würden.

Ein *gebergesteuerter Wettbewerb* findet im Rahmen von Förderprogrammen supranationaler Organisationen wie der EU, der UNO etc. statt. Hier werden die Beratungsziele zunächst zwischen Klient/innen und Geberorganisationen ausgehandelt. Auf deren Grundlage führt die Geberorganisation einen formalen Auswahlprozess mit schriftlich formulierten Terms of Reference durch. Als „Großkunden" auf dem Beratungsmarkt besitzen Förderorganisationen eine größere Nachfragemacht und bessere Marktübersicht als Einzelnachfrager. Sie unterliegen gleichzeitig hohen politischen Legitimitätsansprüchen und versuchen, diesen mit standardisierten Auswahlprozeduren gerecht zu werden. An die Stelle des persönlichen Vertrauens zwischen Beratenden und Klient/innen tritt im gebergesteuerten Wettbewerb das Vertrauen in transparente und faire Verfahrensregeln der Ausschreibung.

Die Beratungsfirmen signalisieren in ihren Angeboten ein Problemverständnis, das demjenigen der Förderorganisation entsprechen muss. Es ist zu erwarten, dass nationale Stereotype in der Angebotsformulierung keine Rolle spielen, da die Förderorganisation als Adressat des Angebots alle konkurrierenden Anbieter gleich behandeln muss. Erhält eine Beratungsfirma den Auftrag, signalisiert dieser das Vertrauen der Förderorganisation in die Kompetenz der Beratenden. Diese können sich jedoch nicht sicher sein, ob ihr Problemverständnis auch mit demjenigen der Klient/innen übereinstimmt. In der Anfangsphase der Zusammenarbeit herrscht hohe Unsicherheit für die Beratenden. Diese Phase ist damit anfällig für das Aktivieren von Stereotypen.

Beratungsprogramme von EU oder UNO sehen häufig eine Anfangsphase (Inception Phase) von einigen Wochen vor. In dieser Zeit haben Berater/innen und Klient/innen die Möglichkeit, den Auftrag zu klären, Rechte, Pflichten und Rollen genauer zu definieren. Eine Exit-Option ist vorhanden, aber sie ist kostenträchtiger als in den Settings persönlicher

Verhandlungen oder klientengesteuerten Wettbewerbs. Die Beratungsfirma würde beim Abbruch der Zusammenarbeit möglicherweise das Vertrauen der Förderorganisation und die Aussicht auf weitere Beratungsaufträge verlieren; die Klient/innen riskieren dagegen die Ressourcen, die die Förderorganisation mit dem Projekt bereitstellt. Steht die Beratung in einem politischen Kontext, wie z. B. die PHARE-Projekte, die den EU-Beitritt unterstützen sollten, stellen die Klient/innen mit einem Abbruch des Projektes auch die politischen Ziele in Frage. Beratende und Klient/innen haben daher ein gemeinsames Interesse, ihre Beziehungen zur Förderorganisation aufrecht zu erhalten. Dabei kann es geschehen, dass nicht ein gemeinsames Problemverständnis, sondern seine überzeugende Darstellung gegenüber der Förderorganisation in den Vordergrund tritt. Vertrauen zwischen Beratenden und Klient/innen entsteht dann, wenn sie dieses gemeinsame Ziel erreichen.

5.3 Sozialwissenschaftliche Modelle zur Beschreibung von Vertrauensaufbau in der Beratung

Wir haben erläutert, dass Vertrauen die Funktion hat, in einer unübersichtlichen Situation eine kooperative Interaktion zu beginnen. Zweitens haben wir geschildert, dass Stereotype Handlungserwartungen schaffen. Sie können in der Anfangssituation einer Beratung funktional sein und im Verlauf der Zusammenarbeit für Klient/innen und Beratende einen Interpretationsrahmen für die gegenseitigen Erfahrungen in der Kooperation schaffen. Wir haben drittens gezeigt, dass in den internationalen Beratungsprogrammen standardisierte Auswahlprozeduren dazu führen, dass Beratende und Klient/innen Vertrauen erst im laufenden Projekt aufbauen können und u. U. hohe Kosten entstehen, wenn Ihnen dies nicht gelingt.

Hinzu kommt, dass die Zielbeschreibungen in internationalen Programmen der Politikberatung oftmals Veränderungen auf der Ebene von Institutionen und großen Organisationen (Meso-Ebene) oder gar auf Ebene der Gesamtgesellschaft (Makro-Ebene) ansprechen. Der Erfolgsdruck auf die Beratenden und auf die Klient/innen ist sehr hoch. Instrumente, mit denen sich der mögliche Erfolg einer Beratung vorab einschätzen ließe, und Modelle, die die Interventionsebenen der Beratung klären helfen, wären hilfreiches Werkzeug für die Beratenden.

Drei theoretische Ansätze, die mit dem Begriff des Vertrauens arbeiten, sollen im Folgenden skizziert werden: ein Modell mit statischen Überzeugungssystemen, ein situationsbezogenes Modell aus der Kommunikationswissenschaft und ein beide einschließendes Modell von Entstehen, Schaffen und Wirken von Sozialkapital.

5.3.1 Überzeugungssysteme (Belief Systems)

Das Modell fester Überzeugungssysteme stammt aus den Politikwissenschaften. Es besagt, dass sich politische Arenen langfristig durch die Lobby-Arbeit von informellen Koalitionen (Advocacy Coalitions) verändern.

Diese bestehen aus Personen, die gleiche Werthaltungen in Bezug auf die Inhalte dieser Arenen vertreten. Die Werthaltungen dieser Akteur/innen sind in persönlichen Überzeugungssystemen (belief system) angeordnet. Ein persönliches Überzeugungssystem besteht aus drei aufeinander aufbauenden Schichten. Im *Hauptkern* befinden sich abstrakte Normen: Annahmen über die Natur des Menschen und die Bedeutung von Ideen wie Freiheit, Sicherheit, Gerechtigkeit. Der Inhalt des Hauptkerns ist unveränderlich.

In einer darüber liegenden Schicht, dem *Policy-Kern,* sind Ansichten über geeignete Strategien angesiedelt, mit denen die Elemente des Hauptkerns umzusetzen wären. Dazu gehören Überzeugungen über das richtige Verhältnis von Markt und Staat oder über die grundsätzliche Eignung von Anreizen und Verboten zur Steuerung. Veränderungen im Policy-Kern finden nur statt, wenn die Akteur/innen grundlegend abweichende Erfahrungen machen.

Die äußerste Schicht wird von den *sekundären Aspekten* gebildet. Sie enthält instrumentelle Entscheidungen, die benötigt werden, um die Strategien des Policy-Kerns durchzusetzen: Informationen über den Erfolg von Programmen, Verwaltungsregeln oder Haushaltsansätze (Sabatier 1993, S. 132). Die Inhalte der äußersten Schicht sind leicht veränderbar; gleichzeitig sind sie das, was in internationalen Beratungsprojekten häufig vermittelt wird: Methoden zum Aufbau und zur Finanzierung von Institutionen, Gesetzesinhalte und Ausführungsvorschriften, Industrienormen etc.

Das Modell postuliert, dass Vertrauen nur entstehen kann, wenn die Belief Systems der Berater und der Beratenen in ihrem Innersten gleich sind. Ist dies der Fall, werden die Vorschläge, die die Berater auf der äußersten Schicht des Belief Systems machen, angenommen und umgesetzt. Tieferliegende Inhalte des Haupt-Kerns und des Policy-Kerns kann ein Beratungsprojekt hingegen nicht beeinflussen (Beer 2006, S. 70).

Stereotyp heißt nun, dass Berater/innen und Klient/innen beim Gegenüber einen ähnlichen bzw. einen anders gelagerten Wertekern vermuten und ihr Verhalten daran ausrichten.

5.3.2 Inneres Team

Das kommunikationswissenschaftliche Modell beschreibt das Innenleben von Akteur/innen in Handlungen, Entscheidungen und in der Interaktion mit anderen. Es verwendet als Metapher für die inneren Regungen, Eingebungen oder „inneren Stimmen" das Bild vom „inneren Team". Jedes einzelne Teammitglied repräsentiert bestimmte Haltungen, Überzeugungen oder Vorlieben des handelnden Menschen (Schulz von Thun 1981, S. 29 ff.). Die Mitglieder des inneren Teams können zueinander in Widerspruch stehen. In diesen Fällen verspüren die Handelnden innere Konflikte (Schulz von Thun 1981, S. 22 ff.). Ambivalenz wird besonders deutlich erlebbar, wenn mehrere Alternativen zur Entscheidung anstehen oder in Situationen, in denen über die Folgen einer Handlung Unsicherheit besteht.

Im inneren Team gibt es einen „Teamchef", der typische Aufgaben einer Führungskraft übernimmt: Planung, Kontrolle, Moderation, Integration, Konfliktmanagement, Personal- und Teamentwicklung, Personalauswahl und Einsatzleitung. Der Teamchef entscheidet für eine gegebene Situation, welche Teammitglieder mitspielen dürfen. Ein inneres Team ist dann arbeitsfähig, wenn es „im Einklang mit sich selbst steht" (Schulz von Thun 1981, S. 70 f.).

In der Zusammenarbeit mit unbekannten Klient/innen haben die „Teamchefs" von Beratenden ein inneres „Empfangskomitee" aufgestellt. Dieses Empfangskomitee gestaltet den Kontakt mit den Projektpartner/innen und bietet ein Anfangsvertrauen. Ein geeig- netes Empfangskomitee bestünde beispielsweise aus einem freundlichen Begrüßer, einer interessierten Forscherin, einem vorsichtigen Interessenwahrer. Auch ein Stereotyp kann zum inneren Teammitglied werden, z. B. „die zuverlässige Deutsche" oder „der charmante Gentleman". Vertrauen wird hergestellt durch die Mitglieder der inneren Teams beider Kommunikationspartner/innen, die im inneren Team des Gegenübers eine Entsprechung suchen und finden. Stereotype können die Suche nach einem Gegenüber im inneren Team des anderen erleichtern.

5.3.3 Sozialkapital

Die drei „Väter" der heute relevantesten Sozialkapitalansätze sind Bourdieu (1983, 1984, 1993), Coleman (1988) und Putnam (1993, 1995), flankiert von Francis Fukuyama (1995), der die drei in einem eigenen Ansatz vereinigte. Putnam (1993) gelang es, den Sozialkapital- Begriff in den politischen Bereich einzuführen. Er definierte es als jene „Merkmale sozialer Organisation wie Vertrauen, Normen und Netzwerke, welche die Effizienz von Gesellschaft dadurch verbessern können, dass sie koordiniertes Handeln erleichtern" (1993, S. 167). Sein Bestreben war es, Sozialkapital messbar und damit auch durch politisches Entscheiden und Handeln beeinflussbar zu machen.

Für Jürgen M. Schechler (2002) ist Sozialkapital das Ergebnis sozialer Interaktion von Individuen, sei es individuell, in Gruppen, Organisationen oder Netzwerken, auf der Grundlage des Prinzips der Reziprozität, wobei die Berücksichtigung dieser Norm zu Vertrauen führt. Dieses soziale Handeln auf der Mikroebene wird beeinflusst durch existierende soziale Normen und Werte auf der Makro- und Mesoebene. Solche Normen und Institutionen werden verstanden als schon entstandenes, substantiiertes Sozialkapital, das entwickelt, vergrößert, verbessert, auch modifiziert oder neu geschaffen werden kann durch reale soziale Interaktion.

Die Makroebene wird gebildet von allgemeinen Normen und Institutionen wie dem Wirt- schaftssystem, dem Rechts- und Politiksystem, allgemeinen kulturellen Regeln und Werten. In einem internationalen Beratungskontext mögen hier schon zwei sehr unterschiedliche Vorstellungen anzutreffen sein, die Rahmenbedingungen und Werte des Gastlandes und die Bezugssysteme, die der Berater mitbringt. Gerade bei allgemein ähnlichem Labelling können die wechselseitigen Annahmen über Ziele, Zielerreichung und Methoden eines Projektes sehr unterschiedlich ausfallen. So kann beispielweise die Annahme über die Verbreitung von Korruption für Beratungsprojekte von großer Bedeutung sein. Lokale kulturelle Vorstellungen wie der Umgang mit Zeit mögen sich von denen einer Projektmanagerin, die ihre Erfahrungen anderweitig gesammelt hat, himmelweit unterscheiden. Gleichwohl stecken die Terms of Reference eines Projektes einen festen Rahmen ab. Die falsche Vorstellung über die Bedeutung von Hierarchie oder Beteiligung mag viel Zeit und gar den Erfolg kosten.

Die Mesoebene wird gebildet von intermediären sozialen Gruppen, Gemeinschaften und Organisationen wie Familien, Clans, spezifischen Vereinigungen und Netzwerken mit ihren Interessen, Normen, Werten, Institutionen und Kulturen. Ob die Vorstellungen von der Rolle von Industrie- und Handelskammern, Gewerkschaften und Unternehmerverbänden, Parteien und Regierungssystemen bzw. Regierungen übereinstimmen oder auseinander klaffen, mag in der Tat über Wohl und Wehe eines Projektes entscheiden. Auch die Rolle der regionalen oder lokalen Politik und Verwaltung, etwa ihre Zuverlässigkeit und Durchsetzungsfähigkeit, können völlig falsch eingeschätzt werden. Überhaupt mag die Vorstellung einer gefestigten, nach wohl etablierten Regeln verfahrenden Verwaltung an sich schon trügerisch sein.

Die Mikroebene ist die Ebene des individuellen Entscheidens und Handelns und der Interaktion mit anderen Individuen. Hier entsteht auf der Basis der zeitverzögerten Erfüllung wechselseitiger Erwartungen (Reziprozität) Vertrauen – oder nicht. Hier werden die Entscheidungen für die eine oder andere Vorgehensweise oder Handlungsoption getroffen und umgesetzt. Hier wird über breite Beteiligung oder autoritäre Durchsetzung entschieden. Hier fällt die Entscheidung über Konsequenz oder Kompromiss, Umweg oder Umkehr, strategische Stringenz oder methodisches Mäandern, Zielstrebigkeit oder Zickzack als Erfolgsmuster. Auf dieser Ebene findet das Erklärungsmodell des inneren Teams seine Anwendung, das auch mit Sabatiers Ansatz verbunden werden kann.

Die drei Ebenen sind durch drei verschiedene Typen von Mechanismen verbunden:

Bei *situativen Mechanismen* (A) wird das aktuelle Verhalten und Handeln bestimmt von mehr oder minder bewussten Annahmen und Informationen, die Rückkoppelungen zur Makro- und/oder Mesoebene enthalten. Entscheidungsoptionen können hier direkt von der Makroebene (A1) oder vermittelt über kulturelle Standardisierungsprozesse der Mesoebene (A2) beeinflusst werden. Zudem können Variablen der Mesoebene unmittelbar (A3) die individuelle Wahl der Entscheidung auf der Mikroebene beeinflussen.

Mechanismen der Handlungsbildung (B) beeinflussen die Entscheidung darüber, wie Gegenseitigkeit (Reziprozität) angegangen werden soll. Hier kommen idealtypische Handlungsmaximen wie Wettbewerb, Kooperation oder Solidarität zum Tragen. Inwieweit

Abb. 5.2 Sozialkapital als Prozess (in Anlehnung an Schechler 2002)

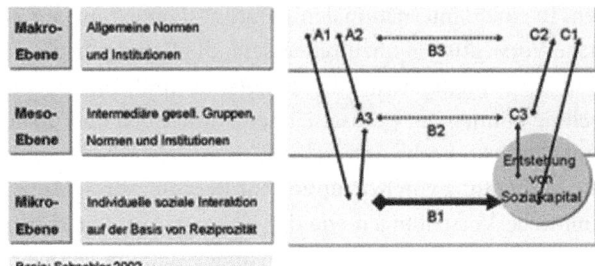

sie ihrerseits von A1-, A2- oder A3-Mechanismen beeinflusst werden, hängt von der einzelnen Person oder der Organisation ab, der sie angehört. Genau genommen ist die Entscheidungs- und Handlungsebene immer die Mikroebene (B1); dennoch mögen die beiden anderen Ebenen vor allem dann von starkem Einfluss sein, wenn die betreffende Person, in diesem Fall der oder die Berater/in, eine hochgradig „wertgeladene" Institution oder Organisation vertritt, etwa Gewerkschafter/innen, Kirchenleute oder Parteimitglieder. Eine Beraterin mag just wegen dieser Vertretungseigenschaft ausgewählt oder bevorzugt worden sein. B2 und B3 sind somit zwar nur symbolische Handlungsstränge, mögen aber umso stärker als Entscheidungsstränge bindend sein.

Wirkungsmechanismen (C) wandeln die Ergebnisse sozialer Interaktion in Wirkungen auf die bestehenden Normen und Institutionen um oder tragen zur Entstehung neuer bei. Die C-Pfeile stehen für diese Mechanismen; sie haben entweder unmittelbaren Einfluss auf die Makroebene (C1) oder die Mesoebene (C2) oder wirken sich vermittelt über die Mesoebene (C3) aus. Typische Denkstrategien dieser letzteren Art (C3) sind Pilotprojekte, die zunächst nur einen Ausschnitt zu beeinflussen gedenken, um dann zu Verallgemeinerungen auf der Mesoebene zu führen, eventuell mit Auswirkungen auf der allgemeineren Makroebene.

Die Sozialkapitaltheorie mit ihren drei Ebenen kann auf der Makro- und Mesoebene analog zu den beiden Kernen des Sabatier'schen Policy-Modells gesehen werden, während das von Thun'sche Teammodell ausschließlich auf der konkreten Handlungsebene angesiedelt ist, die der Mikroebene des Sozialkapitalansatzes entspricht. Ausschlaggebend bleibt, Sozialkapital wird nur durch persönliches Entscheiden und Handeln auf der Mikroebene bestätigt oder modifiziert, gemehrt oder Erosion unterworfen, geschaffen oder zerstört. Sozialkapital existiert in Normen und Institutionen, aber es „lebt" nur in und durch Kommunikation und Handeln und in dem Maße, wie diese am Leben erhalten und modifiziert werden.

5.4 Fallbeispiele

Die beiden folgenden Fallbeispiele beruhen auf persönlichem Erleben der Verfasser/innen und sind daher in der Ich-Form gehalten. Es handelt sich um Ex-post-Konstruktionen mit einem zeitlichen Abstand von zwanzig bzw. fünfzehn Jahren. Soweit die Überlegungen die ausländischen Projektpartner betreffen, hat die Darstellung lediglich die Qualität von Hypothese aufgrund von Gesprächen und Beobachtungen während der Zusammenarbeit. Es wird versucht, mit dem oben angebotenen theoretischen Werkzeug zu rekonstruieren, welche Kalküle, Stereotype und Vertrauensvorschüsse im Spiel gewesen sein könnten, als der Auftrag angeboten und angenommen wurde. Wir unterscheiden hierbei die beiden Vertragsseiten und gehen vom Allgemeinen zum Konkreten.

5.4.1 Beratung der baskischen Regierung bei der Einführung eines neuen Berufsbildungssystems

Berufsbildungssystem im Baskenland In Spanien war das altherkömmliche, weitgehend ungeregelte Lehrlingssystem Anfang der 1970er Jahre sang- und klanglos aufgegeben worden, weil die meisten Betriebe Lehrlinge vorwiegend als billige Arbeitskräfte ansahen. Die Ausbildungsqualität war entsprechend niedrig und die bescheinigte Qualifikation wurde in den Augen der Arbeitnehmer wie auf Arbeitgeberseite als Papier ohne Tauschwert angesehen. Der Arbeitsmarkt funktionierte aufgrund der rechtlich sehr reduzierten Möglichkeit zur Entlassung nur sehr eingeschränkt. Die vor diesem Hintergrund nachvollziehbare Begeisterung von baskischen Unternehmen und Gewerkschaften für das west-deutsche Duale System übersah viele Besonderheiten des deutschen Modells: Es gab keine gewachsene Unternehmenskultur des Investierens in Bildung und Menschen; es gab kein Vertrauen in die Gegenseitigkeit dieser betrieblichen und finanziellen Leistung. Zugleich verfügten spanische Unternehmen über eine sehr geringe Eigenkapitaldecke. Der Aufbau des Ausbildungssystems nach west-deutschem Muster wäre nur über die Preise zu finanzieren gewesen – bei gleichzeitiger Ungewissheit, ob die soziale und qualitative Komponente funktioniert.

Heute wird das spanische Aus- und Weiterbildungssystem neben den öffentlichen Mitteln über eine Umlagefinanzierung (1,5 % des Umsatzes) aller Betriebe in einen Bildungsfonds finanziert. Die Betriebe erhalten nur dann Geld, wenn sie einen betrieblichen Bildungsplan vorlegen und seine Einhaltung belegen. Der Fonds wird von Unternehmen, Gewerkschaften und Staat drittelparitätisch verwaltet. Den Erstausbildungsauftrag haben die Berufsbildungszentren, die sich für den praktischen Teil der Ausbildung regional mit den Unternehmen vereinbaren. Der Staat hat sich mit seinem Anteil und seinem Einfluss auf die Berufsbildungszentren, die heute mindestens die Stufe Recognised for Excellence (R4E) des EFQM-Systems umfassenden Qualitätsmanagements erfüllen müssen, qualitativ wichtige Zugriffsmöglichkeiten gesichert. Zugleich ist über die Bildungsfondslösung die Verantwortung der Tarifparteien eingefordert und eingebunden.

Anbahnung des Beratungsauftrags Besonders war diese Beratung zunächst, weil sie auf informelle Art und Weise zustande kam. Ein wissenschaftlicher Kollege, der meine positiv-kritische Haltung zum Dualen System der beruflichen Bildung in West-Deutschland kannte, lud mich 1989 zu einem Berufsbildungskongress der baskischen Regierung ein, der den Auftakt zu einem öffentlichen Diskurs über das zukünftige Berufsbildungssystem des Baskenlandes (im Rahmen des neu zu gestaltenden spanischen) bilden sollte. Nach meinem Vortrag eröffnete er mir, er habe mich in Absprache mit dem für berufliche Bildung zuständigen Staatssekretär der sozialistisch geführten baskischen Regierung eingeladen. Ein großes Projekt der Sozialforschungsstelle Dortmund in Spanien (über die Veränderung der Qualifikationsanforderungen im Zuge der EU-Süderweiterung, finanziert von der Volkswagen-Stiftung) habe wegen seines originellen Ansatzes und seiner hochrelevanten Ergebnisse Aufsehen erregt. Das Baskenland werde für den öffentlichen Diskurs über sein neues Berufsbildungssystem Berater/innen aus verschiedenen Ländern mit unterschiedlichen Berufsbildungssystemen heranziehen. Er habe den Auftrag des Staatssekretärs, mich nach meinem Interesse zu befragen, ob ich mich als deutscher Berater an diesem Prozess beteiligen wolle.

Terms of Reference Besonders waren vor allem die inhaltlichen Konditionen. Der Kollege machte mich noch auf der Konferenz mit dem Staatssekretär bekannt. Dieser hatte meinen Vortrag gehört, in dem ich einerseits die unbestreitbaren Erfolge und Vorteile des Dualen Systems (überwiegend gute, realitätsnahe Ausbildung, hohe Beschäftigungseffektivität, hohe Sozialisierungsfähigkeit) hervorgehoben, andererseits hingewiesen hatte auf seine strukturellen Schwächen (stark schwankende Verfügbarkeit von Lehrstellen, Ausbildungsverträge mit Betrieben als Engpass, schwerfällige Anpassbarkeit von Berufen, vielfache Durchbrechung des dualen Prinzips als Notmaßnahmen für unversorgte Jugendliche). Er war daher der Meinung, ich sei der Richtige für das, was er vorhabe. Er schilderte folgende Rahmenbedingungen: Die baskischen Unternehmensverbände und viele baskische Unternehmer/innen, die Geschäftsbeziehungen nach West-Deutschland hätten, seien ebenso große Befürworter einer Übernahme des deutschen Dualen Systems wie viele Gewerkschafter. Die baskische Regierung wolle jedoch ein moderneres, kompetenzorientiertes, auf öffentlich finanzierten Ausbildungszentren basierendes und weniger schwerfällig anpassbares System installieren. Es solle auf beruflichen Profilen (Standards) basieren und den Wechsel von Lernorten Berufsbildungszentrum und Betrieben, Alternanz genannt, als wesentlichen Bestandteil organisieren. Gleichzeitig solle das System sich strikt an Qualitätsmaßstäben ausrichten. Mein Auftrag bestehe darin, im Rahmen des öffentlichen Diskurses die baskischen Unternehmer/innen, aber auch die Gewerkschafter/innen davon zu überzeugen, dass sie nicht weiter auf eine Kopie des west-deutschen Dualen Systems bestehen sollten, weil es von Nachteil und in Spanien nicht implantierbar sei.

Erteilung und Abwicklung des Auftrags War der Auftrag an sich schon ungewöhnlich, so war der Beratungsvertrag vollends außergewöhnlich. Er wurde im Beisein meines Kollegen per Handschlag besiegelt. Die Leistung war so zu erbringen, dass ich für die Dauer des öffentlichen Diskurses, der zunächst auf drei Jahre parallel zu den politischen und fachlichen Vorbereitungen auf das neue Berufsbildungssystem angelegt werde, einmal, anfangs eventuell zweimal im Jahr eine Woche im Baskenland verbringen solle, um auf öffentlichen Veranstaltungen an Diskussionen mit Unternehmensverbänden und Gewerkschaften meinen Standpunkt offensiv zu vertreten. Als Gegenleistung bot er mir kein Geld, sondern folgende Zusage: Ich werde auf Regierungskosten 1. Klasse eingeflogen, während des Aufenthalts einen Wagen mit Chauffeur zur Verfügung haben, das gesamte Baskenland kennenlernen und in den besten und am schönsten gelegenen Hotels des Baskenlandes nächtigen. Zudem würde ich während dieser Woche zweimal am Tag in den besten Restaurants des Baskenlandes speisen. Am Ende der Woche würde ich jeweils ein wertvolles Kunstwerk eines namhaften baskischen Künstlers, ein Bild oder eine Skulptur, erhalten. Der Vertrag könne ab sofort gelten. Hand drauf. Für einen langjährigen Kenner Spaniens, seiner Politik, Geschichte und Kultur, sowie einen Gourmet, Wein- und Kunstliebhaber war dies kein unmoralisches Angebot.

Der Vertrag, der nie schriftlich fixiert wurde, wurde von beiden Seiten in vollem Umfang erfüllt, und zwar trotz eines zwischenzeitlichen Regierungswechsels. Da sich der durch den öffentlichen Berufsbildungsdiskurs gebildete breite überparteiliche Konsens über die Legislaturperioden hinweg als tragfähig erwies, gab es nie Probleme. Ich bin im Rahmen dieses Vertrages in fünf Jahren insgesamt sieben Mal im Baskenland gewesen.

Theoretische Einordnung Auf der *Makroebene* mögen mehrere allgemeine Annahmen von Bedeutung gewesen sein, die zugleich dem Hauptkern des Sabatier'schen *belief system* entsprechen. Zunächst einmal besteht in Spanien, und das gilt besonders für das Baskenland, eine allgemeine Sympathie für West-Deutschland, das traditionell mit Ordnung und Verlässlichkeit in Verbindung gebracht wird. Begriffe wie Leistungsfähigkeit und wirtschaftlicher Erfolg gehören zu den Stereotypen über „die Deutschen". Zugleich entsprechen alle vier Stereotype der Selbstwahrnehmung der baskischen Bevölkerung. Klar ist auch vor dem Hintergrund der spanischen und insbesondere der baskischen Geschichte, dass ein Experte aus einem eindeutig demokratischen Lager gefordert war.

Meine Zuordnung zum sozialdemokratisch/sozialistischen Spektrum der politischen Palette ist (auf dieser Interpretationsebene) mit Sicherheit – wegen meiner früheren Aktivitäten in Spanien (u. a. Projekt) – bekannt gewesen und für einen Staatssekretär, der von der Sozialistischen Partei des Baskenlandes in sein Amt gebracht wurde, ein Zuordnungskriterium. Schließlich, vielleicht sogar als erstes Kriterium, dürften mich meine guten Spanischkenntnisse und damit eine relativ gute Kenntnis der Kultur des Landes in den Fokus gerückt haben.

Auf der *Mesoebene*, die dem Policy-Kern des Sabatier'schen *belief system* entspricht, dürften weitere relevante Motive zu finden sein. Dazu gehört, dass nach dem großen Projekt die Kenntnis des spanischen Institutionensystems im Bereich der industriellen Beziehungen mit zwei einflussreichen großen Gewerkschaften, einem (Groß-) Unternehmerverband und einem (damals in Gründung befindlichen) Verband der mittelständischen Unternehmer als bekannt vorausgesetzt werden konnte. Mit dem in Spanien breit vernetzten Projekt war auch ein Einblick in zahlreiche spanische Unternehmen und Betriebe verbunden, damit auch in Ausbildungsbedingungen. Auch dies mag der Vermutung Vorschub geleistet haben, dass bei mir ein gewisser Realitätssinn für die betrieblichen Gegebenheiten und Unternehmenskulturen vorhanden sei.

Entscheidend dürfte jedoch meine differenzierte Bewertung des west-deutschen Systems der beruflichen Bildung gewesen sein, die nahtlos an die auf baskischer Seite vorherrschenden Rahmenvorstellungen anknüpfen ließ. Angestrebt wurde ein System der Erstausbildung, bei dem der Kernansatz des Dualen Systems, die Verbindung von theoretischem und praktischem Lernen an den wechselnden Lernorten Berufsbildungszentrum und Betrieb übernommen werden sollte. Zugleich sollte den spezifischen spanischen Rahmenbedingungen für die institutionelle Regelung des Systems Rechnung getragen werden.

Auf der Mikroebene schließlich lässt sich nicht viel Konkretes über Zutrauen formulieren. Soziales Vertrauen, das ist die entscheidende Aussage von Fukuyama mit seinen „instantiated norms", wird geschaffen, erhalten und erneuert nur durch und in der Begegnung und Interaktion realer Menschen. Ganz entscheidend ist jedoch dafür, ob man die Sprache der Menschen, zu und mit denen man reden soll, versteht und spricht, um Anschluss und damit Glaubwürdigkeit zu gewinnen. Offensichtlich hat der Staatssekretär mir nicht nur zugetraut, dass ich Spanisch spreche, sondern dass ich mich auch verständlich machen kann. Und wie so oft dürfte auch eine gewisse spontane Sympathie für die Art meines Auftretens gegeben gewesen sein.

Darüber, was ich mir zugetraut habe, muss hier nicht spekuliert werden. Ich habe schließlich Ja gesagt und eingeschlagen. Ohne zu zögern. Mein innerer Teamleiter hat mir in der Situation, als mir der Auftrag erteilt wurde, mit klarer Stimme und im Namen des gesamten Teams mitgeteilt, ich solle mir das nicht lange überlegen. Zu verlieren hätte ich nichts, nur viele gute Kontakte könne ich gewinnen, die mir für spätere Projekte von unschätzbarem Wert sein würden. Ich weiß nicht mehr, was ich wie gesagt habe. Aber ich bin sicher, dass die Aussicht auf ein bis zwei Wochen im Jahr in den besten baskischen Restaurants essen und Wein genießen zu dürfen und dafür mit Kunst belohnt zu werden, die Aussicht auf ein interessantes Betätigungsfeld bei weitem überstrahlte. Und ich kann nur sagen, dass es sich gelohnt hat. Für mich. Und offensichtlich hat das baskische Bildungssystem auf welch verschlungenen Wegen auch immer ebenfalls davon profitiert.

5.4.2 Regionaler sozialer Dialog in der Slowakei

Die Slowakei ging am 1. Januar 1993 durch Teilung aus der Tschechoslowakei hervor. Die ersten slowakischen Regierungen strebten, wie alle mittel- und osteuropäischen Staaten, einen raschen Beitritt zur Europäischen Union an. Die Pläne der slowakischen Regierung unter Meciar widersprachen jedoch den Vorstellungen der europäischen Kommission über eine gelungene Transformation und Demokratisierung. Ab 1994 geriet der Prozess der Vorbereitung auf den Beitritt ins Stocken. Bei den Neuwahlen 1998 hatte Meciars Partei zwar noch einen geringen Stimmenvorsprung, fand jedoch keinen Koalitionspartner für eine Regierungsbildung. Daher gelangte die „Slowakische Demokratische Koalition" (SDK) unter Mikuláš Dzurinda an die Regierung. Ihr gelang es, den Beitrittsprozess zur Europäischen Union wieder aufzunehmen. 2004 wurde die Slowakei als reguläres Mitglied der EU aufgenommen.

In allen osteuropäischen Ländern, die der EU beitreten wollten, bestanden Agenden zur Angleichung von Gesetzen, Rechtsnormen, Verwaltungsvorschriften und Verfahrensweisen. Diese verpflichteten die Beitrittskandidaten, ihre Gesetze und Normen sukzessive zu überprüfen und den Vorstellungen der EU anzugleichen. Dazu gehörte auch eine Überprüfung und Reorganisation öffentlicher Institutionen der sozialen Sicherung, der Sicherung von Märkten oder der Durchsetzung demokratischer Beteiligungsnormen. Zur Unterstützung dieser Prozesse finanzierte die EU Politikberatungen im Rahmen von Programmen wir Phare, TACIS oder ISPA. Die einzelnen Beratungsprojekte wurden zwischen den osteuropäischen Regierungen und der EU-Kommission ausgehandelt und in einem standardisierten Auswahlverfahren an Beratungsfirmen vergeben.

Anbahnung des Beratungsauftrags Ein deutsches Beratungshaus, das international tätig ist, hatte sich für eine Ausschreibung im slowakischen Phare-Programm interessiert, nämlich die Installation eines regionalen sozialen Dialoges. Da die Firma für dieses Thema keine eigenen Expert/innen beschäftigte, wandte sie sich an ein Forschungsinstitut, das durch einschlägige Veröffentlichungen bekannt war und beauftragte dieses, ein Beratungsteam zusammenzustellen und ein Angebot zu formulieren.

Terms of References Die Grundlage für das schriftliche Angebot waren die von der EU benannten Terms of Reference. Sie beschrieben das Rahmenziel des Projektes, den beabsichtigten Beitritt zur EU und die Angleichung der Rechtsnormen und leiteten daraus das Hauptziel des Vorhabens ab, einen sozialen Dialog auf regionaler Ebene zu installieren. Sie definierten die Schritte, mit denen dieser Dialog eingerichtet werden sollte: durch die Organisation von Konferenzen in ausgewählten Regionen der Slowakei, durch Studienreisen slowakischer Akteur/innen zum Europaparlament und der EU-Kommission sowie durch mehrwöchige Praktika slowakischer Fachleute bei europäischen Institutionen. Die Terms of References bestimmten, alle Teammitglieder namentlich zu benennen und slowakische Akteur/innen in das Projektteam einzubinden. Rückfragen bei den Klient/innen des Projektes waren im Rahmen der Ausschreibung nicht erwünscht.

Wir stellten das Team in der Sozialforschungsstelle Dortmund mithilfe von beruflichen Netzwerken zusammen und sprachen Kolleg/innen aus dem In- und Ausland an, mit denen wir bereits gemeinsam gearbeitet hatten. Vertrauen bestand hier durch die vorherigen Erfahrungen und durch die gemeinsamen Rahmenbedingungen wissenschaftlicher Arbeit. Auch die Teammitglieder aus der Slowakei wurden durch persönliche Empfehlung innerhalb von Netzwerken ausgewählt und angesprochen. Das deutsche Beratungshaus beteiligte sich nicht an der inhaltlichen Entwicklung des Angebotes, sondern übernahm nur die formale Angebotsstellung.

Erteilung und Abwicklung des Auftrags Die EU-Kommission informierte das Beratungshaus brieflich, dass ihr Angebot angenommen sei. Dieses vergab nun den Unterauftrag an das Forschungsinstitut zur Abwicklung des Projektes. Wir organisierten eine erste Reise in die Slowakei, um die slowakischen Teammitglieder und die slowakischen Klienten persönlich kennenzulernen, die Arbeitsabläufe zu besprechen und die Arbeitsschritte zu planen. Aus meiner Sicht der deutschen Projektleitung war die Basis der Zusammenarbeit das ausformulierte schriftliche Angebot. Die Vertreterin des Klienten (dem slowakischen Arbeitsministerium) verlangte beim ersten Treffen Änderungen am Plan und die Entlassung eines slowakischen Kollegen aus dem Team. Dies offenbarte einen Widerspruch zwischen der Entscheidung des Fördermittelgebers und dem Bedarf des Klienten. Ich fühlte mich unter erheblichen Druck gesetzt, da wir uns gegenüber dem Auftraggeber zu diesem Team verpflichtet hatten. Ich setzte mich durch: es „gewann" die schriftliche Verpflichtung gegenüber dem Wunsch der Klienten. Es entwickelte sich Misstrauen und ein Bedürfnis, sich bei allen Arbeitsschritten am Projektplan abzusichern.

In den folgenden Monaten versuchte die Klienten einige Male, die Arbeitsschritte zu verändern: z. B. zu einem Arbeitstreffen mit Akteur/innen der Regionalpolitik einen hochrangigen Staatsminister einzuladen und dem Treffen so einen repräsentativen Charakter zu verleihen oder einen der mehrwöchigen Praktikumsplätze in Brüssel für sich selbst zu reservieren. Ich beantwortete jeden Änderungsversuch, der vom schriftlich festgelegten Angebot abwich, mit Widerstand. Die Konflikte um die richtige Art und Weise der Projektdurchführung wurden schließlich so kräftezehrend und zeitraubend, dass ich die Projektleitung an einen Kollegen abgab. Dies geschah auch in der Annahme, dass ein Wechsel der Projektleitung bessere Voraussetzungen für eine Zusammenarbeit schaffen würde.

Theoretische Einordnung Für die slowakische Seite war das Projekt Bestandteil eines größeren Prozesses, nämlich dem Beitritt zur europäischen Union. Ein deutsches Beratungshaus wurde möglicherweise ausgewählt, weil man sich günstigere Ausgangslagen für den gewünschten Beitritt versprach, denn der Einfluss Deutschlands in der europäischen Union ist hoch.

Die Beratung selbst wurde von der EU finanziert. Die EU hat faktisch großen Einfluss auf die Auswahl des Beratungsunternehmens und die slowakische Seite erkennt diesen Einfluss an oder antizipiert ihn. Diese Konstellation mag auf der Klientenseite eine Haltung passiven Abwartens begünstigen („wenn die es so wollen, dann nehmen wir eben die Beratung an, aber wir wissen noch nicht, ob wir sie ernst nehmen"). Das standardisierte Verfahren bei der Erstellung der Terms of Reference und der Ausschreibung durch die Europäische Kommission führten dazu, dass die slowakische Projektleitung über die Kompetenzen der Partner und den Auftrag des Projektes nicht informiert war und seine Ziele nicht mittrug. Stattdessen versuchte sie, die Aktivitäten des Projektes für andere Ziele nutzbar zu machen. Nationale Stereotype können in der Entwicklung des Konfliktes zur deutschen Projektleitung eine Rolle gespielt haben: Unflexibilität, stures Festhalten an einmal gefassten Plänen gelten auch als deutsche Eigenschaften.

Auf meiner Seite gab es ein hohes Vertrauen in die Regeln plangesteuerter Prozesse sowie in die Verbindlichkeit von schriftlich dokumentierten Projektzielen. Stereotype Erwartungen spielten eine Rolle in Bezug auf die Ausgangslage und Bedarfe von Transformationsländern, insbesondere der Unterstellung, dass sie bei allen Politikinnovationen, wie z. B. dem regionalen sozialen Dialog einen Nachholbedarf und ein Entwicklungsinteresse hätten. Meine Erwartungen wurden bei dem ersten Treffen mit den Klienten nicht bestätigt. Nicht das inhaltliche Interesse am regionalen sozialen Dialog, sondern das Interesse an der Form, d. h. einer repräsentablen Abwicklung des Projektes stand im Vordergrund. Um diese Beobachtung einzuordnen, mag sich bei mir ein anderes Stereotyp aktiviert haben und ich konzipierte mein Gegenüber als „machtbewusste Funktionärin", eine staatliche Angestellte in einer hierarchischen Verwaltungshierarchie, die ihren eigenen Einfluss zu sichern versucht. Dieses Stereotyp rief in meinem inneren Team erhebliche Widerstände hervor und das Bedürfnis, meinerseits den Projektverlauf noch mehr zu kontrollieren und noch stärker auf die schriftlich dokumentierten Regeln und Ziele zu bestehen. Mit dieser Definition lag es nahe, die Zusammenarbeit durch einen Rücktritt von der Projektleitung zu beenden. Hier kann das Modell von Sabatier eine Begründung liefern, denn die Überzeugungssysteme von Beraterin und Klientin sind zu unterschiedlich, als dass die Beratung etwas bewirken könnte.

5.5 Schlussfolgerungen und Zusammenfassungen

Die Fallbeispiele zeigen exemplarisch den fließenden Übergang von Forschungs- zu Beratungstätigkeit, der auch im nationalen Kontext nicht untypisch ist. Über die Verwendungsseite von Forschungsergebnissen oder durch die Weitergabe von Know-how über politische Programme, Verwaltungsregelungen, Finanzierungsmodalitäten kommen Soziolog/innen mit der Praxis internationaler Beratungsprozesse in Berührung. Diese Situation ist zunächst durch Unsicherheit und Komplexität gekennzeichnet. Offenheit gegenüber Neuem, auch wenn es ungewöhnlich erscheint, Vorleistung und Vertrauen in die Kooperationsbereitschaft der Interagierenden sind auf Seiten der Beratenden unabdingbar, um zu einer Kooperation zu kommen. Diese Unsicherheit wird mit Stereotypen überbrückt.

Politikberatung durch ausländische Fachleute bietet aus Sicht der Klient/innen die Möglichkeit, in der innenpolitischen Auseinandersetzung mit politischen Gegenspieler/innen ihre Werthaltungen in unangreifbarer Form ins Gespräch zu bringen. Die externe Expertise, zumal aus einem Land, das in Bezug auf das betreffende Politikfeld als Beispiel gilt, entzieht sich innenpolitischer Kritik. Das Beispiel aus dem Baskenland zeigt, dass die Klienten auf einen Berater zurückgriffen, dessen Überzeugungssystem dem ihren entsprach. Dies wäre ein Beleg für die Gültigkeit der oben erläuterten These, dass für eine gelungene Beratung die Überzeugungssysteme übereinstimmen müssen.

Die Annahme aus dem kommunikationswissenschaftlichen Ansatz, dass ein passend abgestimmtes ‚inneres Team' für den Aufbau von Vertrauen notwendig ist, ist für das baskische Beispiel nicht ganz passend, denn es gab bereits ein anfängliches Vertrauen und

Informationen seitens des Auftraggebers durch das vorangegangene Forschungsprojekt. Im Nachhinein hilft der Ansatz jedoch dabei, die verschiedenen Überlegungen in Bezug auf die Entscheidung für ein solches Projekt voneinander zu trennen und sie gegeneinander abzuwägen und kann als Technik des Projektmanagements eine sinnvolle Funktion haben.

Der oben vorgestellte Ansatz der Sozialkapitaltheorie ermöglicht es hingegen, die Handlungs- und Interventionsebenen eines Beratungsprojektes analytisch zu unterscheiden und darüber zu reflektieren, aus welchen Quellen sich das Anfangsvertrauen des Auftraggebers und des Klienten möglicherweise speisen könnte. Ferner dient das Modell auch zur Einordnung und Einschätzung der mit einem Beratungsprojekt erzielbaren Erfolge.

Während insbesondere in den internationalen Beratungsprogrammen die Projektziele auf der Meso- und Makro-Ebene definiert werden, findet die konkrete Beratung auf der Mikro-Ebene statt. Dazu ist es nötig, dass die in der Beratung Tätigen Kompetenzen mitbringen, um Vertrauen aufzubauen: Sie brauchen Vorkenntnisse zum Politikfeld, den Akteur/innen, ihren Interessen, ihren Handlungsweisen. Andererseits ist es nötig, dass sie reflektieren können über ihre Rolle in der Beratung, ihre Wahrnehmung, die in einem internationalen Zusammenhang möglicherweise auftretenden Stereotype: eigene gegenüber den Klienten, die der Klienten gegenüber dem Berater/der Beraterin.

Literatur

Beer, D. (2006). *Ideen auf Reisen; Institutionentransfer in der Politikberatung für die Transformationsländer*. Baden-Baden: Nomos.

Bourdieu, P. (1983). Forms of capital. In J. C. Richards (Hrsg.), *Handbook of Theory and Research for the Sociology of Education* (S. 241–258). New York: Greenwood Press.

Bourdieu, P. (1984). *Distinction: A Social Critique of the Judgement of Taste*. London: Routledge.

Bourdieu, P. (1993). Ökonomisches Kapital – Kulturelles Kapital – Soziales Kapital. In P. Bourdieu (Hrsg.), *Die verborgenen Mechanismen der Macht* (S. 49–80). Hamburg: VSA.

Coleman, J. S. (1988). Social capital in creation of human capital. *American Journal of Sociology, 94*, 95–120.

Fukuyama, F. (1995). *Trust: The Social Virtues and the Creation of Prosperity*. New York: Free Press.

Geißler, O. (2007). Die Kunst der leisen Töne – Kommunikation der Berater. *Direkt Marketing, 6*, 48–51.

Hardin, R. (2002). *Trust and Trustworthiness*. New York: Russell Sage Foundation.

Kydd, A. H. (2005). *Trust and Mistrust in International Relations*. Princeton: University Press.

Luhmann, N. (2000). *Vertrauen: Ein Mechanismus der Reduktion sozialer Komplexität*. Stuttgart: Lucius und Lucius.

Niedereichholz, C. (2001). *Unternehmensberatung – Beratungsmarketing und Auftragsakquisition*. München: Oldenbourg-Verlag.

Putnam, R. D. (1993). *Making Democracy Work. Civic Traditions in Modern Italy*. Princeton: University Press.

Putnam (1995). Bowling alone. America's declining social capital. *Journal of Democracy, 6,* 65–78.

Sabatier, P. (1993). Advocacy-Koalitionen. Policy-Wandel und Policy-Lernen: Eine Alternative zur Phasenheuristik. In A. Heritier (Hrsg.), *Policy-Analyse. Kritik und Neuorientierung* (S. 117–148). Opladen: Westdeutscher Verlag.

Schechler, J. M. (2002). *Sozialkapital und Netzwerkökonomik.* Frankfurt a. M.: Peter Lang.

von Schulz Thun, F. (1981). *Das „Innere Team" und situationsgerechte Kommunikation. Miteinander reden.* Reinbek: Rowohlt.

Tennberg, M. (2007). Trust in international environmental cooperation in northwestern Russia. *Cooperation and Conflict, 42,* 321–335.

Zum Umgang mit Ängsten und Widerständen in einer Verwaltungsreform

6

Heiko M. Kosow

Inhaltsverzeichnis

6.1 Einleitung

Nachfolgend werden Ausschnitte aus dem Veränderungsprozess einer staatlichen Mittel-behörde (Bezirksregierung Arnsberg) in Nordrhein-Westfalen (NRW) dargestellt. Gegen-stand des Prozesses war die Eingliederung von Sonderbehörden[1] in die Bezirksregierung 2007/2008. Die Ausführungen verstehen sich als Versuch einer analytischen Rekonstruk-tion der Elemente Angst und Widerstand im Rahmen des Veränderungsmanagements aus der Sicht eines Führungsverantwortlichen.[2]

Im Mittelpunkt der Veränderungsstrategie standen drei Ziele. Erstens die Sicherstel-lung der politisch gewollten zeitnahen Umsetzung während des Gesetzgebungsverfahrens.

---

[1] Als Sonderbehörden bezeichnet man Verwaltungseinheiten außerhalb der allgemeinen, inneren Landesverwaltung, der Finanz- und Justizverwaltung, die spezielle Aufgaben wahrnehmen, wie z. B. die Arbeitsschutz-, Berg-, Agrarordnungs-, Umwelt- und Versorgungsämter, die fachlich den jeweiligen Fachministerien unterstehen.
[2] Der Autor war als Regierungsvizepräsident der Bezirksregierung Arnsberg seit 1997 verantwortlich für die Konzeption und Steuerung dieser Veränderungsprozesse.

Heiko M. Kosow ✉
e-mail: heikosow@gmx.de

A. Bührmann et al. (Hrsg.), *Management ohne Grenzen*, DOI 10.1007/978-3-658-01262-5_6,
© Springer Fachmedien Wiesbaden 2013

Zweitens das Erreichen der vorgesehenen Qualität der Kundenorientierung bei den aufnehmenden Behörden. Und drittens die Orientierung am aufzunehmenden Personal sowie
an der Rechtmäßigkeit und Wirtschaftlichkeit aller betroffenen Verfahrensabläufe.

Für die Umsetzung und Umsetzungsschritte des Eingliederungsprozesses wurde ein
Integrationskonzept erstellt, das den Einsatz von kommunikationstheoretischen Versatz-
stücken vorsah. Letztere sollten den Weg zu einem angemessenen Umgang mit Ängsten,
Emotionen, Gerüchten, Konflikten, Widerständen und Resignationen weisen, mit deren
Auftauchen im Verlauf des Integrationsprozesses gerechnet wurde.

Was ist an dem Beispiel das in diesem Band besonders interessierende Grenzüberschreitende? Im Integrationsprozess sind zwei unterschiedliche Organisationen, Organisationsteile zusammenzuführen, die bisher nebeneinanderher existiert haben. Die Frage wird gestellt, welche Instrumente in Kommunikationstheorien zur Verfügung stehen, um den Bedarf an wechselseitigem Verstehen als Voraussetzung für Integration zu decken und auf
diese Weise die Zusammenführung von Personen über Organisationsgrenzen hinweg zu
befördern.

Die Frage wird zu beantworten versucht, indem zunächst ein Überblick über die vorab
vermuteten Widerstände und Ängste gegeben wird. Es schließt sich eine Darstellung derjenigen kommunikationstheoretischen Instrumente an, deren Einsatz einen professionellen
Umgang mit den Ängsten und Widerständen versprach. Vor deren Hintergrund wird der
Prozess der Integration genauer beschrieben. Und abschließend wird vorgestellt, wie die
eingeführten Instrumente im Integrationsprozess eingesetzt wurden.

6.2   Ausgangslage und Rahmenbedingungen

Um angemessen auf die erwarteten Ängste und Widerstände reagieren zu können, stand
zunächst einmal eine Bestandaufnahme an, die anhand von Ausgangslage und Rahmenbedingungen klären sollte, mit welchen Ängsten und Widerständen zu rechnen war.

Die Ängste und Widerstände der Mitarbeiterinnen und Mitarbeiter, die von der Eingliederung der Sonderbehörden in die Bezirksregierungen betroffen waren, wurden (1) auf
ihre bürokratische Sozialisierung zurückgeführt, wurden (2) der existenziellen Bedeutung
dieser Verwaltungsstrukturreform für die Bezirksregierungen zugeschrieben (erheblicher
Personal- und Aufgabenzuwachs, Herauslösung der Polizeiaufgaben in Verbindung mit
Arbeitsplatz- und Standortwechseln, drohende Auflösung einiger Standorte, z. B. Arnsberg[3]), wurden (3) im Umfang der bereits laufenden Veränderungen durch Binnenmodernisierung sowie in der Praxis des Führens über Zielvereinbarung vermutet und nicht
zuletzt (4) aus den fehlenden Erfahrungen im Umgang mit Umgestaltungen in den letzten
30 Jahren im nun geplanten Umfang abgeleitet.

---

[3] Zu den Diskussionen um die Beibehaltung von Arnsberg als Sitz der Bezirksregierung im Rahmen
von Verwaltungsstrukturüberlegungen seit 1850 bis 2005 vgl. Kosow 2009.

1) Folgen bürokratischer Sozialisierung (vgl. Schäfer 2005, S. 17 ff.) Mit Blick auf die Folgen einer bürokratischen Sozialisierung ist zunächst von einer sehr starken Gewohnheitssteuerung auszugehen, bei der routiniertes Verhalten dominiert. Sie steht damit im Gegensatz zu einer reflektorischen Grundhaltung, die als eine wesentliche Voraussetzung dafür angesehen wird, den genannten Strukturveränderungen zum Erfolg zu verhelfen. Die Akzeptanz, dass es notwendig ist, Veränderungen aufgrund von Einsicht und Erkenntnis, statt aufgrund von Außendruck vorzunehmen, ist oft genug nicht sehr stark ausgeprägt.

Es liegt in der Regel eine Fokussierung auf die Befriedigung unmittelbarer Interessen der Mitarbeiterinnen und Mitarbeitern vor. Im Vordergrund steht die Forderung nach uneingeschränkter Beachtung des Gerechtigkeitsprinzips bei der Behandlung und im Umgang. Die Umsetzung des Leistungsprinzips im Sinne der Dienstleistungsfunktion der öffentlichen Verwaltung tritt dagegen häufig zurück. Da viele Beschäftigte im öffentlichen Dienst oft nicht vorrangig entwicklungs-, sondern eher sicherheitsorientiert sind, sollte dies bei der Steuerung von Veränderungsprozessen besonders beachtet werden. Ansonsten besteht nämlich die Gefahr, dass „Führungsruinen" entstehen, wenn eine Behördenleitung „ihre Steuerungsmaßnahmen nicht von der Beobachtung ihrer Mitarbeiter ableitet, sondern von sich selbst und von den eigenen Handlungsmotiven ausgeht" (Schäfer 2005, S. 20).

2) Existenzielle Bedeutung der Verwaltungsstrukturreform Die Koalitionsvereinbarung der Regierung Rüttgers/Pinkwart (vgl. CDU und FDP 2005) in Nachfolge der Regierung Steinbrück/Vesper (SPD/Bündnis 90 DIE GRÜNEN) enthält zur Verwaltungsstrukturreform folgende Festlegungen:

Im Rahmen der Aufgabenkritik sollen Privatisierung und Kommunalisierung unter Wahrung des Konnexitätsprinzips[4] geprüft werden. Die Mittel-Instanz sollte neu geordnet werden. Aus den staatlichen Mittelinstanzen (5 Bezirksregierungen und den kommunalen Mittelinstanzen (2 Landschaftsverbände – Landschaftsverband Westfalen-Lippe und Landschaftsverband Rheinland) und dem Regionalverband Ruhrgebiet sollten bis Mitte 2012 drei Regionalpräsidien gebildet werden. Die staatlichen Sonderbehörden waren aufzulösen, die Aufgaben z. T. zu kommunalisieren, ansonsten sollte eine Integration in die Bezirksregierungen (BR) als stattliche Mittelbehörde zwischen den Ministerien und der kommunalen Ebene erfolgen. Dies betraf die Ämter für Agrarordnung, die Bergämter, die Staatlichen Ämter für Arbeitsschutz, die Staatlichen Umweltämter und die Versorgungsämter.

In der Regierungserklärung vom 13. Juli 2005 (vgl. Landtag Nordrhein-Westfalen 14. Wahlperiode 2005) wurde als ein Schwerpunkt die Verwaltungsmodernisierung (VM) genannt. Hierzu gehörten die Verwaltungsstrukturreform, der Bürokratieabbau und die Binnenmodernisierung (VBB). Hierzu wurde eine Steuerungsgruppe VBB im Aufgabenbereich des zuständigen parlamentarischen Staatssekretärs im Innenministerium errichtet.

---

[4] Das Konnexitätsprinzip „stellt sicher, dass keine kostenintensiven Aufgaben vom Land auf die kommunale Ebene übertragen werden, ohne dass die Kommunen für diese Mehrbelastung vom Land einen entsprechenden Ausgleich erhalten." (Ministerium des Innern für Sport und Infrastruktur des Landes Rheinland Pfalz. (o.J.).

Die Bezirksregierungen sollten außerdem ihre Zuständigkeiten als Landespolizeibehörden und als Autobahnpolizeibehörden verlieren. Die Verlagerung der Zuständigkeit für die Autobahnpolizei von den Bezirksregierungen zu den Polizeipräsidien in 2006 wurde angekündigt.

Diese politisch motivierten Verwaltungsstrukturreformabsichten stellten eine grundlegende Änderung der bisherigen Verwaltungsstruktur in NRW sowie den Neubeginn einer Verwaltungsstrukturdebatte dar, die in den letzten 30 Jahren überhaupt nicht stattgefunden hatte oder in den letzten 10 Jahren für die Mitarbeiterinnen und Mitarbeiter weder mit drohenden Verlusten der Arbeitsplätze noch mit drohenden Arbeitsortwechseln verbunden war.

Abgesehen vom Mittelstandsbericht 1973 (Schrapper 1994, S. 157), der sich für eine Beibehaltung der staatlichen Mittelbehörden einsetzte, standen danach in Nordrhein-Westfalen 30 Jahre lang andere Punkte bezüglich der Änderung von Verwaltungsstrukturen auf der Tagesordnung: nämlich etwa die Funktionalreform[5], Deregulierung und Entbürokratisierung und ab 1989 Aufgabenkritik und Organisationsuntersuchungen (Pickenäcker 2006, S. 50). Die Verwaltungsstrukturreformdebatte setzte erst 1993[6] wieder ein und endete für die Bezirksregierungen nach Eingliederung der Sonderbehörden mit ihrer Neuorganisation[7] zum 01.01.2008.[8]

Ursächlich für die genannten Veränderungsabsichten war sicherlich auch die Entwicklung der NRW-Haushaltssituation (vgl. Ministerium für Inneres und Kommunales des Landes Nordrhein-Westfalen 2007b). In den letzten 20 Jahren hat eine Schuldenverdopplung stattgefunden, von 54 Mrd. € zu Beginn der 90er Jahre auf 115 Mrd. € im Jahr 2006. 1966 hatte NRW 219.000 Beschäftigte in der Landesverwaltung. 2007 waren es fast doppelt so viele. Die Personalsteuerquote (der Anteil der Personalausgaben an den Steuereinnahmen) lag 2007 in NRW dramatisch bei über 50 %.

3) Bereits laufende Veränderungsprozesse im Rahmen der Binnenmodernisierung und des Führens über Zielvereinbarungen Um die Übertragbarkeit der Philosophie und von Instrumenten des neuen Steuerungsmodells der Kommunalebene auf die staatlichen Mittel-Instanzen (Bezirksregierungen) zu erproben, beschäftigte sich die Bezirksregie-

---

[5] „Mit der Gebietsreform von 1975 wurden leistungsfähigere Gemeinden geschaffen und mit der Funktionalreform bis etwa 1985 wurden ihnen konsequent entsprechende Aufgaben übertragen." (Ministerium für Inneres und Kommunales des Landes Nordrhein-Westfalen o.J.b).

[6] Zu nennen sind hier das erste Verwaltungsstrukturreformgesetz NRW vom 15.12.1993, das 1. Gesetz zur Verwaltungsmodernisierung NRW (1. ModernG NRW) vom 15.06.1999, das 2. Gesetz zur Verwaltungsmodernisierung NRW (2. ModernG NRW) vom 09.02.2000, das 1. Gesetz zur Straffung der Behördenstruktur in NRW vom 12.12.2006, das POG I = Herauslösung der Autobahnpolizei aus den Bezirksregierungen und das POG II = Verlust der Polizei für die Bezirksregierungen zum 01.07.2007 und das 2. Gesetz zur Straffung der Behördenstruktur in NRW vom 30.10.2007.

[7] Die nordrhein-westfälische Landesregierung hat am 27.11.2007 über die neue Binnenorganisation der fünf Bezirksregierungen entschieden.

[8] Zur Neuorganisation der Bezirksregierungen vgl. Ministerium für Inneres und Kommunales des Landes Nordrhein-Westfalen o.J.a.

rung Arnsberg in einem kontinuierlichen Veränderungsprozess bereits seit Anfang der 90er Jahre mit ihrer Binnenmodernisierung. (vgl. Diedrich 1999, S. 325 ff.) „Damit wurde unter anderem die Absicht verfolgt, die ewige Strukturdebatte um die Existenz der Bezirksregierung im Landesverwaltungsaufbau insoweit zu beeinflussen, als eine interne Optimierung dieses Behördentyps ein, wenn nicht das Argument, gegen die Auflösung der Bezirksregierungen sein sollte." (vgl. Pickenäcker 2006, S. 128). Bereits seit 1995 wird bei der Bezirksregierung Arnsberg die Führung über Zielvereinbarungen weiterentwickelt (vgl. Diedrich 1997, S. 126 ff.). Zu den Elementen des Führens über Ziele und der Binnenmodernisierung gehören:

- Produktbeschreibungen
- Ergebnissteuerung durch Produkte
- Zielvereinbarung und Führungsinformationssystem
- Budgetierung und Dezentrale Ressourcenverantwortung
- Kosten- und Leistungsrechnung
- Personalentwicklung/Mitarbeiterorientierung
- Kunden- und Mitarbeiterbefragungen
- Dezentrale Personalsteuerung
- Qualitätsmanagement
- Controlling

Beide Prozesse bestimmten neben der täglich zu leistenden Facharbeit durch den jährlichen Zielvereinbarungsprozess und die Umsetzung der Elemente der Binnenmodernisierung nach Erprobung in Modellprojekten den Arbeitsumfang der Mitarbeiterinnen und Mitarbeiter seit Jahren in erheblichem Maße.

4) Fehlende Erfahrungen im Umgang mit Umgestaltungen dieses Umfangs Um eine Vorstellung von den Dimensionen des Eingliederungsprozesses zu bekommen, wird zunächst die Zahl der betroffenen Mitarbeiterinnen und Mitarbeiter sowie die Zahl der Behörden und deren Standortverteilung über ganz NRW kurz vorgestellt.

In der ersten Stufe der Verwaltungsstrukturreform mussten zum 1. Januar 2007 13 Behörden/drei Behördenteile in die Bezirksregierung Arnsberg integriert werden:

- 3 staatliche Umweltämter (392 Beschäftigte),
- 3 staatliche Ämter für Arbeitsschutz (177 Beschäftigte),
- 2 Ämter für Agrarordnung (163 Beschäftigte),
- 5 Bergämter (121 Beschäftigte),
- 1 Förderzentrum für die integrative Beschulung blinder und hochgradig sehbehinderter Schülerinnen und Schüler (FIBS) (7 Beschäftigte),
- 2 Versorgungsverwaltungen (30 Beschäftigte),
- Abt. 5 „Fischerei/Gewässerökologie" der Landesanstalt für Ökologie, Bodenordnung und Forsten (LÖBF) (22 Beschäftigte).

In den Jahren 2006 und 2007 erfolgte die Abgabe von Zuständigkeiten für die Autobahnpolizei zum Polizeipräsidenten nach Dortmund (460 Beschäftigte). Das Dezernat für
Veterinärangelegenheiten/Lebensmittelüberwachung wurde zum neu geschaffenen Lan-
desamt für Natur, Umwelt und Verbraucherschutz (LANUV) überführt. Hiervon waren
5 Beschäftigte betroffen. Die Auflösung der Polizeidezernate 25 und 26 führte für 40 Beschäftigte überwiegend zu einem Einsatz bei den Kreispolizeibehörden, dem Polizeipräsidenten und den Landräten. Am Ende der ersten Stufe der Verwaltungsstrukturreform
im November 2007 hatte die Bezirksregierung Arnsberg 1950 Beschäftigte (davon 881 aus
den eingegliederten Sonderbehörden = 45,2 %) verteilt auf 20 Standorte mit 31 Gebäuden
landesweit.

In der 2. Stufe der Verwaltungsstrukturreform zum 01.01.2008 mussten 57 Beschäftigte
infolge der Kommunalisierung von Aufgaben im Umweltbereich zu den Landräten bzw.
Landrätinnen versetzt bzw. übergeleitet werden. Mit der Übernahme der arbeitsmarktpoli-
tischen Förderverfahren aus der Versorgungsverwaltung kamen 30 Beschäftigte hinzu. Die
Integration der Landesstelle Unna-Massen war verbunden mit der Übernahme von 186 Beschäftigten. Durch die Inanspruchnahme von Anreizen zum beschleunigten Abbau von
kw-Vermerken[9] (PEM-Anreizen)[10] nach dem Gesetz über das Personaleinsatzmanagement Nordrhein-Westfalen (Personaleinsatzmanagementgesetz NRW – PEMG NRW)[11]
schieden zum 01.01.2008 80 Beschäftigte aus, weitere 31 Beschäftigte im Jahresverlauf
2008. Aufgrund der Verlagerung von Laboren aus der Umweltverwaltung zum Landes-
amt für Natur, Umwelt und Verbraucherschutz Nordrhein-Westfalen (LANUV) verließen
weitere 92 Beschäftigte die Behörde.

Mit Blick auf die skizzierten Daten lässt sich die zu lösende Problemlage in drei Punkten
wie folgt zusammen fassen: Die Beschäftigten der Bezirksregierung Arnsberg bangten wohl
um einen wohnortnahen Arbeitsplatz angesichts der Planungen, die Standorte von sieben
auf drei zum 01.01.2012 zu reduzieren. Ängste produzierte sicher auch die Absicht der
Landesregierung, Aufgaben zu kommunalisieren oder zu privatisieren, wann immer dies
möglich erschien. Und die große Zahl von rund 880 aufzunehmenden, zu integrierenden
Kolleginnen und Kollegen (+ 45,2 %) dürfte viele Beschäftigte erschreckt haben.

Ängste bei den Belegschaften der aufzulösenden Sonderbehörden und ihrer Integration
in die Bezirksregierung dürften sich vor allem auf Verluste bekannter Strukturen und Ungewissheit bezüglich Folgen der Integration in die Bezirksregierung für den eigenen Arbeitsplatz beziehen. Schließlich sahen sich sowohl die Stammbelegschaft der Bezirksregierung
Arnsberg als auch die Belegschaften der Sonderbehörden damit überfordert, innerhalb von
5 Jahren zwei Integrationsprojekte (Integration der Sonderbehörden bis 2007/2008 und
Neuorganisation der Regionalpräsidien bis 01.01.2012) ohne eine Verschlechterung der
Facharbeit zu schultern.

---

[9] Stellen die künftig wegfallen (kw), wenn die Stelleninhaberin/der Stelleninhaber aus dem Dienst
ausscheidet.
[10] Vgl. dazu Finanzamt Münster Innenstadt 2007.
[11] Vgl. Ministerium für Inneres und Kommunales des Landes Nordrhein-Westfalen 2007b.

6.3   Professionelle Kommunikation

Aus der Konfliktforschung wissen wir, dass schwelende Ängste und Widerstände eine Reihe negativer Wirkungen entfalten und zu einer „gestörten Kommunikation" (Beavin et al. 2000, S. 72 ff.) führen können. So werden Gereiztheit, Aggressivität und Ärger zunächst „hinuntergeschluckt", kommen dann aber irgendwann bei meist unpassender Gelegenheit zum Ausbruch. Versteckte Aggressionen treten auf und belasten das Arbeitsklima, man verweigert sich etwa oder zeigt die „kalte Schulter". Andere werden bewusst oder unbewusst an der Erreichung ihrer Ziele gehindert. Informationen werden nicht, verspätet oder unvollständig weitergegeben, Aufgaben werden nachlässig oder unvollständig ausgeführt. Das Verbreiten von Gerüchten wird benutzt, um anderen zu schaden, aber auch um sich der Hilfe Dritter zu versichern. Die Klärung von Konflikten wird nicht miteinander versucht, sondern an Dritte delegiert (Experten, Autoritäten). Und ein verbreitetes Muster besteht schließlich darin, dass die Beteiligten nach Schuldigen suchen und nicht nach Lösungen.

Die Bereitschaft, sich in die Gefühle der anderen hineinzuversetzen, nimmt ab. Die eigenen Interessen stehen über den Interessen der anderen. Insbesondere untergeordnete Konfliktpartner/innen scheuen sich davor, den Konflikt offenzulegen. Die Konfliktgegner/innen werden darum mit einem „Übermaß" an Formalität (Regeln und Anweisungen) und gegebenenfalls mit Konformität (bei übergeordneten Konfliktpartnern) und bisweilen sogar freundlich behandelt.

Als Folgen einer andauernden Stresssituation können sich körperliche Krankheiten einstellen (Schwächung des Immunsystems, Herz-Kreislauf-Erkrankungen etc.) und zwar insbesondere dann, wenn die Situation als ausweglos erlebt wird.

Um das Auftreten der skizzierten Probleme im Eingliederungsprozess der Sonderbehörden möglichst zu vermeiden, war es ratsam, nach anschlussfähigen kommunikationstheoretischen Ansätzen zu suchen. Sie sollten für eine möglichst reibungslose Umsetzung des Integrationskonzeptes heran gezogen werden. Denn, wie Kurt Lewin, der Begründer der modernen Sozialpsychologie festgestellt hat, ist nichts „so praktisch, wie eine gute Theorie". (zitiert nach Berner 2008)

Dafür bot sich als Ausgangspunkt die These von Watzlawick u. a. an, dass gestörter Kommunikation Teufelskreise zugrunde liegen, „die nicht gebrochen werden können, solange die Kommunikationen der Partner nicht selbst zum Thema ihrer Kommunikation werden, d. h., solange sie nicht metakommunizieren." (Beavin et al. 2000, S. 93)

Vor diesem Hintergrund wurde für die zu bewältigenden Prozesse von Integration und Desintegration – der Herauslösung von Personen aus alten Verwaltungsstrukturen und ihr Einbau in neue – unterstellt, dass sie nur gelingen können, wenn ein solcher Umbau u. a. Foren schafft, auf denen *über* die Ängste und Widerstände der Beteiligten gesprochen werden kann. Es ist zwar nicht zu erwarten, dass Gegner/innen auf diese Weise (automatisch) zu Befürwortenden werden, zumindest ist aber damit zu rechnen, dass die Akzeptanz für das Vorhaben erhöht werden kann.

Prinzipiell muss bei jeder Restrukturierung mit Widerstand gerechnet werden (vgl. Mohr und Woehe 1998). Gegen Widerstand von Belegschaft und Organisationsbereichen ein Vorhaben durchzuziehen, gilt als schwierig bis aussichtslos. Von daher ist es wichtig, nicht gegen Gegner/innen und/oder Skeptiker/innen zu arbeiten, sondern sie soweit als möglich mit ins Boot zu holen. Aber wie? Die übliche Reaktion im Umgang mit Bedenken sind das Argumentieren und Überzeugen. Beides vermittelt den Betroffenen aber in der Regel, dass ihre Befürchtungen nicht verstanden wurden und verstärkt vermutlich eher ihren Widerstand.

Wenn Einwänden und Befürchtungen also kein Platz im Prozess eingeräumt wird, besteht die Gefahr, dass sie sich intensivieren. Als eine wichtige Reaktion im Umgang mit Einwänden und Befürchtungen wird deshalb ihr Verstehen angesehen. Hier kommen die unten skizzierten Verfahren ins Spiel, die helfen sollen „Verstehen" anzuleiten und zu kommunizieren.

Die Unterstellung lautet, dass erst ein Verstehen dessen, worum es den Betroffenen geht, ihren Anliegen angemessene Reaktionen ermöglicht. Ein wichtiger Baustein einer solchen Strategie besteht darin, darauf zu achten, auf ein verstandenes Anliegen nicht mit Entkräftung der vorgebrachten Argumente zu reagieren, da ein solches Vorgehen das Ziel Vertrauen aufzubauen aus den Augen zu verlieren droht.

Einbezug der Betroffenen und Transparenz des Vorgehens werden als zwei wichtige „Konsequenzen" einer solchen Ausgangslage angesehen. Jeder durch Vertrauensbildung überwundene Einwand dürfte sich positiv auf den gemeinsamen Prozess auswirken, etwa indem Betroffene darum gebeten werden, ihre Vorschläge, Ideen und ihre Realisierung einzubringen. Dabei kann sich auch die eigene Perspektive auf das Vorhaben verschieben. In Einwänden steckt nur allzu oft ein nachvollziehbares Anliegen. Wenn es gelingt, dies zu erfüllen, kann das die Akzeptanz und Qualität des gesamten Vorhabens erhöhen.

Ein Integrationskonzept sollte einerseits verhindern, dass die beschriebenen „Mechanismen" zu viel Gewicht bekamen und zugleich solche Rahmenbedingungen schaffen, die ihrer Entstehung entgegenwirkten. Das Konzept sollte es mit anderen Worten vor dem Hintergrund einiger kommunikationstheoretischer Annahmen erlauben, ein Gegengewicht gegen die genannten Gefahren zu schaffen. Die entsprechende Suchfrage lautete, welche Instrumente aus dem Methodenkoffer der Kommunikationstheorie herangezogen werden konnten, um mit den oben beschriebenen Ängsten und Widerständen adäquat umgehen zu können.

Watzlawick u. a. Die von Watzlawick u. a. (vgl. Beavin et al. 2000, S. 50 ff.) entwickelte Kommunikationstheorie wird von fünf Axiomen bestimmt:

1. Menschen können in einer Kommunikationssituation nicht nicht kommunizieren.
2. Jede Kommunikation hat einen Inhalts- und einen Beziehungsaspekt, wobei der letztere den ersteren bestimmt.
3. Jeder Kommunikationsprozess ist von der Interpunktion der Kommunikationspartner abhängig.
4. Menschliche Kommunikation bedient sich digitaler und analoger Modalitäten.
5. Kommunikationsprozesse sind entweder symmetrisch oder komplementär strukturiert.

Im Rahmen der Gestaltung des Integrationsprozesses und der Prozessorganisation stand die Vorstellung im Mittelpunkt, dass Menschen in einer Kommunikationssituation (der Veränderungsprozess) nicht nicht kommunizieren können (Axiom 1), was etwa im Falle von Rückzug von Mitarbeitern oder des Schweigens von Führungskräften zu Veränderungsschritten eine Rolle spielt. Entsprechend galt es auf Transparenz im Vorgehen und auf rechtzeitigen Einbezug der Beteiligten zu achten.

Wird die Unterscheidung von Inhalts- und Beziehungsaspekt ernst genommen, erhöht dies den Stellenwert der „Beziehungspflege" mit Bezug auf gegenseitiges Verstehen (Axiom 2). Missverständnisse auf der Inhaltsebene (das Was) beim Empfänger können dann leicht entstehen, wenn es dem Sender bei einer „gestörten" Beziehung nicht gelingt deutlich zu machen, wie er seine Aussage verstanden haben möchte. Es galt, einen wertschätzenden Umgang zu fordern und zu fördern.

Die Beachtung des 5. Axioms sollte im Prozess das Gefühl der „feindlichen Übernahme" bei den Angehörigen der Sonderbehörden verhindern. Bei komplementären Kommunikationsabläufen basiert die Beziehung der Kommunikationspartner auf unterschiedlichen Verhaltensweisen z. B. Über- und Unterordnung und ergänzen sich. Durch ein Streben nach Gleichheit sollte es gelingen, bestehende Ungleichheiten zwischen den Kommunikationspartnern zu minimieren.

Diese sehr allgemeinen Überlegungen wurden in einem zweiten Schritt in Anlehnung an Rogers und Rosenberg fortgeführt. Welche Anhaltspunkte finden sich bei ihnen, die es den am Veränderungsprozess Beteiligten erleichtern würden, einen wertschätzenden Umgang vor dem Hintergrund gegenseitigen Verstehens zu pflegen?

Rogers und Rosenberg Empathie/Einfühlungsvermögen „bezeichnet einen Gefühlszustand, der ausgelöst wird, wenn eine Person den emotionalen Zustand einer anderen Person wahrnimmt und nachempfindet. Empathie setzt voraus, dass die Perspektive einer anderen Person nachvollzogen wird und dass ihre Emotionen verstanden werden." (Bierhoff und Herner 2002, S. 60) Der Nachweis des Verstehens ist nur dadurch zu gewährleisten, dass man das, was der andere zum Ausdruck gebracht hat, treffend mit eigenen Worten wiedergibt.

Um Empathie auszulösen entwickelte Rogers in den 1960 und 70er Jahren im Rahmen seiner klientenzentrierten Gesprächspsychotherapie das Werkzeug des aktiven Zuhörens.

Die vier Komponenten

1. erkennbares Zuhören
2. Wiedergabe des Gehörten mit eigenen Worten
3. Wiedergabe der Kernaussagen des anderen
4. Ansprechen der emotionalen Bedeutung, der mitschwingenden Gefühle

lassen sich außerhalb des therapeutischen Einsatzes auch problemlos für den kommunikativen Alltag verwenden. Praktizierte Empathie kann daher auch eingesetzt werden als ein

Mittel der Eskalationsprävention und zur Bewältigung konfliktgeneigter Führungsaufgaben durch aktives Zuhören.

Sich in andere Menschen einzufühlen ist eine Fähigkeit, die man erlernen kann, auch ohne therapeutische Ausbildung. Voraussetzung ist jedoch, dass man bereit und fähig ist, sich voll auf die Gesprächspartner/innen zu konzentrieren, auf seine Bedürfnisse, seine Gedanken und Gefühle. Die Bereitschaft zur Einfühlung hat mit unserer eigenen Person, mit der Situation und der Stimmung, in der wir uns befinden sowie mit unserem Verhältnis zu der anderen Person, um die es geht zu tun.

Ausgehend von dem eben beschriebenen Ansatz von Rogers, bei dem Empathie und aktives Zuhören zentrale Elemente sind, hat Rosenberg (Rosenberg 2005) diese Methode weiterentwickelt, um die Bedürfnisse zu verstehen, die sich hinter den Gefühlen verbergen.

Das Modell von Rosenberg geht in zwei Punkten über Rogers hinaus:

1. Er lenkt in der Gesprächsführung die Aufmerksamkeit auf die Verbindung zwischen den Gefühlen und den dahinter stehenden Gedanken.
2. Er bleibt nicht bei den Gefühlen und den sie auslösenden Gedanken stehen, sondern thematisiert deren Quellen, nämlich die Bedürfnisse der betreffenden Person. Beim Prozess der Gewaltfreien Kommunikation stehen entsprechend vier Fragen im Mittelpunkt:

- Inwiefern beeinträchtigen sie unser Wohlbefinden durch bestimmte Handlungen?
- Wie fühlen wir uns, in Verbindung mit dem, was wir beobachten?
- Was sind unsere Bedürfnisse, Werte, Wünsche usw., aus denen diese Gefühle entstehen?
- Um welche Handlung möchten wir bitten, damit sich unser Wohlbefinden wieder einstellt?

Diese vier Schritte werden in zwei Richtungen gegangen (Rosenberg 2005, S. 26). Einerseits auf uns selbst bezogen durch Selbsteinfühlung, Selbstklärung als Sprecherin oder Sprecher. Und andererseits auf die andere Person bezogen, durch Einfühlung in andere (gefühlte Vermutung) als emphatische Zuhörerin oder emphatischer Zuhörer. Diese Einfühlung wird kommuniziert im Rahmen des aktiven Zuhörens.

Die sofortige Überprüfung der Bedrohlichkeit jeder stattfindenden Veränderung hat eine überlebenswichtige Funktion und deshalb für Mensch und Tier absolute Priorität. Erst wenn wir sicher sind, dass eine Veränderung nicht bedrohlich ist (und nur dann!), wenden wir unsere Aufmerksamkeit anderen Aspekten zu – z. B. ihren Vorteilen und Chancen, ihrer Nutzbarkeit für unsere eigenen Interessen, ihrer Genießbarkeit, ihrem Unterhaltungswert oder was immer. Diese Reihenfolge scheint sich in der Evolution bewährt zu haben. (Berner 2001, 2006)

Es galt also eine Atmosphäre zu schaffen, in der Ängste wahr- und ernst genommen werden konnten. Dies vor allem dann, wenn sie maskiert daher kommen würden. Denn der tiefere Zweck von endlosen Detail- und Grundsatzdiskussionen in Veränderungsprozessen wurde in der Bewältigung von nicht wahr und ernst genommenen Ängsten vermutet. Es empfahl sich, diesen möglichen Zweck anzusprechen.

Diese Überlegungen zum Umgang mit Ängsten und Widerständen sind in die Entwicklung einer Integrationsstrategie mit dem Ziel eingeflossen, das Vertrauensverhältnis zwischen Führungskräften und Beschäftigten zu stabilisieren, Reibungsverlust zu vermeiden und die Motivation der Beschäftigten zu erhalten.

6.4 Der Integrationsprozess

Oberste Zielsetzung für die zu integrierenden Amts- und Behördenleitungen waren die Schaffung einer gegenseitigen persönlichen Vertrauensbasis für die jetzige und zukünftige Zusammenarbeit. Mit diesem Signal an alle Mitarbeiterinnen und Mitarbeiter der aufzunehmenden Behörden, dass die Behördenleitungen in diesem Sinne gemeinsam handeln würden, sollten die Ängste vor einer „feindlichen Übernahme" verringert werden. Um Misstrauen und Ungewissheit hinsichtlich der persönlichen und beruflichen Zukunft bei den Beschäftigten zu reduzieren, wurde ein Integrationskonzept entwickelt und eine Prozessorganisation aufgebaut, die den Veränderungsprozess im Hinblick auf eine professionelle Kommunikation unterstützen sollten.

Integrationsprozess An erster Stelle sollte immer die Schaffung einer gesetzlichen Grundlage stehen. Dies vor dem Hintergrund einer vermuteten Ausrichtung der Beschäftigten der öffentlichen Verwaltung am Legalitätsprinzip, so dass etwa die Nicht-Beachtung des Prinzips der Gewaltenteilung zu offenen und versteckten Widerständen führen würde. So wie ein Handeln nur aufgrund eines Gesetzentwurfes nach Kabinettsbeschluss sowie die Missachtung des Parlaments in Bezug auf die Umsetzung der Gesetzentwürfe durch die Verwaltung bei vielen Mitarbeiterinnen und Mitarbeiter dazu Anlass geben würde, den Prozess durchgängig als rechtswidrig zu erleben.

Durch Pflege und Intensivierung der Kommunikation über den Veränderungsprozess – das zweite Element des Integrationskonzeptes – konnten Widerstände aufgenommen und Ängste verringert werden. Um dies zu erreichen wurde unmittelbar nach jeder Kabinettsentscheidung über einen Gesetzentwurf in den betroffenen Behörden oder Behördenteilen eine Personalversammlung durchgeführt, nach einem Vorgespräch mit den Behördenleitungen und den Funktionsträgern (Mitglied des Personalrats, Gleichstellungsbeauftragte/r und Vertrauensleuten der Schwerbehinderten).

Unter Leitung des Regierungsvizepräsidenten wurden der verabschiedete Gesetzentwurf und die Konsequenzen für den Eingliederungsprozess erläutert. Anschließend konnten sich die betroffenen Mitarbeiterinnen und Mitarbeiter mit Fragen, Anregungen und Vorschlägen zu Wort melden. Gegen Ängste wurde nicht an-argumentiert, sondern sie wurden ernst genommen und ihre Ursachen und Hintergründe erörtert.

Zum Umgang mit offenen Fragen und Gerüchten wurde vereinbart, dass diese an den Regierungsvizepräsidenten oder an benannte Ansprechpartnerinnen und Ansprechpartner gestellt werden könnten. Außerdem wurde allen Mitarbeiterinnen und Mitarbeitern die Möglichkeit gegeben über das Intranet Fragen zum Integrationsprozess und das weitere Vorgehen zu stellen. Eine Beantwortung sollte innerhalb von 48 Stunden erfolgen. Fragen und Antworten zu allgemeinen Problemen wurden nach Zustimmung der Fragesteller/innen für alle ins Intranet gestellt. Dem Misstrauen hinter den Gerüchten und Spekulationen konnte durch Vertrauensaufbau in einem symmetrischen Kommunikationsprozess begegnet werden und durch Abbau von Befürchtungen etwa über die Verkündung unbequemer Wahrheiten (vgl. Berner 2001).

An diesen Personalversammlungen nahmen auch die Funktionsträger der BR Arnsberg teil, ebenso die Vertreterinnen und Vertreter der Dezernate, die verantwortlich sind für das dritte Element des Integrationskonzept, nämlich die Sicherstellung der Handlungs- und Arbeitsfähigkeit während und nach dem Eingliederungsprozess (Haushalt-/Kassen- und Rechnungswesen, Personalverwaltung, Datenverarbeitung Zentrale Dienste und Hausdienste, Neue Steuerungsmodell und Öffentlichkeitsarbeit in Bezug auf den Integrationsprozess).

Im Rahmen der Eingliederung der Sonderbehörden wurde die „Bedrohung der Freiheit" von den Beschäftigten vor allem darin gesehen, dass bisher praktizierte Verfahrensabläufe sich ändern könnten, auf vertraute EDV-Anwendungen verzichtet werden müsste und dezentrale Eigenständigkeit zulasten einer neuen Zentralität eingeschränkt würde.

Solange Art und Umfang der Eingliederung der Sonderbehörden in die Bezirksregierung unbekannt war, löste die erwartete Fremdbestimmung erheblichen Unwillen bei den Betroffenen aus und führte in den ersten Diskussionen sowohl in der Lenkungsgruppe als auch in den Arbeitsgruppen zu einer Aufwertung der bisherigen Verfahrensweisen und ihrer EDV-Unterstützung.

Der Umfang des Widerstandes konnte dadurch vermindert werden, dass

- vereinbart wurde, die Sicherstellung der Handlungs- und Arbeitsfähigkeit während und nach dem Eingliederungsprozess genieße höchste Priorität,
- den aufgenommenen Behörden und Behördenteilen zugestanden wurde, so lange weiter zu verfahren wie bisher, bis sich die neuen, zu übernehmenden Strukturen als arbeitsfähig erwiesen hatten. Dann allerdings durfte nur noch in den neuen Strukturen und nach den neuen Verfahren gearbeitet werden,
- die neuen Behördenschilder und Briefköpfe der Bezirksregierung mit dem Tag der Eingliederung als Zusatz den Hinweis auf die früheren Sonderbehörden und ihre Standorte enthielten.

Diese Maßnahmen entsprachen in hohem Maße den Eigeninteressen der Mitarbeiterinnen und Mitarbeitern der eingegliederten Behörden und reduzierten die Widerstandsmotivation.

Zur Arbeit an einer gemeinsamen Kultur als letztem Element des Integrationskonzepts gehörten neben internen Fortbildungen zur Binnenmodernisierung und zur Vorbereitung der Jahreszielkonferenz das gemeinsame Betriebsfest, gemeinsame Betriebsausflüge sowie die Feier zu Weiberfastnacht, ebenso wie die Teilnahme der Behördenleitung und der Zentralabteilung an der jährlichen Barbarafeier der Bergverwaltung.

Prozessorganisation Insbesondere um Ängsten vor einer „feindlichen Übernahme" zu begegnen und entsprechenden Widerstand zu verringern wurde im Rahmen der beschriebenen Behördenbesuche gemeinsam mit den Behördenleitungen und den Funktionsträgerinnen und -trägern (Personalratsmitglied, Gleichstellungsbeauftragte/r und Vertrauensleute der Schwerbehinderten) der aufzunehmenden Behörden eine Prozessorganisation entwickelt und im Intranet aller betroffenen Behörden veröffentlicht.

In gemeinsamen Arbeitsgruppen von aufzunehmenden Sonderbehörden und der Bezirksregierung wurden Absprachen und Vereinbarungen zur Wahrnehmung von zentralen Aufgaben nach der Zusammenführung und zur Sicherstellung der fachlichen Aufgabenerledigung für die Bereiche Umwelt, Arbeitsschutz, Agrar- und Bergverwaltung getroffen.

Als Entscheidungsgremium für die Prozessgestaltung diente eine Lenkungsgruppe. Hier wurden die von der jeweils fachlich zuständigen Arbeitsgruppe (AG) gemachten Vorschläge noch einmal diskutiert und dann zur Umsetzung freigegeben. Zur Erhöhung der Transparenz des Integrationsprozesses wurden die gemeinsamen Arbeitsgruppenergebnisse aufbereitet und im Intranet veröffentlicht. Berücksichtigt wurden eine Bestandsaufnahme der (Problem-)Bereiche, eine Priorisierung der zu erledigenden Aufgaben, ein Zeitplan sowie die Festlegung von Verantwortlichkeiten für Maßnahmen (wer macht was, bis wann?).

Nach Umsetzung der Vorschläge wurde das Ergebnis erneut in der Lenkungsgruppe besprochen. Im Organisationsdezernat (Dezernat 14) wurde die Geschäftsführung für die Lenkungsgruppe und die Arbeitsgruppen geleistet (Termine, Einladungen, Wiedervorlagen, Protokolle) und die Koordinierung des Eingliederungsprozesses sichergestellt.

Von besonderer Bedeutung für die Prozessorganisation war zudem die AG Zentrale Dienste mit den Arbeitsschwerpunkten Informations-Technologie (IT), Haushalt und Hausdienste sowie Organisation und Personal. In ihr mussten der Übergang der Arbeitsbereiche in die BR Arnsberg organisiert werden, die für die aufzugebende Eigenständigkeit existenziell waren und die z. T. in der Hand der Behördenleitungen lagen.

Mitarbeiterinnen und Mitarbeiter der einzugliedernden Behörden und Behördenteile empfanden sich aus ihrer Perspektive als die hauptsächlich Belasteten, durch die Eingliederung in die Bezirksregierung, was sich allerdings aus Sicht der Mitarbeiterinnen und Mitarbeiter der Bezirksregierung selbst völlig anders darstellte.

Von den 45 Dezernaten der Bezirksregierung Arnsberg waren durch die Eingliederung der Sonderbehörden 17 Dezernate stark betroffen, 14 Dezernate betroffen, 6 Dezernate indirekt betroffen und lediglich 4 Dezernate nicht betroffen. Für 4 Dezernate waren Veränderungen im Jahre 2007 bereits absehbar.

Die Veröffentlichung dieses Überblicks im Intranet der Bezirksregierung und der eingegliederten Behörden und die Diskussionen darüber in der Abteilungsleiter-Konferenz der Bezirksregierung, in den Abteilungs- und Dezernatskonferenzen sowie im Haus- und Bezirkspersonalrat haben die allgemeine Betroffenheitsdiskussion stark versachlicht.

Neben den Auswirkungen in den Organisationseinheiten der BR Arnsberg hatte darüber hinaus die Eingliederung der Sonderbehörden auch Auswirkungen auf Zielvereinbarungen für das Jahr 2008. Seit 1995 wird bei der Bezirksregierung Arnsberg die Behörde über Zielvereinbarungen geführt (vgl. Diedrich 1997, S. 126 ff.).

Der Integrationsprozess wurde auch in den Jahreszielvereinbarungen für die Behördenschwerpunktziele abgebildet und die Leitziele der Behördenleitung entsprechend ergänzt.

Das Leitziel IV. „Beachtung der Mitarbeiterorientierung, um dauerhaft die Leistungsfähigkeit und -bereitschaft der Behörde zu erhalten" wurde z. B. ergänzt um Fortbildungen zum Veränderungsmanagement für Führungskräfte und Fortbildungen zur Binnenmodernisierung für Beschäftigte der ehemaligen Sonderbehörden.

Insgesamt erhöhten sich für die Behörde die Fortbildungsbedarfe durch die Reform. Der Umgang mit den Belastungen im Veränderungsprozess, die Aufgabenkritik, die mit der Verwaltungsstrukturreform verbundenen Folgen und das Personaleinsatzmanagement (PEM) machten es erforderlich, die Beschäftigten auf diese Situationen so weit wie möglich vorzubereiten.

Für folgende Bereiche waren durch die anstehenden Prozesse Fortbildungsbedarfe – über das Changemanagement hinaus – bereits sehr früh absehbar:

- Landeskassen-Auflösung und Zentralisierung der Beihilfe. In diesen Bereichen kommt es zu Aufgabenwegfall bzw. Zentralisierungen von denen die Beschäftigten betroffen sind.
- Die Dezernate der Abteilung 5 (Umwelt) und Dezernat 67 (ÖPNV-Neuorganisation) standen im Rahmen der Aufgabenkritik besonders im Fokus.

Beschäftigten, die freiwillig einen Arbeitsplatzwechsel über das PEM anstrebten oder bei denen ein Arbeitsplatzwechsel wegen des PEM drohte, wurde die Möglichkeit geboten, sich intensiv auf die Bewerbungssituation und Vorstellungsgespräche vorzubereiten. Dazu bot die Fortbildungs-Akademie des Innenministeriums frühzeitig ein spezielles Seminar an. Die betroffenen Beschäftigten wurden auf diese grundsätzliche Möglichkeit hingewiesen.

Grundsätzlich waren die Prozessverantwortlichen gehalten, sich den Betroffenen aufmerksam zuzuwenden und zu helfen, Ängste und Widerstände ungeschminkt und unabgemildert auf den Tisch zu bringen. Dies erwies sich vor dem Hintergrund der oben skizzierten Überlegungen als durchweg positiv. Vor allem die folgenden Grundregeln waren zu beherzigen und einzusetzen:

- Grundlinie: Nicht erklären, sondern verstehen!
- Nicht argumentieren und überzeugen, sondern zuhören!
- Nachfragen, um genauer zu verstehen!
- Die Aussagen des anderen zutreffend mit eigenen Worten wiedergeben!

Sich den Ängsten zu stellen, heißt in diesem Zusammenhang nicht das Ziel zu verfolgen, die Ängste und Befürchtungen auszuräumen, da dies zurück ins Argumentieren führt.

Primäres Ziel war vielmehr das Verstehen. Die Erzeugung von Empathie und die Beherzigung der Grundsätze gewaltfreier Kommunikation waren für alle Beteiligten eine neue Erfahrung im Umgang mit Ängsten und ihrer Bewältigung.

Auch die Führungsverantwortlichen standen während des Veränderungsprozesses in besonderer Verantwortung, die Leistungsfähigkeit ihrer Mitarbeiterinnen und Mitarbeiter zu erhalten und gleichzeitig die strategischen und operativen Ziele ihrer bevorstehenden Organisationsveränderung zielorientiert umzusetzen. Sie erhielten daher vorab einen Überblick über die Besonderheiten von Veränderungsprozessen und der damit verbundenen besonderen Verantwortung von Führungskräften. Durch ein persönliches Kennenlernen der Führungskräfte der ehemaligen Sonderbehörden und der Führungskräfte der aufnehmenden Abteilungen wurde etwa ein Grundstein für eine vertrauensvolle Zusammenarbeit gelegt.

Zukünftige Zielen und vereinbarte Regeln der Zusammenarbeit spielten eine bedeutende Rolle: Die ersten Meilensteine des anstehenden Veränderungsprozesses wurden deshalb gemeinsam diskutiert und gemeinsam festgelegt.

Fazit Die im Veränderungsprozess verfolgte Kommunikationsstrategie beruhte primär auf der Beachtung und Umsetzung der oben genannten Grundsätze. So wurden z. B. einerseits alle Informationen weitergegeben, die als gesichert gelten konnten, andererseits gab es keine Reaktion auf ministerielle „Referenten-Entwürfe". So führten Kabinettsentscheidungen nur zu internen Vorbereitungsüberlegungen, Gesetzentwürfe hingegen zur Vorbereitung der Umsetzung des Integrationsprozesses.

Um Ängste zu minimieren bewährte sich das Setzen auf eine offene Kommunikation. Sie hatte dabei eine Doppelfunktion zu erfüllen. Einerseits wurde demonstriert, dass Ängste wahr und ernst genommen werden, andererseits bestand die Chance, sie durch Aufnahme zu minimieren. Um dies zu erreichen wurde frühzeitig und direkt kommuniziert. Hierzu gehörte auch besonders Betroffene über Veränderungen vorab zu informieren.

Durchgängiges Ziel war die Herstellung einer einheitlichen horizontalen und vertikalen Informationsbasis und ein offener Umgang mit gesicherter Information und gesicherter Unkenntnis. Hierzu gehörte auch die Bereitschaft zu Mitarbeitergesprächen ohne gesicherte Informationen, um die Ängste und Befürchtungen von Mitarbeiterinnen und Mitarbeitern ernst zu nehmen. Das frühzeitige Ansprechen und Vertreten der notwendigen Veränderungen im Rahmen des Integrationsprozesses baute Vertrauen auf und verminderte Gerüchte.

Abschließend lässt sich festhalten, dass erst die im Mittelpunkt des Integrationsprozesses stehende „professionelle Kommunikation" diejenigen Elemente in die Veränderungsprozesse integriert hat, die nachträglich als ein wichtiger Erfolgsgarant angesehen werden können. Im Rahmen der Eingliederung der Sonderbehörden haben sich also weder die rechtlichen und politischen Legitimierungsversuche noch die frühen Erfahrungen positiver Auswirkungen von Strukturveränderungen auf die Qualität der Aufgabenerledigung als ausreichend motivierend für die Veränderungsprozesse erwiesen.

Bezogen auf die eingangs gestellte Frage nach dem Grenzüberschreitenden lässt sich nun antworten, dass erst die Aufnahme von Elementen einer „professionellen Kommunikation" und deren Verankerung im Integrationsprozess dazu geführt hat, unterschiedliche Organisationen, Organisationsteile zusammenzuführen, die bisher nebeneinanderher existiert haben. Erst wechselseitiges Verstehen schafft mit die Voraussetzungen für Integration und befördert auf diese Weise die Zusammenführung von Personen über Organisationsgrenzen hinweg.

Literatur

Beavin, J. H., Jackson, D. D., & Watzlawick, P. (2000). *Menschliche Kommunikation. Formen, Störungen, Paradoxien. 10.unveränderte Auflage*. Bern: Hans Huber.

Berner, W. (2001, 2006). *Angst: Die wichtigste Emotion (nicht nur) in Veränderungsprozessen*. http://www.umsetzungsberatung.de/psychologie/angst.php. Zugegriffen: 02. Juni 2009.

Berner, W. (2001). *Gerüchte: Von Dramatisierung und kollektiven Befürchtungen*. http://www.umsetzungsberatung.de/psychologie/geruechte.php. Zugegriffen: 03. Juni 2009.

Berner, W. (2002, 2003). *Integrationskonzept: Das neue Unternehmen schnellstmöglich arbeitsfähig machen*. http://www.umsetzungsberatung.de/pmi-post-merger-integration/integrationskonzept.php. Zugegriffen: 02. Juni 2009.

Berner, W. (2008). *Theorie und Praxis: Weshalb nichts so praktisch ist wie eine gute Theorie*. http://www.umsetzungsberatung.de/lexikon/theorie-praxis.php. Zugegriffen: 02. Juni 2009.

Bierhoff, H.-W., & Herner, M. J. (2002). *Begriffswörterbuch Sozialpsychologie*. Stuttgart: Kohlhammer.

CDU und FDP (2005). *Koalitionsvereinbarung von CDU und FDP zur Bildung einer neuen Landesregierung in Nordrhein-Westfalen*. http://www.cdu-nrw.de/images/stories/docs/Koalitionsvereinbarung_.pdf. Zugegriffen: 16. Dezember 2012.

Diedrich, J. (1997). Führen über Ziele – Ein Bericht aus der Behördenpraxis. *Nordrhein-Westfälische Verwaltungsblätter, 4*, 126–129.

Diedrich, J. (1999). Neue Steuerung für eine Bezirksregierung. *Nordrhein-Westfälische Verwaltungsblätter, 6*, 325.

Finanzamt Münster Innenstadt (2007). *Anreize zum beschleunigten Abbau von kw-Vermerken. Kabinett beschließt weitere Einzelheiten zu PEM*. http://www.finanzamt-muenster-innenstadt.de/allgemein_fa/presse/pressearchiv/archiv_2007/14032007.php Zugegriffen: 18. Januar 2011.

Kosow, H. M. (2009). Der Regierungsstandort Arnsberg. *Arnsberger Heimatblätter, 30*, 57–77.

Landtag Nordrhein-Westfalen 14.Wahlperiode (2005) *Plenarprotokoll 14/4 (13.07.)*. http://www.landtag.nrw.de/portal/WWW/dokumentenarchiv/Dokument/MMP14-4.pdf. Zugegriffen: 18. Januar 2012.

Ministerium des Innern für Sport und Infrastruktur des Landes Rheinland Pfalz. (o.J.). *Konnexitätsprinzip. Wer bestellt, der bezahlt*. http://www.isim.rlp.de/staedte-und-gemeinden/kommunalefinanzen/konnexitaetsprinzip/. Zugegriffen 08. März 2012.

Ministerium für Inneres und Kommunales des Landes Nordrhein-Westfalen (o.J.a). *Bezirksregierungen werden neu organisiert*. http://www.mik.nrw.de/allg-datensaetze/vorlagen/themen-aufgaben/moderne-verwaltung/strukturreform-modernisierung/ueberblick/

verwaltungsstrukturreform/binnenorganisation-bezirksregierungen.html. Zugegriffen: 16. Dezember 2012.

Ministerium für Inneres und Kommunales des Landes Nordrhein-Westfalen (o.J.b). *Gebiets-und Funktionalreform.* http://www.mik.nrw.de/allg-datensaetze/vorlagen/themen-aufgaben/moderne-verwaltung/strukturreform-modernisierung/ueberblick/historie/gebiets-und-funktionalreform.html. Zugegriffen: 08. März 2012.

Ministerium für Inneres und Kommunales des Landes Nordrhein-Westfalen (2007a). *Gesetz über das Personaleinsatzmanagement Nordrhein-Westfalen (Personaleinsatz-managementgesetz NRW – PEMG NRW).* https://recht.nrw.de/lmi/owa/br_bes_text?anw_nr=2&gld_nr=2&ugl_nr=2000&bes_id=10564&aufgehoben=N&menu=0&sg=. Zugegriffen: 18. Januar 2012.

Ministerium für Inneres und Kommunales des Landes Nordrhein-Westfalen (2007b). *Zweiter Zwischenbericht zur Verwaltungsstrukturreform, Bürokratieabbau u. Binnenmodernisierung.* Düsseldorf: jva druck + medien.

Mohr, N., & Woehe, J. M. (1998). *Widerstand erfolgreich managen. Professionelle Kommunikation in Veränderungsprojekten.* Frankfurt a. M.: Campus.

Pickenäcker, B. A. (2006) *Das Dilemma der Bezirksregierung in NRW zwischen Tradition und Transformation – Ansätze für eine pragmatische Modernisierungsperspektive.* http://miami.uni-muenster.de/servlets/DerivateServlet/Derivate-3071/diss_pickenaecker.pdf. Zugegriffen: 13. August 2009.

Rosenberg, M. B. (2005). *Gewaltfreie Kommunikation – Eine Sprache des Lebens.* Paderborn: Junfermann.

Schäfer, F. (2005). *Change Management für den öffentlichen Dienst.* Hamburg: Murmann.

Schrapper, L. (1994). Bezirksregierungen in Deutschland: Die Bündelungsbehörde der Mittelinstanz im Vergleich. *Die Öffentliche Verwaltung, 4,* 157–162.

Teil III
Strukturen/ Prozesse grenzüberschreitender Zusammenarbeit

Laterale Verfahren für das Organisationsleiten 7

Guido Tolksdorf

Inhaltsverzeichnis

7.1 Unbefangenheit der Unternehmenspraxis

Als ich erstmalig nach meinem Studium in den 1970er Jahren mit der Innensicht und Arbeitsweise von Unternehmensleitungen konfrontiert worden bin, war ich verblüfft, wie relativ schlicht Analyseansätze, Modelle und Argumentationsfiguren im Vergleich zum Wissenschaftsgeschäft waren, wenn es um Veränderungen insbesondere der Organisation und der Personalpolitik ging. Besonders eindrucksvoll für mich ist gewesen, dass trotz der beobachteten Schlichtheit wirtschaftlich erfolgreich geleitet wurde, auch wenn es hier und da „Baustellen" gab, um die man sich immer wieder einmal kümmern musste. Die einfachen, besser die stark in ihrer Komplexität reduzierten, Sichtweisen entstammten nicht direkt den wissenschaftlichen Konstrukten akademischer Disziplinen, und schon gar nicht der disziplinären Soziologie, sondern waren überwiegend unbefangene, pragmatische Überle-

Prof. Dr. Guido Tolksdorf ⊠
e-mail: Guido.Tolksdorf@fh-zwickau.de

A. Bührmann et al. (Hrsg.), *Management ohne Grenzen*, DOI 10.1007/978-3-658-01262-5_7,
© Springer Fachmedien Wiesbaden 2013

gungen, wie sie v. a. in der Managementlehre häufig anzutreffen sind. D. h. nicht, dass es
keine Referenz auf wissenschaftliches Wissen gab, sondern wissenschaftliche Erkenntnisse dienten ggf. als Orientierungen (kontingent interpretierbare Handlungsmuster), die in
v. a. wirtschaftliche Nützlichkeitserwägungen „eingebaut" wurden; hierauf werde ich an anderer Stelle wieder zurückkommen.

Wollte ich von meinen Gesprächspartner/innen ernst genommen werden und erfolgreich mit anderen innerhalb der Wirtschaftsunternehmen operieren, war das Soziologie-
deutsch (unverzichtbare Fachsprache) eine Hürde und darüber hinaus musste ich mehr
bieten, als „nur" Soziologie. Mir stellte sich die Frage: wie kann soziologische Orientierung durch Kooperation mit anderen Orientierungen sinnvoll und letztlich nützlich für
integrierte Lösungen eingebracht werden?[1]

Nicht Handlungs-, Struktur-, Interaktions- oder Systemtheorien waren explizit gefragt, sondern z. B. wie gewinnt man unter Wettbewerbsbedingungen leistungsfähige und
-willige Hochschulabsolvent/innen, wie stellt man ein bestehendes Lohn- und Gehaltsge-
füge während des Realbetriebs auf eine neue Systematik um, wie richtet man ein ganzes
Geschäftsfeld auf veränderte Marktverhältnisse aus? Mit solchen und ähnlichen Fragen
tauchte eine ganz andere Art von Komplexität als in der soziologischen Forschung auf,
die zudem innerhalb kurzer Zeiträume von wenigen Monaten bis maximal einem Jahr
bewältigt sein sollte. Umgang mit Wandlungsanforderungen stand als Konstante auf der
Agenda der Leitung. Es war hilfreich, dass mir in meinem Umfeld anfangs erfahrene
Unternehmenspraktiker/innen und Unternehmensberater/innen zur Seite standen. Von
ihnen konnte ich lernen, was ich bis dahin trotz kaufmännischer Ausbildung, verschiedener Jobs, Studium und Leitung wissenschaftlicher Projekte nicht hinreichend erfahren
hatte: pragmatische Leitungsarbeit innerhalb einer Wirtschaftsorganisation.

Als ein erstes Beispiel für die behauptete Einfachheit der Konstrukte in der betrieblichen Kommunikation möchte ich auf die Einführung eines Zielvereinbarungssystems in
einem größeren Maschinenbauunternehmen eingehen. Dabei wurden keine sehr abstrakten und elaborierten Kommunikationstheorien bemüht, sondern es wurde an Hand einer
„Zielscheibe" erläutert und diskutiert, worauf es bei Zielvereinbarungen letztlich ankomme
(Abb. 7.1).

Die Zielvereinbarung als Ergebnis eines Aushandlungsprozesses sollte bestimmte mi-
nimale Elemente enthalten, die kurz und knapp, fast formelhaft in der Zielscheibe benannt
sind. (s. Abb. 7.1) Das Für und Wider sowie die im betrieblichen Alltag mit Zielvereinbarungen zu erwartenden Schwierigkeiten konnten dank der eingängigen Visualisierung von
allen Beteiligten erörtert werden. Später habe ich diese Zielscheibe selbst in Workshops
und Trainings erfolgreich eingesetzt. Die soziologische Unbefangenheit von Nichtsozio-
log/innen kann m. E. hoch anregend sein, wenn es auf Wirkungen außerhalb der disziplinären Soziologie ankommt. Man muss sich in konkreten Situationen darauf einlassen, sei

---

[1] Schlussfolgerungen für die akademische Lehre, die eine kommunikative Anschlussfähigkeit der Soziologie innerhalb von Wirtschaftsorganisationen systematisch fördern kann, habe ich an anderen
Stellen ausgeführt. (Tolksdorf 2010a, S. 75 ff.; Tolksdorf 2010b, S. 10).

Abb. 7.1 Zielscheibe (Tolksdorf)

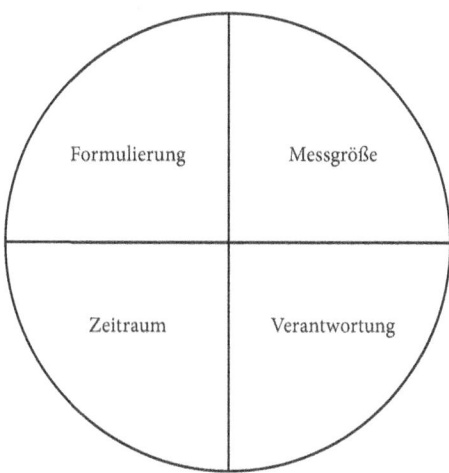

es im Praktikum, sei es im Traineeprogramm oder in der Forschungskooperation. Bei der
Beobachtung und Bewertung des Aushandlungsprozesses selbst können Konstrukte wie
„Kommunikation" (z. B. Luhmann 1984, S. 212 f.), „Störung" (Baecker 2011) oder „Selbstregulation" (Minssen 1999) den reflektierenden Blick schärfen. Es geht also in diesem Beitrag nicht vorrangig um disziplinäre Theorie-, Begriffs- oder Methoden-„Anwendungen",
sondern um die Verwendung von Soziologie in Form von Orientierungskomplexen in Kontexten außerhalb der disziplinären Soziologie, die eine vom Alltag differente Perspektive auf
die Realität ermöglichen.

Nach dieser Einleitung könnte man meinen, hier wird die Brauchbarkeit von Soziologie
für die Unternehmenspraxis grundsätzlich in Frage gestellt und einer kruden Praxiologie
das Wort geredet. Diese Vermutung trügt. Bezogen auf Wandlungen von und in Unternehmen bzw. Change Management (vgl. Reiß et al. 1997; Harvard Business manager 2010)
will ich gestützt auch auf eigene Erfahrungen in verschiedenen Unternehmen exemplarisch
zeigen, wo und wie soziologisches Wissen bzw. Konstrukte nützlich in Unternehmenszu-
sammenhängen als Orientierungen in Verbindung mit anderen Orientierungen verwendet
werden können, wenn sie ihre engen disziplinären Grenzen überschreiten.

7.2 „Wandel" ist intendierte Veränderung

„Wandel" wird hier als intendierte Veränderung in Unternehmen begriffen. Es ist wichtig, diese Bedeutung heraus zu stellen, weil sich viele Veränderungen einstellen, obwohl sie
nicht beabsichtigt sind, sich wie „hinter dem Rücken" der Akteur/innen vollziehen. Auch
hier möchte ich wieder ein Beispiel bemühen: Die Unternehmensleitung wähnt ihr Unternehmen als ertragreichen Weltmarktführer auf Grund eines Patentes auch für die Zukunft
als „unschlagbar" gesichert und strebt mittels einer defensiven, selbst wenige Veränderun-

gen vornehmenden, Unternehmenspolitik die Fortführung der Erfolgsstory an. Einige Jahre stimmen Erwartungen und Ergebnisse faktisch weitgehend überein, bis überraschend Umsatz- und Gewinneinbrüche Veränderungen signalisieren, die vom Unternehmen selbst in jenem Fall nicht intendiert waren, aber erhebliche Wirkungen für das Geschäft zeitigten. Solche Veränderungen können sowohl innerhalb des Unternehmens prozessieren, z. B. Veränderung der Belegschaftsstruktur und/oder in der Unternehmensumwelt, wenn neue Wettbewerber, die man möglicherweise ungewollt durch eine verfehlte Ersatzteil- und Servicepolitik selbst begünstigt hatte, auftreten. „Wandel" kann also im Kontext einer vorausschauenden Unternehmenspolitik als intendierte proaktive Veränderung oder als Reaktion auf nicht intendierte Veränderungen inszeniert werden. In jedem Fall ist eine absichtsvolle Wirkung angestrebt. Hier deutet sich an, dass es sehr verschiedene Auslöser sowie Gründe für Wandlungsvorhaben geben kann, die normalerweise vielschichtig-verwobene und umfangreiche Folgen haben können.

7.3   Komplexitätsanforderungen des Wandels

Im Rahmen von Leitungsarbeit, die in und für Unternehmen zu leisten ist, kommt Wandel in unterschiedlicher Komplexität und Bedeutung für den Markterfolg vor. Geht es beispielsweise um Wandel im indirekten Wertschöpfungsbereich mit nur seltenen Ereignissen oder wenigen Personen sowie in kleinen Schritten, ist in der Regel die vielschichtige Verwobenheit beschränkter als im Falle grundsätzlicher Neuausrichtung eines Geschäftsfeldes. Unternehmensgröße, Branche oder Technologiefelder sind weitere Faktoren für die Ausprägung von Komplexität. Für die hier angestellten Überlegungen wird, jetzt vielleicht ein wenig überraschend, aber nicht vom Komplexitätsgrad der Beschreibung, sondern von unterschiedlichen Bewältigungsstrategien bzw. Vorgehensweisen für praktische Handlungsanforderungen ausgegangen; weil nicht Erklärungen, sondern Nützlichkeitsüberlegungen im Vordergrund stehen. Exemplarisch werden hier zwei unterschiedliche strategisch-taktische Verfahrensweisen gewählt: einerseits „Wandel in kleinen Schritten", andererseits „Wandel in großen Schritten", wobei tendenziell davon ausgegangen werden kann, dass die Komplexität bei Wandel in großen Schritten weniger leicht vorhersehbar und vor allem riskanter absichtsvoll lenkbar ist, als im Falle kleiner Schritte.

Falls Leitungskräfte sich an die Aufgaben des Wandels heranmachen, suchen sie oftmals nach Orientierungen in den eigenen Erfahrungen, nach Beispielen anderer, nach vorbildlichen Unternehmen sowie nach pragmatischen Konzeptionen. Dabei geht es um Hilfen zur Komplexitätsreduktion, um Gestaltungsansätze, um Instrumente und Verfahren und oftmals auch um Absicherung der eigenen Handlungsweisen sowie Entscheidungen. Wenn man weiß, worauf es im Wandlungsvorhaben ankommt, welche Instrumente man einsetzen kann, mit welchen Schwierigkeiten, Risiken man rechnen muss und welcher Erfolgskorridor erwartbar ist, sind die Startbedingungen zumindest grob abschätzbar und legitimierbar. Wie dann der tatsächliche Wandlungsverlauf prozessiert, ist oftmals eine andere und ganz eigene Geschichte.

Wandlungsansätze / Schritte	Kaizen	Business Re-engineering
kleine, kontinuierliche	Vermeidung von Verschwendung; bestehende Standards verbessern	in der Folge radikalen Wandels
große, basale-radikale	Kombination mit Innovationen	umfängliche Geschäftsprozesse neu ausrichten

Abb. 7.2 „Schrittlänge" verschiedener Wandlungsansätze (Tolksdorf)

Mit den in der Wirtschaftspraxis hoch angesehenen, bewährten Handlungsmustern stehen wissenschaftlich disziplinär begründete Konzeptionen in einem Orientierungswettbewerb. Generell gilt, dass die Orientierungen an die Zielsetzungen und Problemlagen der Unternehmen anknüpfbar sein sollten, d. h. letztlich, den angestrebten Nutzen in Aussicht stellen. Überzeugen Konzeptionen, insbesondere wissenschaftliche, diesbezüglich nicht, sind die Chancen gering, für praktische Aufgaben von Leitungskräften verwendet zu werden. Sorgen die wissenschaftlichen Disziplinen, die einen nützlichen Beitrag zur Wandlungsarbeit in Unternehmen leisten wollen, nicht selbst für die Verwendungs-Anschlussfähigkeit ihrer Konzepte außerhalb der wissenschaftlichen Diskurse, dann bleiben sie in der Regel unbeachtet, ja letztlich auch unbrauchbar für Entscheidungsträger/innen, selbst wenn sie potenziell hilfreich wären.[2]

Während der letzten gut 20 Jahre haben im betrieblichen Change Management insbesondere zwei Ansätze Verwendung gefunden: „Kaizen" (Imai 1993) und „Business Reengineering" (Hammer und Champy 1994). Beide sind eher pragmatisch denn wissenschaftlich ausgerichtet und unterscheiden sich vor allen Dingen im Hinblick auf „kleine" oder „große" Wandlungsschritte (Abb. 7.2).

7.4 Überschaubarer Wandel in kleinen Schritten

Mit dem japanischen Konzept „Kaizen" haben inzwischen Orientierungen weltweit in die Unternehmen Einzug gehalten, die Anfang der 90er Jahre in Deutschland zunächst auf verbreitete Skepsis stießen, heute aber fast in jedem Unternehmen zumindest bekannt sind und in zahlreichen Branchen zum Standardrepertoire gehören. Kaizen, im deutschen Sprachraum meist mit „Kontinuierlicher Verbesserungsprozess", kurz „KVP" übersetzt, ist eine zentrale Säule des „Toyota-Produktions-Systems" (TPS), wie es von T. Ohno (1993) beschrieben worden ist. (vgl. auch Liker 2007).

---

[2] Am Beispiel der Soziologie hat der Autor diese Wechselwirkung zwischen disziplinär strukturiertem Wissenschaftssystem einerseits und der verwendenden außerwissenschaftlichen Praxis andererseits bereits ausführlicher behandelt (vgl. Tolksdorf 2010a).

Die in der Triade (Nordamerika, Japan, Europa) vergleichende MIT-Studie (Womack et al. 1992) hatte zu Beginn der 1990er Jahre u. a. auf diese Leitideen unter der Bezeichnung „Lean Production" aufmerksam gemacht. Gemessen an den erreichten Standards bei Produkten und Prozessen eines Unternehmens werden in Teams oder Arbeitsgruppen systematisch und fortlaufend Verbesserungen erarbeitet, d. h. nicht nur Vorschläge sind gefragt, sondern auch die Realisierung von Ideen im Arbeitsprozess ist gefordert, also eine erweiterte Arbeitsaufgabe für alle.

Die Vermeidung und der Abbau von Verschwendung stehen dabei im Zentrum. Auf diese Weise werden über Jahre und Jahrzehnte Qualitätsverbesserung und Rationalisierungsfortschritte mit den Belegschaften möglich, die vorrangig parallel auch die standardisierten Wertschöpfungsleistungen erbringen. Dieser Grundgedanke des Kaizen hat aus wirtschaftlicher Sicht einen gewissen Charme für auf Erfolg bedachte Unternehmensleitungen. Heute wird das TPS (Toyota Selbstbeschreibung) oder das Lean Production (MIT-Beschreibung) oftmals generalisiert mit „Lean Management" bezeichnet. Damit wird angedeutet, dass die Konzeption nicht ausschließlich die Produktion und die Automobilindustrie meint, sondern darüber hinaus eine generelle Leitungsorientierung bietet, unabhängig von speziellen Wertschöpfungsprozessen, z. B. im Flugzeugbau, in Kliniken sowie auch in Banken und öffentlichen Verwaltungen.

Obwohl die Fortschritte meistens nur durch zahlreiche kleine und überschaubare Schritte erzielt werden, haben Unternehmen, die Kaizen beherrschen, gegenüber anderen Unternehmen, die ausschließlich auf Rationalisierungsschübe, z. B. mittels technischer Innovationen, setzen, in der Regel bei Qualität, Flexibilität, Kosten sowie Durchlaufgeschwindigkeit Vorteile. Das Unternehmen Toyota selbst gilt weltweit seit Ende der 1980er Jahre unter Unternehmenslenker/innen als Erfolgsmaßstab. Falls man Kaizen, mit seiner Leitidee, und den dazu entwickelten Methoden und Instrumenten folgt, muss man natürlich nicht auf innovative größere Sprünge verzichten, sondern kann Kaizen und Innovationen miteinander verbinden, so dass weitere Wettbewerbsvorteile entstehen können. Ein eindrucksvolles Beispiel ist die Hybrid-Antriebstechnik von Toyota, die Verbrennungsmotoren mit Elektromotoren schon seit Jahrzehnten koppelt.

Was Kaizen aus soziologischer Sicht spannend macht ist m. E., dass es als Anleitung zum Umgang mit dem betrieblichen Sozialsystem gelesen werden kann. Im Mittelpunkt stehen generelle Orientierungen bezüglich so unterschiedlicher Gestaltungsfelder wie Kunden und Beschäftigte, Beziehungen zwischen Führung und Team, operative und dispositive Aufgaben, Verbesserungsprozesse parallel zur Wertschöpfung, Qualifizierung, Verständigung und Abstimmung innerhalb von Teams und über ihre Grenzen hinweg, Macht, Einfluss und Konfliktumgang.

Diese angesprochenen Aspekte des Kaizen sind für sich genommen jeweils in der Umsetzung eine Herausforderung für eine Organisation, bzw. deren Leitung; denn sie müssen in ihrem Wirkungszusammenhang aufeinander passen, wenn die angestrebten kontinuierlichen Verbesserungen wirksam werden sollen.

Wer einmal teilautonome Gruppenarbeit mit operativen und dispositiven Aufgaben in einem zuvor dirigistisch geführten Unternehmen eingeführt und stabilisiert hat, weiß, wie schwierig solch ein Wandel herzustellen sein kann. Mit Team oder Arbeitsgruppen sind nur grundlegende Voraussetzungen für Kaizen geschaffen, nicht aber das ganze „Sinn"-System (vgl. Luhmann 1984, S. 92 f.). Von den verantwortlichen Leitungskräften ist für ein solches Wandlungsvorhaben insgesamt erwartbar: Sachverstand hinsichtlich der Geschäftsprozesse, der Belegschaft, der Machtverhältnisse zwischen Erneuern und Beharren, der intendierten Veränderungen sowie deren erwartbare Wirkungen und nicht zuletzt ein gerüttelt Maß an Sozialkompetenzen, also Kommunikations- und Kooperationsfähigkeit sowie Konfliktumgang und letztlich Mut und Durchhaltevermögen. Fehlen Erfahrungen mit solchen mächtigen Wandlungsprozessen, sind entsprechende Berater/innen unverzichtbar.

Allein die genannten Sozialkompetenzen sind z. B. eine dauerhafte Chance für die Soziologie, wenn sie nicht nur als erklärende Konstrukte, sondern als operatives, transdisziplinäres Leitungshandeln eingebracht werden; denn ein Kaizen-System müsste über längere Zeit (einige Jahre) sozialverträglich „eingefahren" werden. Das Verbesserungspotential des Sozialsystems müsste strukturiert, angeregt und im Fortschreiten organisationsspezifisch entfaltet werden, um dann nachhaltig prozessieren zu können.

An der unverstandenen Mächtigkeit des Gesamtzusammenhangs und der oftmals übersehenen sozialen Dimension sind in Deutschland, aber wohl auch weltweit (vgl. Womack 2003), zahlreiche Versuche, Kaizen, bzw. Lean Production in den Unternehmen zum Laufen zu bringen, in den Anfängen stecken geblieben oder gar kläglich gescheitert. Um Missverständnissen vorzubeugen, sei darauf hingewiesen, dass ein Soziologiestudium, soweit ich es überblicke, für die Leitung solcher Wandlungsprozesse keineswegs hinreichend vorbereitet. Man darf zwar erwarten, dass relevante sozialwissenschaftliche Konstrukte, z. B. Organisationsstrukturen und -prozesse, Arbeitsorganisation, soziale Konflikte, Macht und Machtmissbrauch, verschiedener Autor/innen (z. B. Dahrendorf 1992; Luhmann 2000; Mayntz 1963; Weber 1921) den Absolvent/innen bekannt sind, bzw. sie einen Zugang zu ihnen haben, dies ist aber nicht gleichzusetzen mit der Fähigkeit, die relevanten Konstrukte auch im praktischen Unternehmenskontext erfolgreich zu verwenden. Sowohl Trainings in Moderation und Verhandlungsführung (vgl. Tolksdorf 2007) als auch Ergänzungswissen z. B. in Ökonomie und Arbeitsrecht können zu den unverzichtbaren Voraussetzungen gehören.[3]

Noch anspruchsvoller ist die Leitung von Wandel in großen Sprüngen. Traut man sich diese verantwortungsbewusst zu, können sie die Implementierung von z. B. Kaizen enorm unterstützen. Obwohl Kaizen also eine Vorgehensweise in zahlreichen kleinen Schritten zum Erreichen von Verbesserungen ist, kann deren Einführung in ein Unternehmen in großen Schritten erforderlich sein. Mit dem Business Reengineering liegt eine solche Managementkonzeption vor.

---

[3] Siehe hierzu ausführlicher Tolksdorf (2010b, S. 9).

7.5   Radikaler Wandel in Sprüngen

Toyota hatte bereits mit seinem TPS in den 1950er Jahren begonnen und während der
1980er Jahren neben weiteren japanischen Unternehmen weltweit wirtschaftliche Erfolge erzielt, die insbesondere in den USA aufmerksam registriert wurden und letztlich zu
der oben erwähnten MIT-Studie führten. Nachdem mit den Ergebnissen der „Schlüssel"
allgemein zugänglich geworden war, setzten nicht nur in Deutschland zahlreiche Nach-
ahmungsversuche ein, die überwiegend misslangen. Allein der über zeitlichen Vorlauf erlangte Vorsprung bei der Entwicklung des handlungsbasierten Verbesserungssystems und
dessen positive Wirkungen auf Produkte und Prozesse durch die kleinen Schritte, waren
durch Einführung von Kaizen in herkömmlichen Unternehmen nicht aufzuholen. In dieser Lage grenzten Hammer und Champy sich mit ihrer Konzeption explizit vom Vorgehen
in kleinen Schritten ab und betonten: „Beim Business Reengineering geht es *nicht* darum,
die bestehenden Abläufe zu optimieren." (1994, S. 12)

Vielmehr bietet der „Business Reengineering"-Ansatz eine generelle Orientierung für
grundsätzlichen und radikalen Unternehmenswandel, sei er durch Marktlagen, neue Technologien oder innovative Produkte induziert. Allerdings werden ähnlich wie im Kaizen
auch bei Hammer/Champy „Organisation" und „Personal" zur entscheidenden Ressource
für die Wandlung von einem herkömmlichen Unternehmen zu einem fitten (geleanten).
Solch ein Vorhaben kommt einer „Abriss-Sanierung" bei Aufrechterhaltung der Geschäfts-
abläufe gleich. Wegen der enormen Veränderungen, die mit dem Business Reengineering
innerhalb etwa eines Jahres angestrebt werden, haben die Autoren selbst auf die Schwierigkeiten, Belastungen und Risiken hingewiesen. „Über den Daumen gepeilt schätzen wir, dass
sogar 50 bis 70 Prozent der Unternehmen, die den Weg des Business Reengineering wählen, nicht die beabsichtigten durchschlagenden Resultate erzielen." (Hammer und Champy
1994, S. 260). Meiner Ergänzung nach liegt dies daran, dass die Komplexität des Sozialen
in der Verwendung unterschätzt wird.

Obwohl vielleicht eine neue Technologie zum Reengineering greifen lässt, liegen auch
hier die entscheidenden Veränderungen im Sozialsystem verbunden mit zahlreichen weiteren Gestaltungsfragen der Technik, der Betriebswirtschaft, des Rechts, der Finanzierung
etc. Die intendierten Veränderungen sind basal abhängig davon, wie, was im Unternehmen kommuniziert wird, wie und welche Regelungen festgelegt werden und natürlich,
wie die Leitungskräfte und Mitarbeiter/innen operieren. Im Grunde ist dies kein vorrangi-
ges Feld für Nicht-Sozialwissenschaftler/innen, obwohl gerade sie in der Wirtschaftspraxis
maßgeblich anzutreffen sind. Der soziologische, oder weiter gefasst, der erforderliche sozialwissenschaftliche Sachverstand müsste folglich in Auseinandersetzung und Kooperation
mit Fachleuten für Wandel in Wirtschaftsorganisationen eingebracht werden.

Eine systemtheoretische Sichtweise z. B. kann an dieser Stelle helfen, das reale Prozessieren in den Kategorien „Sozialsystem" und „bio-psychischem System" zu beobachten.
Als Soziolog/in kann man dadurch analytische Schärfe gewinnen, die Fachleute mit anderem disziplinären Hintergrund in der Regel so nicht gewinnen, weil sie eher die unmittelbaren Personen und Situationen betrachten statt Systeme. Dabei ist es gar nicht so

schwierig zu vermitteln, dass das „Soziale" als etwas ganz Eigenes betrachtet werden kann, ähnlich wie z. B. der Blutkreislauf in der Medizin, und dass es der „gemeinte Sinn" ist, der ein Sozialsystem charakterisiert und dass es auf den gemeinten Sinn der Organisation (Ziele, Werte, Regelungen) ankommt, der letztlich gemeinschaftlich von Individuen (also anderen Systemen) verfolgt wird, oder auch nicht. Das Denken in Systemeigenheiten wie „rezipieren", „operieren" und „steuern" des jeweiligen Systems kann bei Kooperationspartner/innen innerhalb der Organisationsleitung als konstruktiver Beitrag aufgenommen werden, wenn er verstehbar eingebracht wird und mit anderen Perspektiven, z. B. technischen oder betriebswirtschaftlichen zu pragmatischen Lösungen gekoppelt werden kann. In der Konsequenz des soziologischen Beitrags wird in diesem Beispiel die Verständigung über Unternehmenssachverhalte differenziert nach „Sozialem" und „Personalem" nahe gelegt. Daraus ergibt sich die Chance, über adäquate direkte und indirekte Steuerungsmöglichkeiten nachzudenken. Von Soziolog/innen wäre dann also zu erwarten, dass sie solch eine Verständigung zwischen verschiedenen Sichtweisen (disziplinären und/oder pragmatischen) situativ initiieren und führen können. Dabei kommt es insbesondere auf die kommunikative Anschlussfähigkeit an.

Üblicherweise wird zur strategischen Absicherung und Leitung eines umfangreichen Wandlungsprojektes eine „Lenkungsgruppe" gebildet, die dann mit einem weiteren „Kernteam" (oder auch mehreren Teams), das speziell die operativen Aufgaben des Vorhabens angeht, eng koordiniert arbeiten sollte. Günstig ist es, wenn die Entscheidungen der Lenkungsgruppe geschlossen getragen und vertreten werden. Ist das nicht der Fall, kann es zu hohen Belastungen für das gesamte Projekt kommen; schon in der Anfangsphase in der Verständigung mit dem Kernteam oder Betriebsrat. Dringen Differenzen oder Spannungen des strategischen Lenkungsgremiums nach außen, führt das nicht selten zu Verunsicherung oder zur Lagerbildung von Protagonist/innen und Gegner/innen, die die erforderliche Energie für den Wandel mindern bzw. aufzehren kann. Aus soziologischer Sicht kann man auf die Ausgangslage mit ihren Chancen aber auch Risiken achten und sie reflektiert an die Entscheidungsträger/innen vermitteln, z. B. dadurch, dass man bestimmte Fragen aufwirft: Was ist die Ausgangslage der Organisation und was soll erreicht werden? Wie sind die formalen und informalen Machtverhältnisse? Wer sind die Akteur/innen und was sind ihre Interessen, welche Motivation haben sie für Wandel? Aus diesen Fragestellungen können sich Vorgehensweisen für die Analyse und das Erarbeiten pragmatischer Maßnahmen ergeben. Das jeweils konkrete Operieren aus soziologischer Perspektive wird fallweise einerseits stark von den verfügbaren Konzeptionen, Theorien und Methoden abhängen sowie andererseits von der Anschlussfähigkeit an weitere Perspektiven, die im Kontext relevant sind. Es kommt nicht vorrangig auf ein perfektes Untersuchungsdesign an, das für Forschungsanträge gefordert wird, sondern auf verwendbare Beiträge, die erfolgreiche Problembewältigung in Aussicht stellen. Kommt man z. B. zu der Einsicht, die Kommunikation (Austausch von Sinn) im Unternehmen sollte generell offener, transparenter und angstfreier werden, wird man eine Umsetzungskonzeption entwickeln müssen, die die ökonomischen, technischen, tariflichen und qualifikatorischen Rahmenbedingungen hinreichend aufnimmt. Erst wenn die verschiedenen Komponenten des Vorgehens in der Leitung akzeptiert werden, ergibt sich eine Chance für die praktische Gestaltung.

Es sollte hier deutlich werden, dass eine angemessene Einbettung soziologischer Perspektiven der Berücksichtigung weiterer organisationsrelevanter Perspektiven bedarf, wenn in pragmatischer Hinsicht Erfolg angestrebt wird. Die Durchsetzung innerhalb solcher unternehmerischer Kontexte hängt in hohem Maße von der Überzeugungskraft aber auch von den Machtpromotoren ab; d. h. innerhalb der Fachgemeinschaft anerkannte Lösungen können (zunächst) unter Umständen auch scheitern.

7.6 Praktische Verknüpfung von zwei strategischen Managementansätzen

Ein Unternehmensprojekt von Anfang der 1990er Jahre dient als Hintergrund für die Behandlung eines radikalen Wandels. Der Auftrag wurde für ein mittelgroßes, in siebter Generation familiengeführtes Unternehmen erteilt und lief über mehrere Jahre. Das Unternehmen war erstmalig in seiner fast 170jährigen Geschichte in die roten Zahlen gerutscht. Das war der Anlass für die zwei Geschäftsführer, Wandel im größeren Ausmaß anzugehen. Stärken und Schwächen des Unternehmens wurden analysiert und eine grundlegende Neuausrichtung in Kooperation mit der Leitung konzipiert, die dann mit einem Kernteam verfolgt und umgesetzt wurde. Hilfreich war, dass der Betriebsrat im Kernteam vertreten war und das Vorhaben vorbehaltlos und mit Initiativen konstruktiv unterstützte. Der Wandel sollte nicht nur die Beschäftigung sichern helfen, sondern Führung, Arbeitsorganisation, Information und Kommunikation, Qualifizierung, Karrieremuster, Entgelt- und Arbeitszeitsysteme, die betriebliche Sozialpolitik modernisieren und damit die Voraussetzungen für ein wirtschaftlich ertragreiches Wachstum verbessern. Der Ansatz für das Reengineering war hier kein neues Produkt, keine technische Innovation, sondern der Wandel des Sozialsystems Organisation mit seinen Facetten; eine aus meiner Sicht ideale Aufgabenstellung, in die vielfach soziologische, oder auch weiter gefasst, sozialwissenschaftliche Perspektiven eingebracht werden konnten.

Für das Unternehmen, das Spezialtechnik produziert, eine ganz neue Erfahrung. Umso erstaunlicher war es, wie zügig innerhalb des ersten Jahres die Meilensteine des Projektes erreicht wurden. Selbstverständlich gab es zahlreiche Schwierigkeiten und auch Widerstände im Leitungskreis und bei Teilen der Belegschaft, die aber immer gelöst bzw. überwunden werden konnten. Dem Prozess kam zugute, dass zunächst bei den Führungskräften und dann auch in der Belegschaft die Sozialkompetenzen durch systematische Qualifizierung angehoben wurden. Nicht bei jedem/jeder auf den Stand, den man sich aus Sicht der Verantwortlichen wünschte, aber immerhin auf ein Niveau, das die Verbesserung der Wertschöpfung und zugleich den radikalen Wandel der Organisation ermöglichte.

Dieses Qualifizieren lief parallel zu der Arbeit im Kernteam an, das die Analyse, die Zielstellungen und die Lösungsansätze weitgehend mit den Ressourcen des Unternehmens diskutierte und formulierte. In der Rolle eines Prozessbegleiters (Moderation und Sachbeiträge) sowie als Trainer/innen wurden sozialwissenschaftliche Inputs geleistet. Also z. B. wie funktioniert Kommunikation und wann ist sie gestört (vgl. Schulz von Thun 1981)? Was sind Merkmale von sozialen Konflikten und wie kann man damit umgehen (vgl. Glasl 2010)? Was sind systemtheoretische Überlegungen zu Organisation und Entscheidung (vgl. Luhmann 2000)? Wann spricht man von fitten Geschäftsprozessen (vgl. Womack et al. 1992)?

Die Phase der roten Zahlen währte nur zwei Geschäftsjahre, dann stellten sich auch wieder wirtschaftliche Erfolge ein. Diese außerordentliche Phase in der Unternehmensgeschichte war für fast alle Unternehmensangehörigen mit zusätzlichen, teils erheblichen Belastungen verbunden gewesen, hatte aber den erhofften Erfolg gebracht. Als dann der wirtschaftliche Erfolg für alle spürbar war, bestanden die nächsten Herausforderungen in der Stabilisierung des neu geschaffenen Fundamentes und dessen weitere Entwicklung. Nachdem das Unternehmen einige Zeit die externe Unterstützung nur noch zum Monitoring eingesetzt hatte, entschloss es sich, Kaizen, bzw. KVP einzuführen. Wieder mit Hilfe sozialwissenschaftlicher Kompetenzen.

Von den Strapazen des radikalen Wandels in großen Schritten hatten sich die Leitungskräfte und die Mitarbeiter/innen einigermaßen erholt, da ging es zur Implementierung des Wandels in kleinen Schritten über. Man könnte nun meinen, das sei ein Selbstläufer geworden. War es anfangs aber keineswegs. Der existenzielle Druck war genommen, das Unternehmen hatte zu neuen Erfolgen gefunden und dann sollte von allen Beschäftigen zusätzlich zur wertschöpfenden Arbeit auch noch kontinuierlich Verbesserungsarbeit erbracht werden. War das denn nötig? Eine Bequemlichkeitsoptimierung sieht wahrlich anders aus.

War in der Not der enorme Wandel von den meisten Führungskräften und Mitarbeiter/innen akzeptiert und aktiv unterstützt worden, so war die Begeisterung und Unterstützung für die weitere Wandlungsarbeit brüchig. Es mussten auf allen Unternehmensebenen erneut Auseinandersetzungen um das Für und Wider geführt werden. Die allgemeine „Schrittlänge" war kürzer, aber auch die Schrittfrequenz der Implementierung war deutlich niedriger. Innerhalb des gesamten Prozesses waren gestützt auf sozialwissenschaftliche Konstrukte z. B. Kommunikation, Entscheidungen, Kooperation, Konfliktumgang, Informationspolitik etc. bearbeitet und zusätzlich Methoden und Instrumente der Sozialforschung, wie Gruppendiskussionen, Befragungen, Datenanalyse etc. eingesetzt worden. Der jeweilige Erkenntniszweck war stark mit den Problemlagen und der Zielsetzung der Unternehmung gekoppelt und folglich mit den Fragen der Wirtschaftlichkeit, technischen Lösungen etc. Die Ergebnisse mussten mittels Kooperation mit anderen Fachleuten, z. B. der Geschäfts- und Produktionsleitung, des Controllings, sowie Gremien wie Lenkungsausschuss, Kernteam, Betriebsrat und letztlich Betriebsversammlungen vermittelt werden. Für die Wirksamkeit soziologischer Beiträge liegt hierin ein entscheidendes Feld des Anschlusses an andere Perspektiven und Professionen. Generelle Hinweise für solch eine laterale Kooperation können sein: wechselseitiges Akzeptieren und Zuhören, klare, nachvollziehbare eigene Botschaften, Kompromiss- und Durchsetzungsbereitschaft, Fähigkeit zum Perspektivwechsel, Ergebnisorientierung.

7.7 Managementlehre und pragmatische Soziologie

Ich wollte mit den bisher ausgewählten Beispielen zeigen, dass man in der Leitungsarbeit des Wandels mit fachfremden Rahmenkonzeptionen der Managementlehre operieren
kann, ja mitunter sogar operieren muss, weil es m. E. Vergleichbares in der disziplinären
aber auch in der pragmatischen Soziologie nicht gibt.[4] Mit einer „pragmatischen" Soziologie meine ich hier eine Öffnung und Anschließung von soziologischem Prozessieren und
Wissen, wenn es darum geht, Relevanz außerhalb der disziplinären Soziologie zu gewinnen; wie oben exemplarisch skizziert.

Nach meiner Beobachtung sind die von mir genannten „Managementansätze" in der
Soziologie nur sporadisch und dann bisweilen mit selbstgefälliger Abwertung rezipiert
worden (vgl. z. B. Schmidt 1994). Allerdings gibt es auch andere Positionen, wie z. B. die
von Hajo Weber (1994) und Roland Springer (2009). M. E. ist unbestreitbar, dass sowohl
Kaizen als auch Business Reengineering trotz der deutlichen betriebswirtschaftlichen Zielsetzung entscheidend auf die Ressourcen „Organisation" und „Personal", also die soziale
Dimension als Gegenstand der Soziologie setzen. Wegen des hohen Verbreitungsgrades sowie der hohen Akzeptanz jener Managementkonzeptionen bieten sie eine gute Chance für
verschiedene soziologische Analysen und Gestaltungsbeiträge. Sie umreißen die komplexen Kontexte der Wirtschaftswelt einerseits und lassen Raum für vertiefende soziologische
Perspektiven andererseits, weil es ihnen selbst daran mangelt.

Für mich sind und waren TPS, Kaizen, Lean Production, Lean Management sowie Business Reengineering in der Unternehmenspraxis wichtige Rahmenorientierungen, um die
Komplexität der jeweiligen Problemlagen und Vorhaben überschaubar gedanklich zu ordnen und Gestaltungsschwerpunkte festlegen sowie auch vermitteln zu können. Obwohl
ich also bei Wandel auf der strategischen Ebene zunächst auf fachfremde Orientierungen zurückgreife, habe ich in Analysen, Gestaltungskonzeptionen, Umsetzungsprozessen
einschließlich Trainings im erheblichen Maße auf soziologisches Know-how gebaut; aber
eben nicht ausschließlich: generelle Orientierungen als Leitideen; die Leitungsposition und
-rollen; die Unternehmenskultur; Sinn- und Wertewandel; Verknüpfung von wertschöp-
fender Tätigkeit und Verbesserungen in Arbeitsstrukturen sowie -prozessen; Qualifizierung; Motivation; Entgelte; Arbeitszeiten; Karrieremuster; … zu allem kann aus soziologischer Perspektive Kontingenz beigesteuert werden, aber auch aus anderen. Allein bei der
Gestaltung von Gruppenarbeit reicht es nicht hin, die Arbeitsstrukturen und -beziehungen
zu bestimmen, sondern die arbeitsrechtlichen, technischen, ökonomischen und individuellen Aspekte in Leitungsentscheidungen waren einzubinden. An den Schnittstellen zu
anderen Professionen habe ich die Kooperation deshalb aktiv angesteuert und versucht,
sie mit den Kooperationspartnern zu Nahtstellen zu machen.

---

[4] Die Unterscheidung zwischen „disziplinärer" und „pragmatischer" Soziologie habe ich an anderer
Stelle begründet (vgl. Tolksdorf 2010a).

7.8 Generelle Aspekte pragmatischer Soziologie

Von Soziologie geleitete Aktion kann je nach Ausgangslage bei der Analyse der Sinnhaftigkeit in der internen Kommunikation und in den Regelungen, den Entscheidungsprozessen, dem Umgang mit Konflikten und Macht beginnen und reicht bis in die Interaktionen zwischen Angehörigen des Unternehmens, den Geschäftspartner/innen sowie der Öffentlichkeit. Die umfangreiche Beschäftigung in der Managementforschung und -lehre mit Fragen der Organisation und Führung schafft m. E. geradezu optimale Bedingungen für pragmatisch-soziologische Perspektiven, wenn man sich nicht selbst ausschließlich auf disziplinäre Forschung und Reflexion beschränkt. Gerade weil oftmals jene sozialen Themen von anderen Disziplinen (unbefangen) oder anderen Wissenssystemen innerhalb der Unternehmen besetzt sind, gibt es hier gute Chancen, mit soziologischen Perspektiven erfolgreich zu Entscheidungen sowie Lösungen beizutragen. Dabei sollte man den Anspruch an die eigene fachliche Kompetenz nicht überspannen, denn die mit dem Wandel z. B. oftmals verknüpften rechtlichen, psychischen, pädagogischen, ökonomischen und technischen Aspekte sind mit soziologischen Konstrukten allein nicht angemessen zu gestalten. Gerade Soziolog/innen sollte die Bedeutung differenter Codes der rechtlichen, psychischen etc. Systeme und Subsysteme bekannt sein und sie sollten von ihnen beachten werden. Erst die Grenzziehung fachlicher Reichweite macht Professionalität möglich, also das Orientieren an fachlichen Standards, und markiert zugleich, wo man die Grenze überschreitet. Um jenseits der Grenze nicht zu dilettieren, empfiehlt sich in aller Regel die Kooperation mit anderen Fachleuten.

Aus soziologischer Sicht ergeben sich in jeder Organisation z. B. mehr oder weniger Anknüpfungspunkte zur Machtverteilung und deren zu erwartender Wirkung innerhalb formaler und informaler sozialer Gefüge. Spätestens seit Max Weber lässt sich unter Rückgriff auf Soziologie trefflich dazu argumentieren. Ähnlich zu sozialen Konflikten. Diese und zahlreiche weitere Begriffe, wie „Kooperation", „Kommunikation", „Einfluss", „Struktur", „Handlung", „Arbeitsbeziehungen", „Ausdifferenzierung" usw. sind innerhalb der Soziologie wohl durchdachte und geprüfte Begriffe, mit denen sich innerhalb von Leitungsarbeit auch im Rahmen von Managementkonstrukten und insbesondere von Kaizen und Business Reengineering operieren lässt. Bedingung ist allerdings, dass die Anschlussfähigkeit in der Kommunikation mit Nichtsoziolog/innen hergestellt wird. Damit meine ich, dass die Konstrukte so formuliert werden, dass sie im Kern z. B. von Ingenieur/innen oder Ökonom/innen sowie ggf. auch von weiteren Zielgruppen verstanden werden können, die keine akademische Berufsvorbereitung absolviert haben. Das erfordert Übersetzungsgeschick und nicht selten zunächst auch Vereinfachung in Form von Modellen, Schemata oder anderen Visualisierungen, wie oben im Zusammenhang mit einem Zielvereinbarungssystem exemplarisch gezeigt und geschildert worden ist.

Entscheidend für die Herstellung solcher kommunikativer Anschlüsse ist, Anknüpfungspunkte in der jeweiligen anderen Sprach- und Denkweise ausfindig zu machen. Das Beispiel „Zielscheibe" ist der Alltagssprache entnommen, wird dann aber mit anderem Sinn aufgeladen. Oder wenn man sich mit Informatiker/innen über grundlegende

Wertorientierungen und spezielle Handlungsorientierungen verständigen will, können Analogien zu Betriebssystem und Anwenderprogrammen hilfreich sein. Solche und ähnliche Versuche gelingen umso besser, je genauer man zumindest die Grundlagen des/der Gegenüber selbst kennt. Zugleich steigt damit auch die Kooperationschance hinsichtlich der Situationen, in denen die anderen die Fachleute sind. Diese doppelte Anforderung, die soziologische Fachsprache für andere verständlich zu transformieren sowie bestimmte Aspekte nützlich zu machen und über grundlegende Kenntnisse anderer Sachgebiete zu verfügen, sind basale Kompetenzanforderungen der pragmatischen Soziologie (vgl. dazu auch Tolksdorf 2010). Die Vielfalt der disziplinären Soziologie als Orientierungskomplexe zur kontingenten Gestaltung von pragmatischen Lösungen zu verwenden, kann eine professionelle Herausforderung neben der Forschung sein.

Literatur

Baecker, D. (2011). *Organisation und Störung. Aufsätze.* Berlin: Suhrkamp.

Dahrendorf, R. (1992). *Der moderne soziale Konflikt: Essay zur Politik der Freiheit.* Stuttgart: DVA.

Glasl, F. (2010). *Konfliktmanagement: Ein Handbuch für Führungskräfte, Beraterinnen und Berater* (9. Aufl.). Bern: Haupt.

Hammer, M., & Champy, J. (1994). *Business Reengineering – Die Radikalkur für das Unternehmen.* Frankfurt a. M.: Campus.

Imai, M. (1993). *Kaizen. Der Schlüssel zum Erfolg der Japaner im Wettbewerb.* Frankfurt a. M.: Ullstein.

Liker, J. K. (2007). *Der Toyota Weg. 14 Managementprinzipien des weltweit erfolgreichsten Automobilkonzerns* (4. Aufl.). München: FinanzBuch.

Luhmann, N. (1984). *Soziale Systeme. Grundriß einer allgemeinen Theorie.* Frankfurt a. M.: Suhrkamp.

Luhmann, N. (2000). *Organisation und Entscheidung.* Opladen: Westdeutscher Verlag.

Mayntz, R. (1963). *Soziologie der Organisation.* Reinbek: Rowohlt.

Minssen, H. (1999). *Von der Hierarchie zum Diskurs? Zumutungen der Selbstregulation.* Mehring: Hampp.

Ohno, T. (1993). *Das Toyota-Produktionssystem.* Frankfurt a. M.: Campus.

Reiß, M., Lanz, A., & von Rosenstiel, L. (Hrsg.). (1997). *Change Management. Programme, Projekte und Prozesse.* Stuttgart: Schäffer-Poeschel.

Seeger, C. (Hrsg.). (2010). Schwerpunkt Change-Management. Harvard Business manager.

Schmidt, G. (1994). Einige „kritelnde" Anmerkungen zur Diskussion um „Lean Production". In H. Weber (Hrsg.), *Lean Management – Wege aus der Krise* (S. 61–64). Wiesbaden: Gabler.

von Schulz Thun, F. (1981). *Miteinander Reden 1. Störungen und Klärungen. Allgemeine Psychologie der Kommunikation.* Reinbek: Rowohlt.

Springer, R. (2009). *Survival of the Fittest: So verbessern Spitzenunternehmen mit Lean Management gleichzeitig ihre Prozesse und ihre Führungskultur.* München: FinanzBuch.

Tolksdorf, G. (2007). *Professionell Verhandeln in schwierigen Geschäftssituationen. Hörbuchausgabe.* Bremen: Medienverlag Kohfeldt.

Tolksdorf, G. (2010). Pragmatische Soziologie. *Sozialwissenschaften und Berufspraxis, 33,* 71–79.

Tolksdorf, G. (2010). Wem nützt Soziologie? *Soziologie heute, 5,* 6–11.

Weber, H. (Hrsg.). (1994). *Lean Management – Wege aus der Krise. Organisatorische und Gesellschaftliche Strategien.* Wiesbaden: Gabler.

Weber, M. (1921). *Wirtschaft und Gesellschaft.* Tübingen: Mohr.

Womack, J. P., Daniel, J. T., & Roos, D. (1992). *Die zweite Revolution in der Autoindustrie.* Frankfurt a. M.: Campus.

Womack, J. P. (2003). Womacks Weisheiten. Ein Interview. *McK Wissen, 2,* 72–77.

Diskursives Führen – Führen trotz Weisungsbefugnis

8

Bennet van Well und Kai Matthiesen

Inhaltsverzeichnis

8.1   Der Chef als Held erteilt die Weisung

Früher war alles einfacher, auch in den Vorstandsetagen. Im heroischen Zeitalter der Führung hatte der Mann an der Spitze immer recht (und es war fast immer ein Mann)[1] (vgl. auch Baecker 1994). Die Linienfunktionen führten lediglich aus, was er anordnete, und wenn er mal nicht Recht hatte, ging das Unternehmen eben mit ihm unter. Es war die goldene Ära der Grundigs, Quandts und Brauns. Heute ist alles etwas komplizierter. Umso erstaunlicher ist es, wie sich in manchen Führungsetagen versprengte Helden behaupten. Jeder kennt die fixierten Macher: Einzelkämpfer, die einen privilegierten Zugang zur Wahrheit genießen und komplexe Fragen mit vereinfachenden Antworten ersticken. Scheinbare Überflieger, die von manchem Aktionär, Analysten oder Mitarbeiter still verehrt werden

---

[1] Für die bessere Lesbarkeit wechseln wir von Abschnitt zu Abschnitt zwischen der weiblichen und der männliche Form ab. Dabei sind aber immer beide Geschlechter gemeint.

Dr. Bennet van Well ✉, Dr. Kai Matthiesen
e-mail: BennetvanWell@metaplan.com, KaiMatthiesen@metaplan.com

A. Bührmann et al. (Hrsg.), *Management ohne Grenzen*, DOI 10.1007/978-3-658-01262-5_8,   127
© Springer Fachmedien Wiesbaden 2013

– in der naiven Hoffnung, der da oben möge besser als alle Anderen wissen, wo es langgeht. Dabei sind die Führenden immer darauf angewiesen, dass die Geführten auch das tun, was man von ihnen braucht (vgl. Giddens 1984). Das galt zwar schon immer, in der Hypermoderne (vgl. Ortmann 2009) wandeln sich die Führungsparadigmen aber schneller als die Praktiken der vermeintlichen Helden. Führung ist gleich dreifach unter Druck: durch Vernetzung, durch erhöhte Komplexität und dadurch, dass diese Bedingungen nur durch Mitarbeiter mit hoher Qualifikation bewältigt werden können:

Vernetzung Fachkräfte, Unternehmen und Volkswirtschaften arbeiten hoch vernetzt. Je stärker vernetzt eine Organisation arbeitet, umso leistungsfähiger ist sie potenziell, umso geringer ist aber auch die Steuerungsautonomie der Führenden. Projekte ergänzen etablierte Prozesse, temporäre Partner kooperieren mit Stabsstellen, externe Dienstleister übernehmen die vormaligen Aufgaben interner Abteilungen. Anstatt lediglich Linienfunktionen zu dirigieren, müssen Führungskräfte heute auch noch ständig wechselnde Projektpartner orchestrieren. In einer vernetzten, in Echtzeit verknüpften Welt lassen sich die (Spät-)Folgen von Entscheidungen immer weniger abschätzen (vgl. Giddens 1990). Entscheidungen, die heute richtig erscheinen, können morgen zu ungeahnten Konsequenzen führen. Wer sie vermeiden und trotzdem etwas bewegen will, muss jene zu Rate ziehen, die es wissen und umsetzen müssen.

Komplexität Wer komplexe, unscharf definierte Aufgaben lösen muss, ist auf Zusammenarbeit angewiesen. Sie ist davon abhängig, dass die Akteurinnen mitdenken und ihre Ressourcen einbringen. Dazu aber muss sie erst einmal ihre Interessen deutlich machen – und jene ihrer Untergebenen und Umgebenden aufnehmen, die aus ihrer jeweilig anderen Perspektive zum Erfolg beitragen wollen. Tatsächlich wird die Ideen- und Informationsquelle Mitarbeiterin jedoch oft genug ignoriert. Mitarbeiterinnen behalten ihre Ideen und Hinweise für sich – aus Angst vor Repressionen oder im kuriosen Glauben, ihre Vorgesetzten wüssten es ohnehin besser (vgl. Detert und Treviño 2010).

Qualifikation Wer dennoch hochqualifizierte, anspruchsvolle Mitarbeiterinnen mit Anweisungen führen will, muss mindestens so schlau sein wie sie. Das aber überfordert selbst die bestausgebildetste Managerin.

Weil also die Anforderungen steigen, heißt das Schlüsselwort von Führung nicht Weisungsbefugnis, sondern Diskurs. Unter Diskurs verstehen wir aber alles andere als nur wertschätzendes Argumentieren, um so andere besser zu überzeugen. Wir wählen eine politische Sicht auf die Organisation (vgl. z. B. Pettigrew 1977; Crozier und Friedberg 1979; Küpper und Ortmann 1986; Ortmann 1988; Becker et al. 1990) und thematisieren die Spannungsverhältnisse rund um die Macht in Organisationen. Diese Spannungsverhältnisse müssen Gegenstand von Führung sein – jeweils im Diskurs mit den wichtigen Akteuren der Organisation. Diskursives Führen stellt Macht ins Zentrum – und zwar die Macht jenseits der Weisungsmacht qua Hierarchie. Wer keine Macht hat oder verkennt, welche Macht *und* welche Grenzen er als Akteur hat, kann nichts durchsetzen. Und wenn Führende kein Interesse verfolgen, ignorieren sie ihren Auftrag in der Organisation. Diskursives Führen ist machtbewusstes Führen, im Umfeld system-immanent widersprüchlicher Interessen. Wer Macht ins Zentrum rückt, führt trotz Weisungsbefugnis.

Arbeitsteilung produziert relevante Ungewissheitszonen Wir zeigen im Folgenden auf, dass durch Arbeitsteilung in Organisationen relevante Ungewissheitszonen entstehen. Diskursive Führung bedient dabei drei Dimensionen: Verständigung, Vertrauen und vor allem Macht. Wir argumentieren, dass eine Organisation ein soziales System ist, das aus dem *Versuch* planmäßigen und zielorientierten Zusammenwirkens von Akteuren entsteht. Organisationen gliedern ihre Aufgaben arbeitsteilig und bilden so unterschiedliche Einheiten aus. Diese Einheiten agieren zunächst unabhängig voneinander. Dank Arbeitsteilung kann sich jede auf ihre Teilaufgabe konzentrieren; sie kann sich spezialisieren und spezifische Kriterien professioneller Exzellenz hervorbringen. Das ist die Stärke von Organisationen. Damit entwickelt jede Einheit aber auch eigene Auffassungen von dem, was sie für richtig und für wichtig hält. Sie entwickelt also eigene Auffassungen darüber, was als vernünftig gilt. In die Auffassungen flechten sich Interessen ein. Mit Interessen wird beschrieben, was Akteure für sich erreichen oder abwehren wollen. Auffassungen und Interessen leiten das Handeln der Akteure an. Sie wirken zugleich als Wahrnehmungs- und Bewertungsfilter. Cyert und March (1963) nennen dies lokale Rationalitäten.

So wird z. B. der Produktionsvorstand eine Produktneuentwicklung ganz anders bewerten als ein Entwicklungsvorstand. Dem einen mögen die neuen Produktmerkmale ein Dorn im Auge sein, weil sie seine Produktionskosten nach oben treiben. Der andere ist besonders überzeugt von diesen Merkmalen, weil sie eine echte Innovation zur Marktreife bringen. Nur am Rande sei erwähnt, dass die Kosten dieser Innovation oft genug in der Produktion anfallen, die Früchte aber der Entwicklung zugeschrieben werden.

Zum Problem jeder arbeitsteiligen Organisation wird die andere Seite der Arbeitsteilung, die notwendige Integration der Arbeit. Damit die Organisation zu einem Ergebnis kommt, muss nicht nur die Arbeit der Einheiten für sich genommen „vernünftig" sein, sie muss auch sinnvoll zusammengefügt werden. Wenn das Leistungspotenzial von Organisationen auf der Arbeitsteilung basiert, so liegt darin zugleich die größte Herausforderung. Was vorher geteilt wurde, passt so einfach nicht mehr zusammen. Es entstehen Ungewissheitszonen (vgl. Crozier und Friedberg 1979), gerade weil durch die Arbeitsteilung bestimmte Akteure für die Erledigung bestimmter Aufgaben zuständig sind und andere Akteure in der Erledigung ihrer Aufgaben von dieser Leistung abhängig sind. Die Ungewissheitszonen haben drei Aspekte:

1. Es herrscht wechselseitige Unsicherheit über die Auffassungen und Interessen der „anderen", welche Denkgebäude sie wohl nutzen, welche Ziele sie für sich verfolgen, welche Unannehmlichkeiten sie zu vermeiden suchen, was aus ihrer Sicht Sinn ergibt. Diese lokalen Rationalitäten entwickeln sich notwendig in relativer Autonomie zu anderen der Organisation. Auch die Vorgesetzten haben nur einen bedingten Einfluss darauf, wie

lokale Rationalitäten sich entwickeln. Zudem übernehmen sie selbst ja arbeitsteilig Aufgaben; folglich entwickeln auch sie lokale Rationalitäten.

2. Um das Potenzial der Arbeitsteilung nutzen zu können, brauchen Akteure Freiräume. Nur wenn menschliche Arbeit nicht durch Regeln, Strukturen, Praktiken und kleinteilige Kontrolle und Überwachung im Detail vorgeschrieben, sondern eigenwillige Gestaltung zugelassen wird, entfaltet sie ihr Potenzial (vgl. Friedman 1987). Was aber kann ein Akteur bei anderen beobachten und kontrollieren, um sicher zu sein, dass die anderen den Freiraum auch „vernünftig" nutzen, also verlässlich in seinem Sinne agieren? Die Ungewissheitszone bleibt ja verborgen.

3. Wer für andere Probleme löst – also für sie Ungewissheitszonen kontrolliert –, kann von ihnen etwas verlangen. Dies aber nur soweit und solange dieser Akteur bzw. seine Leistung nicht ersetzbar ist. Diese Problemlösung kann darin bestehen, dass man einfach „seine Arbeit" macht. Zur Quelle von Macht wird die Kontrolle der Ungewissheitszone, wenn ein anderer Akteur ein relevantes Problem hat, das er selbst nicht lösen kann und dessen Lösung auch kein dritter übernehmen kann. Wirklich relevant wird eine Ungewissheitszone aber vor allen Dingen dadurch, dass derjenige, der sie kontrolliert, sie zugleich ungewiss halten muss. Kontrolliert er sie vollständig – löst er das Problem also immer und zu 100 % zuverlässig –, herrscht keine Ungewissheit mehr und er kann nichts im Austausch für die Kontrolle verlangen. Kontrolliert er sie nicht hinreichend, verwirkt er seinen Anspruch ebenso.

Kurz: In Organisationen als arbeitsteiligen sozialen Systemen entstehen notwendig Ungewissheitszonen, die sich dreifach zeigen: *Verständigung* wird schwierig, weil die Akteure lokale Rationalitäten ausbilden, die ihre Sicht der Dinge und ihre Wahrheit beinhalten, die aber ggf. denen anderer Akteure widersprechen. *Vertrauen* wird heikel, weil man anderen die Kontrolle von Ungewissheitszonen überlassen muss, um die eigene Arbeit gut machen zu können. *Macht* ist konstitutiv, weil derjenige, der für andere Probleme lösen kann – oder in der Lage ist, dies zu verweigern – bei diesen ein Verhalten einfordern kann, was sie spontan nicht annehmen würden.

Wir gehen also davon aus, dass Akteurinnen lokalen Rationalitäten folgen, die untrennbar mit ihrer Position in einer Organisation verbunden sind. Das heißt auch, dass sie Interessen verfolgen, die mit ihrer Position verbunden sind. Wenn eine etwas will und Akteurin einer arbeitsteiligen Organisation ist, dann muss sie sich 1) verständigen, muss sie 2) vertrauen, aber zugleich auch 3) machtvoll handeln, um ihre Sache durchzubringen. Verständigung und Vertrauen als Verhaltenserwartungen sind leicht anschlussfähig an Harmonieerwartungen der gängigen Führungsrezepte – alleine Macht wehrt sich gegen die Vereinnahmung in ein paradiesisches Organisationserleben. Doch auch Verständigung und Vertrauen haben ihre Tücken.

8.2 Alle haben Recht, aber es gibt nur eine Wahrheit

In der Organisation gibt es stets eine Mehrzahl gültiger und legitimer Sichten auf die Organisation. Der CEO, der Vorstand oder die zuständigen Stäbe haben jeweils weitere Sichtweisen – nicht die richtigen. Und auch beauftragte Berater folgen ihrer lokalen Rationalität mit ihrer spezifischen Sicht. Die hierarchisch oder fachlich zuständigen Akteure eines Unternehmens steuern also jeweils nur eine Perspektive bei. Dabei verfolgen sie nur vermeintlich „das" Unternehmensinteresse. Denn auch sie haben ihre eigene lokale Rationalität – was als „das" Unternehmensinteresse angesehen wird, hängt eben von der jeweiligen Position ab. Aus ihrer Position mag es für Vorstände z. B. rational sein, die Strategie auf eine Steigerung des Gewinns auszurichten. Andere Akteure bewerten das ggf. ganz anders; z. B. dann, wenn Entwicklungsprojekte gestoppt werden, weil man von ihnen zu wenig Ertrag erwartet. Oder wenn z. B. ganze Unternehmensbereiche, die eine geringere Profitabilität aufweisen, veräußert werden.

Die Wahrheit ist konkret Gerade wenn es darum geht, z. B. die Ressourcenverteilung oder andere „Entscheidungsprämissen" (Luhmann 2000) zu verändern, ist der Umstand unterschiedlicher lokaler Rationalitäten besonders herausfordernd. Denn strategische Entscheidungen über Entscheidungsprämissen sind Richtungsentscheidungen, für deren Umsetzung es keine vorgefertigten Konzepte gibt (vgl. Narayanan und Fahey 1982, S. 25). Das heißt, sie beeinflussen das Machtgefüge der Organisation. Zudem bestehen – anders als bei „wenn-dann-Entscheidungen" – eine hohe Ambiguität und hohe Freiheitsgrade. Es könnte falsch sein; es könnte richtig sein; es könnte so und auch anders gehen. Nicht zuletzt binden solche Entscheidungen Ressourcen längerfristig, Ressourcen, um die es Konkurrenz gibt. Entscheidungen über Entscheidungsprämissen sind also potenziell besonders umstritten – gerade weil es kein „richtig und falsch" gibt. Es gibt nicht eine Wahrheit der Erkenntnis, sondern nur die „Wahrheit" des Handelns. Selbst wenn das Handeln von allen anders bewertet wird, geht es für die, die diskursiv führen will, doch darum, etwas voran zu bringen. Verständigung ist bei diskursivem Vorgehen deshalb nicht gleichzusetzen mit Konsens, sondern bedeutet Verständigung auf gemeinsames Handeln *trotz* unterschiedlicher Bewertungen und Sichtweisen. Wer handelt, schließt die Ungewissheit.

Verständlich machen und vermitteln Wer heute in der Organisation etwas voran bringen will, stößt unweigerlich auf die Interessen und Denkstrukturen der Akteure. Die sind teilweise widerstrebend, manchmal gar unvereinbar. Genau das macht die Einigung so schwer. Hier können sich die Führenden engagieren, indem sie zwischen den Akteuren vermitteln und für Verständigung sorgen. Verständigung umfasst die beiden Aspekte verständlich machen und vermitteln. *Verständlich machen* heißt, die unterschiedlichen Sichtweisen den anderen inhaltlich und gedanklich zugänglich zu machen. Erst wenn sie bei der jeweils anderen Seite angekommen sind (und dort aufgenommen wurden), können sie auch reflektiert werden. Demnach geht es hierbei um die Aufbereitung der Argumente, der Inhalte und der Logik der Argumentation, sowie neben Anknüpfungspunkten auch um die Kurzschlüsse. *Vermitteln* heißt, die Auffassungen aufeinander zuzuführen, indem unterschiedliche Positionen gewürdigt, Anknüpfungspunkte ausgelotet werden und Einvernehmen über einen Aktionskurs hergestellt wird. Wer sich verständigt, reduziert die Ungewissheit.

Welche Neuheit ist schon neu? Einvernehmen kann inhaltlich hergestellt werden. Hier wird durch die Unterschiede der Auffassungen die eigene Perspektive geweitet. Aber gerade wenn die Positionen gegensätzlich sind, werden die Argumente „der Anderen" aus der eigenen Sicht bewertet und oft reflexartig als bekannt oder falsch abgetan. Ein Wandel der Überzeugungen oder gar eine Annäherung sind so kaum zu erzielen. Ein Ausweg aus diesem Dilemma sind neue Einsichten und Argumente. Auf Positionen, die für alle Parteien neu sind, kann man sich eher verständigen. Die neuen Einsichten und Argumente können von den Führenden selbst kommen. Oft genug aber sind schon Argumente und Meinungen in der Organisation vorhanden, die diesem Anspruch genügen würden. Akteurinnen mit guten Ideen, Weitblick und Expertise halten aber entweder mit ihren Kenntnissen hinter dem Berg oder werden, gerade weil ihre Argumente neu und anders sind, nicht gehört. Diese Positionen gilt es herauszuarbeiten, in den Diskurs einzubringen und so eine Diskussion zu stimulieren, die neue Einsichten in der Organisation erzeugt. Einvernehmen entsteht aber auch durch die Einsicht, dass eine Seite ihre Interessen im Zweifel auch gegen Widerstand von anderen sichern wird. Folglich sind es nicht nur gewonnene und geteilte Überzeugungen, sondern auch Machtverschiebungen, die die Verständigung über den Aktionskurs hervorbringen.

Denken ist Probehandeln Wenn der Aktionskurs von den wichtigen Akteuren getragen wird, dann wird der Diskurs darüber bereits zum Probehandeln. Das Erarbeiten wird zum ersten Schritt der Umsetzung. Erarbeiten, Mitdenken und Verhandeln erzeugt eine Verpflichtung. Wer im Diskurs seine Interessen und Ansichten einbringen konnte, der kann sich ihrer Umsetzung schwer entziehen. So entgeht man der Umsetzungsfalle (vgl. Schnelle 2006), weil die Verantwortung für die Erarbeitung und Umsetzung in einer Hand bleibt. Wer um Verständigung ringt, zielt also nicht auf Konsens. Wer diskursiv führt, zielt auf die Verständigung zur Aktion. Gerade unter den komplexen Bedingungen der Moderne handelt man zwar immer unter Ungewissheit. Wer jedoch diejenigen in die Verständigung bringt, die zur Sache relevantes beitragen können oder die etwas umsetzen müssen, hat größere Erfolgschancen. Nicht etwa werden alle oder die „Betroffenen" schlechthin zur Verständigung gebracht, sondern eben nur die, die man braucht.

8.3 Nur wer kontrolliert, kann wirklich vertrauen

Betont man in Organisationen den Stellenwert von Vertrauen, erntet man unmittelbar Zustimmung. Viele meinen damit aber entweder Sympathie oder Vertrauen in Personen und deren Persönlichkeit (vgl. Davis et al. 2007). Ganze Heerscharen von Trainerinnen gestalten auf Grundlage dieser Haltung Teamentwicklungen mit Vertrauensübungen, die genau auf personales Zutrauen und Sympathie durch gemeinsames Erleben abzielen. Wer Vertrauen darauf reduziert, vergibt Potenzial in arbeitsteiligen Organisationen, denn Vertrauen erweitert die Handlungsmöglichkeiten von Akteurinnen jenseits personaler Beziehungen.

Wer vertraut, geht ein Risiko ein Wer anderen Akteuren vertraut, verlässt sich auf deren guten Willen und ihre Kompetenz, nicht in erster Linie auf deren Charakter. Akteure, die vertrauen, überlassen anderen die Kontrolle über eine Ungewissheitszone; sie lassen die anderen ihre Arbeit machen (vgl. Davis et al. 1995). Vertrauen in Organisationen bedeutet aber, ein Risiko einzugehen, ob die anderen auch tatsächlich die Leistung erbringen, die man selbst als Akteur braucht, um seine Interessen zu sichern. Diese Ungewissheitszone lässt sich nicht durch Sympathie überbrücken. Üblicherweise versuchen Organisationen Praktiken festzulegen, welche die Notwendigkeit zu vertrauen reduzieren sollen, z. B. durch Regularien, Prozesse und Programme. Dies verursacht Transaktionskosten und Kontrollaufwand. Organisationen, die solche Regelungen sparsam einsetzen, reduzieren dagegen Transaktionskosten, erweitern die Handlungsmöglichkeiten und erhöhen die Flexibilität der Organisation. Sie setzen darauf, dass Abkürzungen im Sinne guter Problemlösung gewählt werden und dass man mit Augenmaß einen Ausgleich findet.

Dort wo Ungewissheitszonen wenig relevant oder klein sind, braucht es geringes Vertrauen. Damit ist dann aber entweder die Arbeitsteilung gering oder es wird versucht, die Art und Weise, wie die Ungewissheitszone ausgefüllt wird – also wie ein Akteur seine Arbeit erledigt –, z. B. durch formale Regeln festzulegen. Dort wo die Ungewissheitszonen groß sind, braucht es entweder großes Vertrauen oder es reichen Kleinigkeiten, um das Vertrauen zu stören; womit wiederum das Potenzial der Arbeitsteilung vertan wird. Sind die Ungewissheitszonen zu groß oder gar nicht einschätzbar, bleibt nur blindes Vertrauen.

Nur blindes Vertrauen ist fragil Will man über Vertrauen das Potenzial der Arbeitsteilung heben, muss man deshalb auf Kontrolle setzen (vgl. Krebs et al. 1995 in Bezug auf Unternehmungsnetzwerke). Aber eben nicht auf die Kontrolle der Ungewissheitszone. Die muss man – wenn es um Vertrauen geht – denen überlassen, deren Aufgabe es ist. Es geht nicht um Vertrauen *oder* Kontrolle im Sinne eines Kontinuums. Das Kontinuum setzt auf Kontrolle auf der einen Seite gegenüber blindem Vertrauen auf der anderen. Blindes Vertrauen ist in machtdurchtränkten Kontexten wie modernen Organisationen jedoch zu fragil. Deshalb liegt die Erhöhung von Kontrolle durch direkte Eingriffe und detaillierte Eingriffe zunächst nah. Statt auf Vertrauen *oder* Kontrolle zu setzen, gilt es vielmehr ein Spannungsverhältnis von Vertrauen *und* Kontrolle auszutarieren. Es gilt herauszufinden, was *außerhalb* der Ungewissheitszone so kontrollierbar gemacht werden kann, dass Akteurinnen bereit sind, ein Risiko in Bezug auf die Kontrolle der Ungewissheitszone durch andere einzugehen. Oft genug sind dies informelle Regeln und Absprachen zwischen Akteurinnen, die über die Zeit etabliert werden. Genauso können aber Ergebniskontrollen wie z. B. KPIs Vertrauen ermöglichen. Die Einhaltung können Akteurinnen wechselseitig kontrollieren, ohne in den Kompetenzbereich der anderen einzugreifen, und so durch

Kontrolle vertrauen. KPIs sind ja nichts anderes als Ergebniskontrollen von eigenverantwortlichen Praktiken der Akteurinnen.

Weiche Faktoren hart gespielt Wie sieht das strukturell aus? Die Führende ist nicht einfach aufgefordert Vertrauen zu haben. „Vertraue mir!" ist ein Paradoxon, weil gerade die Aufforderung zu Vertrauen als Warnsignal gewertet wird. Vertrauen muss sich also ergeben. Und dennoch geschieht das nicht einfach, sondern ist wiederum Führungsaufgabe. *Zum einen* setzt die Führende ihre Macht ein, um Entscheidungsprämissen so einzurichten, dass das Maß an Kontrolle erzeugt wird, was es ihr selbst erlaubt, bezüglich der in diesem Rahmen gewährten Autonomie zu vertrauen. So wird z. B. ein Jahresbudget für Investitionen und eine Höchstsumme für Einzelinvestitionen festgelegt. Bleiben Investitionsentscheidungen unterhalb des Betrages und im Rahmen des Budgets, so werden diese nicht einzeln durch die nächst höhere Ebene kontrolliert. Controlling-Funktionen übernehmen die summarische statt einer detaillierten Kontrolle. Die interne Audit Funktion könnte zum Einsatz kommen. In einem nicht näher definierten Umfang wird man dann sogar darauf vertrauen, dass die Umgehung dieser Regeln vertrauenswürdig ist, wenn z. B. Investitionen über die Grenzen des Budgetjahres verschoben werden oder so gestückelt werden, dass eine Genehmigung nicht notwendig ist. Anders formuliert, sollte die Arbeitsteilung so gestaltet sein, dass nicht jede Abweichung von vereinbarten oder benötigten Ergebnissen als Vertrauensbruch gewertet wird.

Zum anderen kann die Führende in Einzelentscheidungen darüber bestimmen, ob sie größere Autonomie der Geführten gewährt, ihr mehr Vertrauen einräumt, und damit implizit auch vertrauenswürdiges Verhalten einfordert. Wenn dieses Vorgehen erfolgreich ist, kann man von Engelskreisen sprechen (vgl. Ortmann 2009). Schrittweise geht die eine wie die andere Seite mehr ins Vertrauen. Der erste Schritt ist leichter von derjenigen zu gehen, die mehr Macht hat. Das Resultat kann eine „Vertrauenskultur" sein, welche einer Organisation die Responsivität verleiht, die in dynamischen Umfeldern benötigt wird. Es gilt auszutarieren, was erste, leicht zu gehende Schritte sind, die keine Seite überfordern.

8.4 Macht macht abhängig

Akteur zu sein bedeutet, Ressourcen einzusetzen (vgl. Giddens 1984; Windeler 2001; van Well 2001, S. 74 f.). Wenn das gleich gesetzt wird mit Machtausübung, dann heißt das: Jedes Handeln ist machtvoll, denn Akteure greifen stabilisierend oder verändernd in die Welt und das Handeln anderer Akteure ein. Da dies jedoch für alle Akteure gilt, ist das eigene Handeln immer zugleich von dem anderer abhängig. Die Chancen zur Machtausübung sind in Organisationen jedoch für Akteure asymmetrisch verteilt. Egal wie groß diese Asymmetrie ist, können Akteure dennoch immer anders handeln und damit einen Unterschied machen – also anders handeln als eigentlich vorgesehen; sonst wären sie keine Akteure. Damit haben sie erstens stets Einfluss auf das Ergebnis der Organisation. Zweitens ist aber das Handeln der Überlegenen auf jeden Fall auch von dem der Unterlegenen abhängig. Jede Abhängigkeit von Akteuren bedingt so drittens immer eine Autonomie derselben. Akteure stehen damit generell zu anderen Akteuren in einem Spannungsverhältnis von Autonomie und Abhängigkeit. Genau dies meint die Figur der Kontrolle relevanter Ungewissheitszonen. In Organisationen unterliegen die Akteure dank Arbeitsteilung und Integration immer der Ungewissheit, ob andere auch so handeln, wie man selbst es für vernünftig hält, wie man es erwartet und wie man es für seine eigene Leistung benötigt.

Die vier typischen Machtquellen in Organisationen Erwächst Macht in Organisationen aus der Kontrolle von Ungewissheitszonen, ist es sinnvoll, vier typische Quellen zur Kontrolle von Ungewissheitszonen zu unterscheiden (vgl. in Anlehnung an Crozier und Friedberg 1979, S. 50 ff.):

1. *Wissen* – Expertinnen beherrschen Wissensgebiete, die anderen nicht ohne weiteres zugänglich sind. Z. B. weiß die IT-Verantwortliche oder tut gut daran zu wissen, dass es notwendig ist, ein bestehendes ERP-System durch SAP abzulösen und wie dies wohl mit wenig Störungen zu schaffen ist.
2. *Beziehungen* zu relevanten Umweltsegmenten – Relaisstellen zu solchen Umwelten, die für andere Akteurinnen relevant sind, können aus diesen Umwelten berichten und diese Perspektive nach eigenem Gutdünken einbringen. Z. B. weiß die Vertriebsverantwortliche, welche Produkteigenschaften unbedingt in der neuen Version enthalten sein müssen, weil die Kundinnen genau danach verlangen.
3. *Informations- und Kommunikationskanäle,* und zwar nicht nur technischer Art – Die Akteurin hat Zugang zu Informationen oder anderen relevanten Akteurinnen und sie ist nicht so ohne weiteres zu umgehen. Z.B. gewährt das Vorstandssekretariat keinen Termin beim Vorstand, da wichtigere Termine dies verbieten.
4. *Regeln* – formale und informale Regeln regulieren die Praktiken der Akteurinnen. Regeln sind Prozeduren, denen gefolgt werden muss und die zu Ungewissheitszonen werden, weil Akteurinnen ihre Interpreten sind. Regeln sollen dabei zwar Ambiguität ausschalten, indem sie Handeln festlegen. Sie eröffnen aber zugleich neue, weil sie interpretationsbedürftig sind. Z. B. wird eine Matrix-Berichtsstruktur eingerichtet, die eine weitere Berichtslinie eröffnet, deren Ausgestaltung aber nicht im Detail vorab zu regeln ist.

Macht wird hier allerdings nicht als grundsätzlich konfliktär verstanden, sondern als Chance einer Akteurin, ihren Willen *auch* gegen Widerstand anderer Akteurinnen durchzusetzen (vgl. Weber 1976). Macht ist demnach kein Besitzstand, sondern beschreibt die Bedingungen einer Austauschbeziehung, in der eine Akteurin gegenüber einer anderen begünstigt ist (vgl. Küpper und Ortmann 1986).

Wer diskursiv führt, bringt Macht in Spiel. Die entscheidende Machtquelle der Hierarchen ist die Regel, genauer gesagt die Interpretation formeller und informeller Regeln, welche darüber bestimmen, wie Arbeit geteilt und integriert wird. Wer diese Ungewissheitszone kontrolliert, tut gut daran, sich ihrer auch zu bedienen. Auch hier gilt: Die Interpretation der Regel muss einerseits hinreichend klar sein. Andererseits muss sie vage genug bleiben, um sie weiter ungewiss halten zu können. Doch wie nutzt einer diese Macht in einem komplexen, ja geradezu unkontrollierbaren Kontext, in dem jede Entscheidung falsch wie richtig sein kann?

Wer für Verständigung sorgt, hat eine harte Zeit Wer als Führender ernst genommen werden will, wartet nicht ab, bis sich die Akteure im mikropolitischen Spiel aufgerieben haben. Wer nur abwartet, spielt das alte Spiel des „teile und herrsche", schwächt seine Organisation und kontrolliert die Ungewissheitszone eben nicht. Statt so zu handeln, gilt es, lokale Rationalitäten – oder vielmehr Akteure – gezielt in Auseinandersetzung zu bringen; und zwar dort, wo eine Verständigung erforderlich ist und zu neuen Einsichten führen kann. Wenn beispielsweise die Produktentwicklung eines Anlagenbauers zwar technisch Richtungsweisendes entwickelt, aber zentrale Features ignoriert, die der Vertrieb zur Überzeugung der Investoren braucht. Der Vertrieb mag sich seinerseits mit Verweis auf die fehlenden Features weigern, die technischen Neuerungen in die Vertriebsargumentation aufzunehmen. Führungskräfte auf der darüber liegenden Ebene, die dieses Thema aufgreifen und die beteiligten Akteure in die Verständigung zwingen, statt wie üblich die Schuldigen für den ausbleibenden Verkaufserfolg zu suchen, haben eine harte Zeit. Schließlich müssen sie sich in die Argumentation beider Seiten tiefer hineindenken, als diese selbst das tun. Und der Fall liegt selten so klar auf der Hand. Die Verständigung auf ein Handeln liegt eben nicht im Konsens. Beide Seiten kontrollieren ja eine relevante Ungewissheitszone der Organisation. Während die einen das Expertenwissen kontrollieren, sind die anderen die Relais zur Umwelt. Und beide haben aus ihrer Perspektive Recht. Schließlich kostet es etwas, wenn Features entwickelt werden. Es ist zugleich aufwändig, eine neue Produktargumentation mit unbekannter Technologie zu entwickeln und im Vertrieb durchzusetzen. Diskursive Führung nutzt hier die Ungewissheitszone der formalen und informalen Regelsetzung und -interpretation, um die Akteure zu einer Verständigung zu führen.

Vertrauen muss man durchsetzen Führende können auch Vertrauen zwischen Akteurinnen, die an sie berichten, nicht verordnen. Auch hier ist es zunächst eine Frage der Arbeitsteilung, welches Risiko den Akteurinnen zugemutet wird. Wenn beispielsweise sämtliche Entwicklungs-Ingenieurinnen eines Anlagenbauers der Forschung & Entwicklung zugeordnet sind, kann das Risiko langer Wartezeiten im Bereich Produktion zu groß sein: Wenn der Bereich Produktion die Anlagen optimieren oder vereinfachen will, um Produktionskosten zu senken, müsste er darauf vertrauen, dass der Bereich F&E zeitnah Entwicklungsressourcen zur Verfügung stellt. Solange es weder konkrete Ansprechpartnerinnen für den Bereich Produktion gibt, noch dedizierte Ingenieurinnen, die ausschließlich für Produktänderungen zuständig sind, wird es immer Misstrauen gegenüber dem Bereich F&E geben. Die Produktion wird entsprechend massive Forderungen mit kurzen Fristen stellen und regelmäßig höhere Instanzen zur Lösung auffordern, um ihr Risiko zu reduzieren. Hier liegt es in der Macht der Führung, die Arbeitsteilung „sinnvoll" zu verändern. Was sinnvoll ist, ist eine Frage der aus Verständigung gewonnenen neuen Erkenntnisse und Ideen. Piloten können helfen, die wechselseitige Verlässlichkeit auf den Prüfstand zu stellen, ohne dass zu viel auf dem Spiel steht. Im Fall des Anlagenbauers wäre ein solcher Pilot z. B. die Benennung von verantwortlichen Ingenieurinnen für *ein* spezifisches Projekt. Hier bleibt die Ungewissheitszone Kontrolle von Expertenwissen zwar noch weiter in der Hand des Bereichs F&E. Der Bereich Produktion kann aber durch die Zuordnung von Ingenieurinnen für ein Projekt im Ergebnis kontrollieren, ob die Leistung nach seinen Erfordernissen erbracht wurde. Am konkreten Beispiel des Piloten können die Akteurinnen eine neue Form der Kooperation testen, ohne die Vorteile der Arbeitsteilung aufzugeben.

Wer ernst genommen werden will, entscheidet Wer diskursiv führt, sichert sich seine Macht auf zweierlei Weise: Erstens, indem er diejenigen einbezieht, die für ein Vorhaben gebraucht werden; entweder weil sie etwas von der Sache verstehen und/oder weil sie etwas verstehen müssen, um es umzusetzen. Dies sichert die Macht im Außenverhältnis zu anderen Bereichen, weil man etwas im eigenen Verantwortungsbereich voran bringt. Zweitens, indem er Entscheidungen trifft. Egal wie viele Workshops, Analysen oder Sondierungen durchgeführt werden, in einer arbeitsteiligen Ökonomie mit entsprechenden Komplexitäten bleibt Ungewissheit. Es ist also vornehmste Aufgabe und Machtquelle von Führenden, Entscheidungen zu treffen und damit die Ungewissheitszone der Ungewissheit zu kontrollieren. Wie genau entschieden wird, was, mit welcher Tragweite und wann, dies muss und kann ein Führender sich vorbehalten – ungewiss halten, und eben nicht den Analysen oder deren Autoren überlassen. Wer aber als diskursiv Führender ernst genommen werden will, entscheidet – unter Ungewissheit. Genau hier wird also eigene Ungewissheit über die Richtigkeit einer Entscheidung zur Kontrolle einer Ungewissheitszone für die Organisation und somit zur Machtquelle. Das Schließen der Ungewissheit durch eine Entscheidung zeigt die Funktion der Führung in der Arbeitsteilung.

8.5 Wer Macht hat, hat mehr Chancen als andere

Die Steuerungsfantasien von Führenden greifen nicht erst in der Hypermoderne zu kurz (vgl. Ortmann 2009). Doch gerade diese Hypermoderne mit ausdifferenzierten gesellschaftlichen Sphären, hoher organisationaler und interorganisationaler Arbeitsteilung und Mechanismen der Raum-Zeit-Bindung über moderne Kommunikationsmedien schafft für das Führen von Organisationen komplexe Bedingungen. Jeder Führungsimpuls, mit dem eine bestimmte Intention verfolgt wird, bringt auch unintendierte Konsequenzen hervor. Was man anrichtet, kann man ggf. ebenso wenig überblicken, wie die Tatsache, dass und wie die Ergebnisse dieses Führungsimpulses wiederum unerkannt die Bedingungen des nächsten Führungsimpulses beeinflussen (vgl. Giddens 1984, 1990; Ortmann 2009).

Zumindest in der Sphäre der Ökonomie haben aber die, die wesentliche Ressourcen kontrollieren, die größeren Chancen, ihre lokale Rationalität als die gültige durchzusetzen und festzulegen, worüber sich die Akteure verständigen müssen, was vertrauenswürdiges Handeln ist, wie groß die Ungewissheitszonen sind und bei Vertrauensbruch Sanktionen durchzusetzen. Wer Machthaber ist, hat die Chance, in Führung zu gehen; d. h. die Chancen der Arbeitsteilung nutzen und zugleich eine Integrationsleistung zu vollbringen, die seinen Intentionen dient. Führende sind und bleiben dabei immer davon abhängig, dass die Geführten auch in ihrem Interesse handeln. Wer diskursiv führt, hat größere Chancen, seine Interessen durchzusetzen, weil er das Potenzial der Arbeitsteilung nutzt, indem er für Verständigung sorgt, Vertrauen ermöglicht und Entscheidungen trifft, wo Ungewissheit überwunden werden muss. Und gerade in den Organisationen der Hypermoderne steigt die Ungewissheit und sind Entscheidungen damit dringlicher denn je. Dabei ist die Weisungsbefugnis geradezu das Gegenteil von Führung. Wer anweist, lässt die Klaviatur des Diskursiven Führens ungenutzt und vergibt das Potenzial der Organisation. Wer anweist, verkennt die guten Gründe seiner Untergebenen. Wer anweist, muss detailliert kontrollieren, dass seine Weisungen befolgt werden. Wer anweist, schwächt die eigene Position, denn der Dienst nach *Vorschrift* ist die wirkungsvollste Sabotage.

Literatur

Baecker, D. (1994). *Postheroisches Management. Ein Vademecum*. Berlin: Merve.

Becker, A., Ortmann, G., Schulz, H.-J., & Windeler, A. (1990). *Computer und Macht in Organisationen. Mikropolitische Analysen*. Opladen: Westdeutscher Verlag.

Crozier, M., & Friedberg, E. (1979). *Macht und Organisation*. Königstein: Atheanäum.

Cyert, R. M., & March, J. G. (1963). *A Behavioral Theory of the Firm*. Englewood Cliffs: Prentice-Hall.

Davis, J. H., Mayer, R. C., & Schoormann, F. D. (1995). An Integrative Model of Organizational Trust. *Academy of Management Review, 20*, 709–734.

Davis, J. H., Mayer, R. C., & Schoormann, F. D. (2007). An Integrative Model of Organizational Trust: Past, Present and Future. *Academy of Management Review, 32*, 344–354.

Detert, J. R., & Treviño, L. K. (2010). Speaking Up to Higher-Ups: How Supervisors and Skip-Level Leaders Influence Employee Voice. *Organization Science, 21*, 249–270.

Friedman, A. (1987). Managementstrategien und Technologie: Auf dem Weg zu einer komplexen Theorie des Arbeitsprozesses. In E. Hildebrandt, & R. C. Seltz (Hrsg.), *Managementstrategien und Kontrolle. Eine Einführung in die Labour Process Debate* (S. 99–131). Berlin: Edition Sigma.

Giddens, A. (1984). *The Constitution of Society. Outline of the Theory of Structuration*. Berkeley: University of California Press.

Giddens, A. (1990). *The Consequences of Modernity*. Cambridge: Polity Press.

Küpper, W., & Ortmann, G. (1986). Mikropolitik in Organisationen. *Die Betriebswirtschaft, 46*, 590–602.

Luhmann, N. (2000). *Organisation und Entscheidung*. Opladen: Westdeutscher Verlag.

Narayanan, V. K., & Fahey, L. (1982). The Micro-Politics of Strategy Formulation. *Academy of Management Review, 7*, 25–34.

Ortmann, G. (1988). Macht, Spiel, Konsens. In W. Küpper, & G. Ortmann (Hrsg.), *Mikropolitik: Rationalität, Macht und Spiele in Organisationen* (S. 13–26). Opladen: Westdeutscher Verlag.

Ortmann, G. (2009). *Management in der Hypermoderne. Kontingenz und Entscheidung*. Wiesbaden: VS.

Pettigrew, A. M. (1977). Strategy Formulation as a Political Process. *International Studies of Management & Organization, 7*, 78–87.

Schnelle, W. (2006). *Diskursive Organisations- und Strategieberatung*. Norderstedt: Books on Demand.

Krebs, M., Loose, A., Sydow, J., van Well, B., & Windeler, A. (1995). *Organisation von Netzwerken – Strukturationstheoretische Analysen der Vermittlungspraxis in Versicherungsnetzwerken*. Opladen: Westdeutscher Verlag.

van Well, B. (2001). *Standardisierung und Individualisierung von Dienstleistungen. Zur Organisation wissensintensiver Unternehmungsnetzwerke*. Wiesbaden: DUV.

Weber, M. (1976). *Wirtschaft und Gesellschaft* (5. Aufl.). Tübingen: Mohr.

Windeler, A. (2001). Unternehmungsnetzwerke. Konstitution und Strukturation. Opladen: Westdeutscher Verlag.

Führung in Projekten – Nichts ist praktischer als gute Theorien

9

Thomas Kopsch

Inhaltsverzeichnis

9.1   Wirtschaft im Wandel und die steigende Bedeutung von Projekten

Der vorliegende Beitrag widmet sich der grenzüberschreitenden Form von Zusammenarbeit „Projekt". Diese Arbeitsform führt in der (hier behandelten kommerziellen) Praxis zu einer Menge von Reibungspunkten, die ihren Erfolg immer wieder gefährden. Es soll hier der Frage nachgegangen werden, ob die Soziologie besondere und hinreichende Instrumente zur Verfügung stellen kann, um sie erfolgreicher zu gestalten.

Zunächst wird anhand einer Studie plausibel gemacht, warum diese Form der Zusammenarbeit von erheblicher Relevanz ist. Im April 2007 veröffentlichte die Deutsche Bank Research die Untersuchung „Deutschland im Jahr 2020 – Neue Herausforderungen für ein Land auf Expedition", in der sich eine Wortneuschöpfung findet: „Projektwirtschaft" (Hofmann et al. 2007, S. 1). Der Begriff soll die zukünftige – und auch schon gegenwärtige – Bedeutung von Projekten für die deutsche Wirtschaft verdeutlichen.

Thomas Kopsch ✉
e-mail: thomas.kopsch@veroprojects.com

A. Bührmann et al. (Hrsg.), *Management ohne Grenzen*, DOI 10.1007/978-3-658-01262-5_9,   141
© Springer Fachmedien Wiesbaden 2013

Wie kommt das Team von Verfasserinnen und Verfassern dieser Studie dazu, dem Phänomen „Projekt" eine so gewichtige Rolle zuzuschreiben, dass es eigens eine neue Bezeichnung dafür erfindet? Ausgangspunkt und Motivation für die Studie waren eine Reihe
von Fragen und historischen Herausforderungen, vor die sich Deutschland gestellt sieht
– von der demographischen Entwicklung bis hin zu globalen Kräfteverschiebungen. „Die
kommenden Jahre werden entscheidend sein für den Weg, den Deutschland langfristig
einschlägt. Dieser Weg wird irgendwo zwischen dem Verharren in den bestehenden – zunehmend inadäquaten – gesellschaftlichen und wirtschaftlichen Strukturen und ihrer raschen und nachhaltigen Umgestaltung verlaufen. Aber wo?" (Hofmann et al. 2007, S. 4) Auf
die verwendete Szenarioanalyse soll hier nicht weiter eingegangen werden, nur auf das von
den Autor/innen vorgestellte Ergebnis: Für das Jahr 2020 beschreiben sie ein Szenario des
Strukturwandels, das sich – bei einem moderaten durchschnittlichen Wirtschaftswachs-
tum von 1,5 % p. a. – unter anderen aus den folgenden Trends ableiten wird.

Unternehmen müssen mit flexiblen Kooperationsmustern auf gestiegene Anforderungen reagieren. Zum Beispiel erfordert die Vermarktung „von wissensintensiven Dienstleistungen heute eine Kompetenz- und Wissensbreite, die von einem Unternehmen nur noch
selten allein bereitgestellt werden kann." (Hofmann et al. 2007, S. 22). Somit werde tempo-
rären Kooperationen eine steigende Bedeutung zukommen. Das Wertschöpfungsmuster
werde sich dahingehend ändern, dass eigenständige Projekte mit nach Bedarf wechselnden Partnern organisiert werden. Dieses Muster sei dynamischer und vermeide unnötige
Fixkosten. Die Studie schätzt, dass im Jahre 2020 ein Anteil von 15 % an der Wertschöpfung durch diese Form der Kooperation erbracht wird. Für die Gegenwart wird ein Anteil
von zwei Prozent genannt – ohne dies allerdings mit Belegen zu unterfüttern. Dennoch
erscheinen beide Anteile als noch relativ niedrig, da der gesamte Sektor der rechtlich nicht
eigenständigen Projekte nicht einbezogen wurde. Die beschriebene Arbeitsteilung werde
sich auch weiter fortsetzen, und die Projektakteur/innen würden hoch spezialisierte sowie mehr und mehr aus den Unternehmen ausgelagerte Funktionen übernehmen. In der
Projektwirtschaft werde aber auch die Spezialisierung auf „Kooperations- und Nahtstel-
lenmanagement" (Hofmann et al. 2007, S. 24) immer wichtiger. Gewinner dieses Trends
würden mittelständische Unternehmen sein, da diese bei ausreichender Risikodiversifizie-
rung die nötige Flexibilität hätten.

Neben diesem Haupttrend erläutern die Autor/innen des Papiers weitere damit zusam-
menhängende Trends vor allem bezüglich Forschung, Weiterbildung und Finanzierung.
Für Unternehmen leiten sie acht Implikationen ab, von denen eine hier besonders bedeu-
tungsvoll erscheint: „In der Projektwirtschaft spielen Standards ganz unterschiedlicher Art
eine zentrale Rolle. Aufgrund der häufig wechselnden Projektpartner ist die Standardisierung von Prozessen in Projekten unabdingbar – vom Personal- bis hin zum Informations-
management." (Hofmann et al. 2007, S. 61)

Dieser Trend ist bereits im Gange, wie man an den beiden großen Standards zum Projektmanagement sehen kann. Im Jahre 1965 wurde die International Project Management
Association (IPMA) gegründet, die heute 40.000 Mitglieder in 40 überwiegend europäischen Ländern hat. Die zugehörige Deutsche Gesellschaft für Projektmanagement wurde

1979 gegründet (vgl. Wikipedia 2011a). Im Jahre 1969 wurde in den USA das Project Management Institute (PMI) gegründet, das heute weltweit sogar ca. 500.000 Mitglieder in über 185 Ländern hat (vgl. Wikipedia 2011b).

Diese größte Vereinigung ist Herausgeberin des weithin beachteten Werks „A Guide to the Project Management Body of Knowledge" (Project Management Institute 2008a), das heute weltweit als Standardwerk im Projektmanagement gilt. Dieses Basiswerk ist seit mehreren Jahren ANSI-Standard (American National Standards Institute) und war auch Vorbild für die Deutsche Industrienorm 69901, die seit Januar 2009 gültig ist.

Jüngste Entwicklungen sind die Standardisierung des Programm-Managements (vgl. Project Management Institute 2008d), des Projektportfoliomanagements (vgl. Project Management Institute 2008c) und des „Organizational Project Management" (vgl. Project Management Institute 2008b). Letzteres beschreibt die Einbettung von Projekten und Programmen in die Linienorganisation anhand eines Reifegradmodells.

Alle Standards werden in mehrjährigen Zyklen in erster Linie durch Freiwilligenarbeit aktualisiert. Neben den beiden großen Standards von PMI und IPMA, die beide beanspruchen, das Thema Projektmanagement allgemein und vollständig zu erfassen, existieren auch spezialisierte Modelle, die konkretere Vorgaben machen: z. B. PRINCE2 (vgl. Wikipedia 2012a), das vor allem Anklang in den IT-Abteilungen mittelständischer Unternehmen findet, SCRUM (vgl. Wikipedia 2012b) – für agile Softwareentwicklungsprojekte – oder das im deutschen öffentlichen Dienst entwickelte V-Modell XT (vgl. Die Beauftragte der Bundesregierung für Informationstechnik 2012). Standardisierung und Normierung des Projektmanagements sind also in vollem Gange und entwickeln sich dynamisch. Es handelt sich hierbei um Prozess- und Kompetenzkodifizierungen, die sich als notwendige Bedingung für Projekterfolg verstehen lassen.

Vor dem Hintergrund der hier gestellten Frage nach der Relevanz von grenzüberschreitender Projektarbeit kann dies als eine erste Annäherung verstanden werden. Der folgende Theorieabschnitt schwenkt nun zum praktischen Instrumentarium hinüber. Es werden zwei theoretische Ansätze vorgestellt, die in der praktischen Projektarbeit durch den Projektverantwortlichen bewusst zur Anwendung kamen. Die Abschnitte drei und vier fokussieren auf die Erläuterung dieser beiden Ansätze in einem Praxisbeispiel. Und im fünften Abschnitt wird die eingangs gestellte Frage beantwortet, ob die Theorievielfalt der Soziologie hilfreich ist, um notwendige Bedingungen für Projekterfolg herzustellen.

9.2 „Projekt" und soziologische Instrumente

Grenzüberschreitende Zusammenarbeit im Projekt lässt sich in dem hier beschriebenen Kontext als arbeitsteiliges und dennoch gemeinsames Arbeiten von Menschen und Organisationen verstehen, welches über die Grenzen von Domänen (Organisationen, Fächern, Zuständigkeiten, Berufsdisziplinen usw.) hinaus gehen muss, um erfolgreich zu sein. Je komplexer die Aufgabe wird, desto weniger kann die notwendige Koordinierung oder Leitung dieser Aufgabe aus einer Domäne heraus erfolgen, weil die vermittelnden Gemeinsamkeiten abnehmen, je mehr Domänen beteiligt sind. Als Gemeinsamkeiten sind aber einerseits das Verstehen der (hier kommerziell gesetzten) Ziele und andererseits die Motivation, sie (die Ziele) auch zu erreichen, zwingend notwendig. Dies ist die klassische Aufgabe von „Führung". Wahrscheinlich befindet sich „Führung" damit ganz im Zentrum von grenzüberschreitender Zusammenarbeit, wenn diese einen gewissen Komplexitätsgrad erreicht hat und erfolgreich sein will.

Drehen wir uns jetzt um und versuchen, die Praxis mit Theorie anzureichern. Teil der hier vertretenen These ist ja, dass es gerade die Theorievielfalt der Soziologie ist, die sie so „praktisch" macht. Es geht also nicht darum, die richtigen Theorien zu selektieren und diese dann anzuwenden. Sondern die Wahl der Theorien erfolgt aus konkreten Situationen heraus. Die Praxis „erwählt" sozusagen die für sie jeweils passende Theorie. Die vorgestellte Auswahl ist also keine abschließende „Best Practice"-Sammlung, sondern erfolgte, weil zu ihrer Anwendung Erfahrungen vorliegen. Es gibt mit anderen Worten selbstverständlich auch noch andere erfolgreiche soziologische Theorien, die hier nur nicht genannt worden sind. Die folgenden Theorien kamen zur Anwendung:

a) Der erste hier zur Anwendung gebrachte Ansatz stammt von Berger und Luckmann (1987). Sie stellen in ihrem Werk „Die gesellschaftliche Konstruktion der Wirklichkeit" die Frage, wie es möglich ist, dass innerhalb von Gesellschaft entwickeltes, vermitteltes und bewährtes Wissen für Individuen zu objektiver Wirklichkeit werden kann. Um dies zu erklären, fassen sie Gesellschaft als subjektive und zugleich objektive Wirklichkeit auf.

Ausgehend von diesen beiden Aspekten sehen Berger und Luckmann (1987, vgl. S. 139 ff.) Gesellschaft als beständigen dialektischen Prozess, der sich aus den Teilprozessen Externalisierung, Objektivation und Internalisierung zusammensetzt. Objektive Wirklichkeit kommt in ihrem Verständnis dadurch zustande, dass subjektives Wissen und subjektive Erfahrungen durch Externalisierung zur gesellschaftlichen Wirklichkeit werden. Indem die Produkte der Externalisierung ihren Produzenten in der Alltagswelt gegenübertreten, gewinnen sie eine von der subjektiven Wirklichkeit ihrer Produzenten unabhängige zunächst intersubjektive, dann objektive Wirklichkeit. Diesen Prozess bezeichnen Berger und Luckmann (1987, vgl. S. 36–41) als Objektivation. „In der Gesellschaft zu sein" heißt nach ihrem Verständnis, an dieser Dialektik teilzuhaben. Da die Menschen jedoch nicht als Gesellschaftsmitglieder geboren werden, müssen sie in die Teilhaberschaft an der gesellschaftlichen Dialektik eingeführt werden. Diesen Prozess bezeichnen Berger und Luckmann (1987, vgl. S. 144 ff.) als Internalisierung und der Kreis schließt sich.

Zusammenfassend lässt sich sagen, dass Objektivation gesellschaftlicher Wirklichkeit sich in Institutionalisierungen und Legitimierungen von Sinnwelten niederschlägt, die über Internalisierungen zu subjektiver Wirklichkeit werden und über Externalisierungen zu neuen Objektivationen führen.

b) Der zweite hier zur Anwendung gebrachte Ansatz ist der der Typen legitimer Herrschaft von Max Weber (1988). Zur Beantwortung der Frage, wieso innerhalb einer bestimmten Herrschaftsform damit gerechnet werden kann, Gehorsam für einen bestimmten Befehl zu finden, unterscheidet Weber unterschiedliche Motive der Fügsamkeit. Solche

Motive allein reichen aber s.E. zur Stabilisierung einer Herrschaft nicht aus. Deshalb werden sie in der Regel durch Glauben an ihre Legitimität gestützt. Ein Legitimitätsglaube kann sich nach Weber auf drei unterschiedliche Legitimitätsgründe stützen. Diese drei reinen Typen legitimer Herrschaft (vgl. Weber 1988, S. 475–488) sind:

Die legale Herrschaft, sie beruht auf einer rechtlichen Satzung. „Gehorcht wird nicht der Person, kraft deren Eigenmacht, sondern der gesatzten Regel, die dafür maßgebend ist, wem und inwieweit ihr zu gehorchen ist. Auch der Befehlende selbst gehorcht, indem er einen Befehl erlässt, einer Regel: dem ‚Gesetz‘ oder ‚Reglement‘, einer formal abstrakten Norm." (Weber 1988, S. 476)

Die traditionale Herrschaft, sie beruht auf dem Glauben an die Heiligkeit der von jeher vorhandenen Ordnung. „Gehorcht wird der Person kraft ihrer durch Herkommen geheiligten Eigenwürde: aus Pietät. Der Inhalt der Befehle ist durch Tradition gebunden, deren rücksichtslose Verletzung seitens des Herrn die Legitimität seiner eigenen, lediglich auf ihrer Heiligkeit ruhenden, Herrschaft selbst gefährden würde." (Weber 1988, S. 478)

Die charismatische Herrschaft, sie beruht auf der Hingabe an die Person. „Das ewig Neue, Außerwerktägliche, Niedagewesene und die emotionale Hingenommenheit dadurch sind hier die Quellen persönlicher Hingebung." (Weber 1988, S. 481) Besonders interessant erscheint die nach Weber mögliche antiautoritäre Umdeutung der Herrschaftsform. Die freie Anerkennung durch die Beherrschten könne ihrerseits zur Voraussetzung der Legitimität der Herrschaft und zu ihrer Grundlage (demokratische Legitimität) werden. „Dann wird die Anerkennung zur ‚Wahl‘ und der kraft eigenem Charisma legitimierte Herr zu einem Gewalthaber von Gnaden der Beherrschten und kraft Mandats." (Weber 1988, S. 487) Ein zweites Element der Legitimation des charismatischen Herrschers ist das der Bewährung. Bleibt der Erfolg aus, so drohen dem Herrscher Absetzung oder Schlimmeres.

9.3 Das Projekt

Ein mittelständisches Unternehmen freute sich über zwei fast zeitgleich eingehende größere Aufträge zum Bau von Softwarelösungen. Vertrieblich war man der Überzeugung, beide Aufträge parallel durchführen zu können, weil man zu dem Thema mittlerweile so viel Know-how angesammelt hatte, dass es fast egal schien, ob eine Lösung für ein, zwei oder viele Kunden entwickelt werden müsse. Man würde im Kern nur ein System entwickeln und dieses für die unterschiedlichen Kunden nur ein wenig anpassen müssen. Die erfahrenen Softwareentwickler, die auch beide Kunden kannten, hatten vor der Situation gewarnt, weil sie diese Annahme für eine Illusion hielten. Dennoch wurde nach Start des ersten Auftrags bald darauf auch der zweite angenommen.

Ein halbes Jahr später fragte der zweite Kunde an, wie weit denn seine Bestellung gediehen sei. Als langsam zur Geschäftsleitung des Auftragnehmers durchsickerte, dass damit noch nicht angefangen worden sei, machte sich Katastrophenstimmung breit. Die Geschäftsleitung machte den Mitarbeitern große Vorwürfe, insbesondere dem Mitarbeiter, von dem sie glaubten, er würde sich als Entwicklungs- und Projektleiter verantwortlich fühlen. Es kam zu Drohungen und Verdächtigungen. Auf Seiten der Mitarbeiterinnen und Mitarbeiter war das Unverständnis groß. Man hatte ja gewarnt. Und dann hatte man sich selbstorganisiert auf das machbarere und tatsächlich auch profitablere erste Projekt konzentriert. Es waren schließlich nur Kapazitäten für ein Projekt vorhanden. Dies alles geschah von der Unternehmensleitung weitgehend unbemerkt und komplett ungesteuert. Die Geschäftsleitung wollte die Situation mit der Ausübung von Druck retten, die Mitarbeiterschaft seufzte achselzuckend. Der neu hinzugezogene externe Projektmanager stand vor der Aufgabe, den Kunden bei der Stange zu halten und das Projekt zu retten.

Mit Berger und Luckmann (1987) lässt sich sehen, dass sich offenbar ein Wechselspiel von Externalisierung und Internalisierung zu zwei völlig entgegen gesetzten Sinnwelten entwickelt hatte.

Die der Geschäftsleitung lautete etwa so: Wir haben einen Auftrag gewonnen und für die Umsetzung haben wir eine Person mit der Projektleitung betraut. Wenn wir danach ein halbes Jahr nichts mehr hören, gehen wir davon aus, dass alles gut läuft. Wenn jetzt Terminverzögerungen eintreten, hat der Projektleiter versagt und vielleicht auch andere Mitarbeiterinnen und Mitarbeiter. Wir müssen jetzt Kreativität in der Neuplanung zeigen, um den Termin zu halten.

Die Sinnwelt der Mitarbeiterschaft lautete etwas so: Arbeit braucht Zeit. Wenn wir schon jetzt am Limit arbeiten, können wir die doppelte Arbeit nicht in der gleichen Zeit leisten. Da bleibt dann etwas liegen, in diesem Fall ein ganzes Projekt – zumal eines, dessen Komplexität wir fürchten. Wir hatten auch nie wirklich einen Projektleiter. Der, der es wahrscheinlich war, wurde von der Geschäftsleitung immer wieder zu Akquisitionsterminen und anderen Dingen abberufen und hatte auch gar keine Ausbildung zum Projektleiter. Außerdem hatten wir ja gewarnt. Wir sind unschuldig, wissen aber auch nicht weiter.

Beide Perspektiven sind in sich plausibel. Leider haben die beiden Sinnwelten nichts miteinander gemeinsam, obwohl sie beide *dieselbe* Wirklichkeit interpretieren. Wahrscheinlich war genau das das Problem. „Da Gesellschaft objektiv und subjektiv Wirklichkeit ist, muss ihr theoretisches Verständnis beide Aspekte umfassen. Beiden Aspekten wird, …, erst eigentlich gerecht, wer Gesellschaft als ständigen dialektischen Prozess sieht, der aus drei Komponenten besteht: Externalisierung, Objektivation und Internalisierung" (Berger und Luckmann 1987, S. 139). Die Probleme des Projektes waren ganz offenkundig in diesem Zusammenspiel begründet.

9.4 Anwendung und Ergebnis

Kunden- und Projektrettung konnte also nur gelingen, wenn dieses Wechselspiel wieder ein gemeinsames wurde. Der mächtigere Hebel dabei war zunächst die *objektive* Wirklichkeit. Würde sich hier etwas verändern, dann wären auch veränderte Internalisierungen möglich, die die nachhaltigeren Treiber sind. Es musste also als allererstes die Sicht auf die Faktenlage vereinheitlicht werden zusammen mit der Bereitschaft, diese auch zur Kenntnis zu nehmen. Dann bedurfte es einiger legitimierender Symbolik. Und längerfristig galt es, erfolgreiche „Institutiönchen" (s. u.) zu etablieren, die über Sinn und Glaubwürdigkeit alle Beteiligten motivierten.

Um zunächst eine gemeinsame Sicht auf die Faktenlage zu schaffen, konnte im Sinne von Berger/Luckmann auf die zeitliche Dimension Bezug genommen werden: „Die Zeitstruktur der Alltagswelt hat für mich eine Faktizität, mit der ich rechnen, das heißt, auf die ich meine eigenen Absichten abstimmen muss. [...] Wie schon gesagt, ist eben diese Zeitstruktur auch ein Zwang" (Berger und Luckmann 1987, S. 30). Es erfolgte also eine realistische Neuplanung des Projekts. Dazu wurden standardmäßig Arbeitspakete gebildet und deren Aufwand geschätzt. Realistisch wurde der Plan dadurch, dass diese Schätzung von denen vorgenommen wurde, die für die Fertigstellung verantwortlich waren. Der Plan wurde zur Objektivation: „Das menschliche Ausdrucksvermögen besitzt die Kraft der Objektivation, das heißt, es manifestiert sich in Erzeugnissen menschlicher Tätigkeit, welche sowohl dem Erzeuger als auch anderen Menschen als Elemente ihrer gemeinsamen Welt ‚begreiflich' sind. Objektivationen durch Ausdruck sind mehr oder weniger dauerhafte Indikatoren subjektiver Empfindungen" (Berger und Luckmann 1987, S. 36 f.). Entsprechend fühlten sich alle an ihr Erzeugnis, ihre Schätzung, gebunden. Da zudem die Verantwortlichkeiten dokumentiert wurden – auch dem Kunden gegenüber – verstärkte sich die realistische Wirkung im Sinne einer „faktischen Kraft des Normativen". Der Plan entfaltete darüber hinaus bei der Geschäftsleitung die Wirkung einer Schockwelle. Aufgrund der neuen Endtermine wurde das Ausmaß der Tragödie offensichtlich. Es begann hektische Betriebsamkeit, in der der externe Projektmanager seinen Teil zur Objektivation beitragen musste, indem er den neuen Plan verteidigte: Dieses „Faktum" musste stehen!

Häufig werden symbolische Maßnahmen als wirkungslos verspottet. Berger/Luckmann schätzen hingegen die Bedeutung, insbesondere im Zusammenhang mit Rollen, für die Gesellschaft als hoch ein. Solche Maßnahmen bestätigen die Ordnung und implizieren Handlungserwartungen an die Rolleninhaber, leiten sich also aus ihrem Nutzen für menschliches Verhalten ab und sind häufig verbunden mit einer eigenen Sprache (vgl. Berger und Luckmann 1987, S. 79–81). Ein Rollenwechsel kann also durchaus eine sinnstiftende Wirkung haben, kann eine neue Richtung vorgeben und neue Hoffnung entstehen lassen. Ein Mechanismus, der auch in kleinen Teilbereichen von Gesellschaft wirken kann: Der alte Projektleiter wurde gegen den neuen externen Projektmanager ausgetauscht. In der internen Kommunikation musste nun Wert darauf gelegt werden, dass den alten Projektleiter keine „Schuld" traf, er sollte schließlich weiter produktiv sein im Unternehmen. Bei der internen Verbreitung dieser Botschaft half das Bild einer Figuration von Norbert Elias (1991, S. 141–145), in dem viele Akteur/innen aneinander ziehen und zerren und das Ergebnis – trotz bester Absichten eines jeden Einzelnen – von niemandem gewollt war. Der Ansatz von Elias soll in diesem Anwendungsfall nicht als dritter Theorieansatz eingeführt werden (auch wenn er das Potential dazu hätte), weil er hier lediglich als Unterinstrument eingesetzt wurde. Er wurde in der Kommunikation als Metapher benutzt, die wichtig war, damit das Management der Mitarbeiterschaft Verständnis entgegenbrachte, und er war wichtig als Signal an die Mitarbeiterschaft: „Wir machen Euch keine Vorwürfe mehr." Die symbolische Maßnahme und die damit verbundene Sprachregelung führten zur Entlastung der subjektiven Wirklichkeiten.

Zur Gestaltung der objektiven Wirklichkeit zählten dann strukturelle Maßnahmen im Projekt. Die schweren Konflikte zwischen den beiden beteiligten Unternehmen wurden nun zwischen den Geschäftsleitungen in einem Lenkungsausschuss ausgetragen. Damit wurde der gesamtgesellschaftliche Ansatz der „sekundären Sozialisation" von Berger/Luckmann auf den kleinen Anwendungsfall übertragen. „Sekundäre Sozialisation ist die Internalisierung institutionaler oder in Institutionalisierung gründender ‚Subwelten'" (Berger und Luckmann 1987, S. 148). Der Lenkungsausschuss war eine solche institutionale Subwelt. „Jede Handlung, die man häufig wiederholt, verfestigt sich zu einem Modell, welches unter Einsparung von Kraft reproduziert werden kann und dabei vom Handelnden als Modell aufgefasst wird." (Berger und Luckmann 1987, S. 56) Die Geschäftskonflikte wurden in diesem Ausschuss durch die Geschäftsführer nach bestimmten Regeln ausgetragen. Das entlastete die operative Arbeit und disziplinierte den Auftraggeber. Aus der oben erwähnten Planung wurden Meilensteine abgeleitet, zu denen Teil-Abnahmen erfolgten, was zwischen den beteiligten Firmen bislang ein Novum war. Abgenommen oder nicht abgenommen war das harte objektive Kriterium, an das zudem ein Bonus für die Mitarbeiterschaft gekoppelt wurde. Die stark motivierende Internalisierung war gegeben, als der erste Meilenstein objektiv erreicht wurde (obwohl nur die wenigsten subjektiv daran geglaubt hatten). Damit war der „Turnaround" geschafft, Subjektivierung und Objektivierung drehten sich zu einer positiven Selbstverstärkung und die folgenden Meilensteine wurden ebenfalls erreicht.

Noch bevor der Erfolg sichtbar wurde, ging es allerdings darum, dass die Mitarbeiterschaft dem externen Projektmanager folgen musste. Zwar war er durch den Auftrag, den er durch die Geschäftsleitung hatte, formal ausreichend legitimiert. Doch im Sinne Webers war dies zunächst eine „Herrschaft ohne Legitimität". Und das einzig mögliche Mittel wäre das „Anschwärzen" bei der Geschäftsleitung gewesen. Wegen der oben erwähnten Beziehung zwischen Mitarbeiterschaft und Geschäftsleitung wäre dieses Mittel aber bestenfalls nutzlos geblieben, wahrscheinlich hätte es bei Anwendung sogar kontraproduktiv gewirkt. Die „Herrschaft ohne Legitimität" hätte sich also bei Anwendung des einzigen Mittels selbst zerstört. Es war demnach dringend eine Legitimation nötig, die die Chance mit sich brachte, dass Arbeitsaufträge auch ausgeführt wurden.

Eine Legitimation über Tradition kam nicht in Betracht, es wurde ja etwas völlig neues getan. Die alten Strukturen, die in Auflösung begriffen waren, wurden durch neue ersetzt und mussten ihr Funktionieren erst unter Beweis stellen. Also konnten die Anleihen nur bei den rationalen und charismatischen Herrschaftselementen gemacht werden.

Die rationalen Anleihen bezogen sich auf die oben bereits erwähnten Projektmanagement-Standards, also auf über Jahrzehnte weltweit gesammeltes und dokumentiertes Erfahrungswissen. Es begründet und legitimiert die Handlungsweise des professionellen Projektmanagers. Es musste auf die Situation angewendet und erklärt werden. Dies verlief meistens nach dem Muster, dass der Projektmanager einen Verfahrensvorschlag machte (meist in dokumentierter Form), der dann mit den Betroffenen diskutiert wurde. In dieser

Diskussion stellte sich die Einsicht ein, dass der Vorschlag „vernünftig" sei. Und so wurde dem Vorschlag gefolgt. Auf diese Weise entstanden eine Reihe von Plänen, Übersichten, Präsentationen, Prozessen und Strukturen, die die Chance erhielten, ihre Funktionsfähigkeit unter Beweis zu stellen und dies meist auch taten.

Es mussten aber auch charismatische Elemente angewendet werden, da sich das Unternehmen in einer Krise befand, also in einer „außeralltäglichen" Situation. Darüber hinaus waren die internen Führungskräfte durch die Mitarbeiterschaft nicht mehr als solche anerkannt – sie hatten ihnen schließlich die „Suppe eingebrockt". Dieses Vakuum musste gefüllt werden. Da die „Bewährung" durch den Projekterfolg erst hergestellt werden musste – mithin also nur Wirkung oder Ergebnis sein konnte – musste zunächst die Anerkennung erreicht werden. Das Ziel musste also sein, unter der Mitarbeiterschaft die Hoffnung zu wecken, „der versteht unser Geschäft, unsere Arbeitsweise und unsere Beweggründe und er wird die richtigen Maßnahmen auch gegen die Geschäftsleitung durchsetzen". Es musste also ein Verständnis – durchaus im hermeneutischen Sinne – auf zwei Ebenen entwickelt und kommuniziert werden:

a) Auf der persönlichen Ebene musste ein Verständnis der Handlungsrationalität jedes einzelnen entwickelt werden. In vielen Dialogen musste dann nachgezeichnet werden, dass individuelle Motivationen und Handlungen durchaus im Sinne des Unternehmens gemeint waren. Dies musste auch gegenüber der Geschäftsleitung kommuniziert werden, die sich beispielsweise in vielen Fällen über Terminverschiebungen von Auslieferungen an den Kunden beklagte. Dass dies häufig darauf beruhte, dass die Schwesterfirma ungesteuert Kleinstaufträge an die Mitarbeiterschaft vergab, wurde nicht gesehen. Im Rahmen ihrer Möglichkeiten ging die Mitarbeiterschaft durchaus eigenverantwortlich mit der Situation um – freilich mit eigener Prioritätensetzung. Es fand also eine erklärende Vermittlung statt, in der einer beliebigen Person A die Handlungsweise von B oder C erklärt werden musste, um die bestehenden Hürden nachhaltig abzubauen.

b) Auf der geschäftlich-organisatorischen Ebene musste das Zusammenspiel der Akteur/innen verstanden werden und geklärt werden, auf welchen Gebieten und mit welchen Personen die Stärken des Unternehmens ausgespielt werden konnten. Viele so genannte Key-Player hatten eine hohe Kenntnis von den Geschäftsprozessen ihrer Kunden und von der Technologie. Dies geschah nur häufig ohne wirkliche Anerkennung durch die Geschäftsleitung und ohne dass diese Personen an den richtigen Stellen positioniert wurden. Dies musste kommuniziert und geändert werden.

Das Ergreifen der richtigen Maßnahmen führte dann nach der „Anerkennung" zur „Bewährung" im Erfolg. Dabei mischten sich häufig rationale und charismatische Legitimationen. Ein sehr frühes Beispiel war die standardmäßige Erstellung eines neuen Projektplans, in dem in professioneller Weise die Durchführenden nach dem Aufwand für ein bestimmtes Arbeitspaket gefragt wurden. Allein diese „rationale" Frage führte zu Anerkennung des Projektmanagers: „Sie sind der erste, der uns danach fragt, wie viel Arbeit dies oder das ist."

So gelangten Anerkennung und Bewährung in eine sich selbst verstärkende Schleife. Der Projektmanager agierte nicht nur als ausführendes Organ des Auftraggebers – nämlich der Geschäftsleitung, sondern erlangte eine eigenständige Position zu Geschäftsleitung und Mitarbeiterschaft, er war Vermittler und Richtungsgeber.

9.5 Schlussbetrachtungen

Das Beispiel mit den ausgesuchten Theorieansätzen macht zwei Dinge deutlich:

a) Erkenntnisse aus soziologischen Theorien und daraus resultierenden Erklärungsmustern werden in den Methoden und Standards des Projektmanagements bereits angewendet. Dies wird besonders in den im Beispiel beschriebenen kodifizierten Prozessen und Regulationsformen deutlich. Durch sie ist die „notwendige Bedingung" beschrieben, welche erfüllt sein muss, damit ein Projekt als prototypische Form moderner grenzüberschreitender Zusammenarbeit erfolgreich sein kann.

b) Darauf aufbauend tauchen nun weitere Methoden aus der Soziologie auf, nach denen unter dem Stichwort „hinreichende Bedingung" gesucht wurde. Sie beziehen sich auf die oben bereits genannten Faktoren des Verstehens der Ziele und der Motivation, diese Ziele zu erreichen. Diese Ebene lässt sich nicht mehr allein durch Fachlichkeit und professionelles Vorgehen integrieren. Das gilt – wie bereits erwähnt – insbesondere dann, wenn die für Projekte typische grenzüberschreitende Zusammenarbeit etwa durch Zeit- und Reflexionsdruck eine gewisse Komplexitätsgrenze überschreitet.

Fassen wir also die hier angewendeten Methoden noch einmal zusammen, die in diesem Anwendungsfall die notwendige Bedingung herstellten:

1. Objektivation, angewendet als Vereinheitlichung der Faktenlage,
2. symbolische Maßnahmen, angewendet als Rollenwechsel,
3. Sekundäre Sozialisation, angewendet als Einübung eines Gremienmodells,
4. Verstehen individueller Handlungsrationalität, angewendet als erklärende Vermittlung,
5. Verstehen des Zusammenspiels der Akteur/innen, angewendet als Neupositionierung anerkannter Key-Player.

Diese fünf Methoden sind lediglich diejenigen, die in dem beschriebenen Fall zur Anwendung kamen. Die Theorienvielfalt der Soziologie erlaubt die Ableitung und Anwendung zahlreicher weiterer Methoden, die hier aber nicht alle beschrieben werden können. Ihre richtige Anwendung hat Wirkungen für die Integration komplexer grenzüberschreitender Zusammenarbeit im Projekt (die Aufzählung ist weder systematisch, noch vollständig):

- Die Menschen sind oder werden motiviert, so dass das Mitgehen weitestgehend freiwillig erfolgt.
- Sie fühlen sich in ihren Motivationen, Interessen, Handlungen, Bedürfnissen und Werten verstanden, es wird ihnen zugehört und Aufmerksamkeit geschenkt.

- Personen fühlen sich in ihrer Entwicklung gefördert. Es wird ihnen das Zutrauen vermittelt, die anstehenden Herausforderungen meistern zu können.
- Kommunikation erfolgt klar und verständlich. Ziele werden vermittelt und ggf. geht eine sinnvolle und realistische Botschaft darüber hinaus (Vision).
- Entscheidungen werden getroffen, sind nachvollziehbar und werden kommuniziert. Sie sind gekennzeichnet von Ziel- und Problemlösungs-Orientierung bei gleichzeitigem Realismus.
- Der Führung wird vertraut, weil ihr zugeschrieben wird, verlässlich und integer zu sein und keine eigenen Vorteile zu suchen. Es gibt keine bösen Überraschungen mit ihr, weil keine Widersprüche wahrgenommen werden zwischen Denken, Sagen und Handeln.
- Gründe und Früchte der Erfolge werden in der Wahrnehmung „gerecht" verteilt.

In letzter Konsequenz führt also die richtige Anwendung soziologischer Methodik dazu, dass Menschen und Gruppen von Menschen so zum Mitmachen veranlasst werden, dass am Ende erfolgreiche Leistungen stehen. Dies ist aber etwas, das früher mit „Führung" bezeichnet wurde. Der Begriff mag veraltet sein, die gemeinte Funktion ist aber unerlässlich, gerade im komplexen Projekt, das als Prototyp grenzüberschreitender Zusammenarbeit gesehen werden kann. Das Beispiel hat deutlich gemacht, dass der Einsatz soziologischer Methoden mehr Erfolge einfuhr, als andere, häufig „lautere" Methoden. Pragmatisch angewendet kann die Soziologie also einen großen Beitrag zu einer „Führungswissenschaft" der Gegenwart leisten. Ein verbreiteter Witz lautet ja, dass „ein Soziologe jemand ist, der das, was alle wissen, so erklärt, dass es niemand mehr versteht". Es könnte aber auch jemand sein, der das, was alle wissen, so erklärt, dass jeder versteht, worauf es ankommt.

Literatur

Die Beauftragte der Bundesregierung für Informationstechnik (2012). V-Modell XT. Überblick. http://www.cio.bund.de/DE/Architekturen-und-Standards/V-Modell-XT/Ueberblick/ueberblick_node.html#doc2157278bodyText1. Zugegriffen: 09.12.2012.

Berger, P. L. & Luckmann, T. (1987). Die gesellschaftliche Konstruktion der Wirklichkeit – Eine Theorie der Wissenssoziologie. Frankfurt a. M.: Fischer.

Elias, N. (1991). Was ist Soziologie? Weinheim: Juventa.

Hofmann, J., Rollwagen, I., Schneider, S. (2007). Deutschland im Jahr 2020 – Neue Herausforderungen für ein Land auf Expedition. Aus der Reihe: Aktuelle Themen, Deutsche Bank Research. http://www.expeditiondeutschland.de/PROD/DBR_INTERNET_DE-PROD/PROD0000000000209595/Deutschland+im+Jahr+2020+-+Neue+Herausforderungen+f%C3%BCr+ein+Land+auf+Expedition.PDF. Zugegriffen: 24.09.2011.

Project Management Institute, Inc. (2008a). A Guide to the Project Management Body of Knowledge – Fourth Edition. Newton Square: Pennsylvania.

Project Management Institute, Inc. (2008b). Organizational Project Management Maturity Model OPM3(R) – Second Edition. Newton Square: Pennsylvania.

Project Management Institute, Inc. (2008c). The Standard for Portfolio Management – Second Edition. Newton Square: Pennsylvania.

Project Management Institute, Inc. (2008d). The Standard for Program Management – Second Edition. Newton Square: Pennsylvania.

Weber, M. (1988). Gesammelte Aufsätze zur Wissenschaftslehre. Tübingen: Mohr.

Wikipedia (2011a). International Project Management Association. http://de.wikipedia.org/wiki/IPMA. Zugegriffen: 24.09.2011.

Wikipedia (2011b). Project Management Institute. http://de.wikipedia.org/wiki/Project_Management_Institute. Zugegriffen: 24.09.2011.

Wikipedia (2012a). PRINCE2. http://de.wikipedia.org/wiki/PRINCE2. Zugegriffen: 09.12.2012.

Wikipedia (2012b). Scrum. http://de.wikipedia.org/wiki/Scrum. Zugegriffen: 09.12.2012.

Grenzüberschreitende Zusammenarbeit – Soziologische Expertise als Grundlage für Erfolg? 10

Andrea D. Bührmann, Matthias Horwitz und Sabine v. Schlippenbach

Inhaltsverzeichnis

10.1 Einleitung

Mit dem folgenden Beitrag führen wir die Überlegungen zu unserem oben entwickelten Managementkonzept fort, indem wir es auf ein Beispiel aus dem weiten Feld grenzüber-

Andrea D. Bührmann, Matthias Horwitz ✉, Sabine v. Schlippenbach
e-mail: andrea.buehrmann@uni-goettingen.de, horwitz@web.de, sabine@schlippenbach.de

A. Bührmann et al. (Hrsg.), *Management ohne Grenzen*, DOI 10.1007/978-3-658-01262-5_10,   153
© Springer Fachmedien Wiesbaden 2013

schreitender Zusammenarbeit anwenden, das für uns durch eine zentrale Herausforderung gekennzeichnet ist: Managen grenzüberschreitender Zusammenarbeit erschöpft sich immer seltener in einer Dekomposition von Aufgaben, mittels derer die Gesamtaufgabe erledigt werden soll. Eine Herangehensweise, die sich vor allem da anbietet, wo innerhalb der Grenzen einer Organisation agiert wird und Management sich bei der Koordination auf die Sachbeziehungen zwischen den Teilen konzentrieren kann.

Dekomposition gerät nach unserer Wahrnehmung nicht zuletzt da an ihre Grenzen, wo die Kooperierenden unterschiedlichen Kontexten, z. B. Organisationen entstammen, also über verschiedene Orte, Gegenstandsbereiche oder auch Kulturen hinweg interagieren und ihre nicht immer vorhersehbaren Arbeitsergebnisse in die jeweiligen Herkunftskontexte zurückübersetzen müssen.

Wenn dafür angesichts mehr oder weniger eigenständiger Beteiligter etablierte Mechanismen wie etwa Hierarchie und eine gemeinsame Organisationskultur nicht oder nur eingeschränkt zur Verfügung stehen, drängt sich das Problem auf, wie sonst eine (möglichst) effektive Abwicklung solcher Kooperationen über Dekomposition hinaus erfolgen kann. Um Lösungen für dieses Problem zu finden, haben wir uns die folgenden drei Fragen gestellt:

- Wie können wir in unserer täglichen Arbeit die Aufgabe, mit anderen grenzüberschreitend zusammen zu arbeiten, möglichst Erfolg versprechend lösen?
- Welche einschlägigen soziologischen Instrumente stehen für Analyse und Management solcher Kooperationen zur Verfügung?
- Lassen sich Kriterien finden, die angeben welche Instrumente am besten zu welchen Arten von Kooperationsversuchen passen?

Anhand eines Beispiels aus unserem Arbeitsalltag werden wir die aufgeworfenen Fragen erörtern und zu beantworten versuchen. Zeigen wollen wir, dass es sich bei den vorzustellenden Ansätzen nicht nur um innerhalb von Wissenschaft anschlussfähige Instrumente handelt, sondern um solche, die einen praktischen Nutzen für die Strukturierung von Kooperationsproblemen haben.

Eingeflossen sind sowohl unsere eigenen Erfahrungen aus unserem jeweiligen beruflichen Alltag, als auch die Berichte und Erfahrungen der Teilnehmenden eines Workshops, den wir im Mai 2009 in Berlin zu diesem Thema durchgeführt haben.[1]

Unsere zentrale These lautet, dass wir es bei unserem Gegenstand „grenzüberschreitende Zusammenarbeit" mit Ereignisabfolgen zu tun haben, die sich zwischen Kontingenz und Notwendigkeit auf eine Lösung zu bewegen. Um diesen Vorgang genauer beschreiben zu können, stellen wir Prozesse und nicht Strukturen (vgl. etwa Miebach 2009) in den Mittelpunkt. Dies ist auch der Grund für die Wahl unserer Modelle aus Wissenschaftssoziologie

---

[1] Zentrale Thesen des Beitrags haben wir darüber hinaus auf der BDS Jahreskonferenz im Forum 6 – Zusammen-Arbeiten: Methodenkompetenz für die Kooperation zwischen Disziplinen im Juni 2009 diskutiert. Wir möchten uns an dieser Stelle für die produktiven Anregungen und konstruktiven Anfragen der Forumsteilnehmenden bedanken.

und Dispositivanalyse, da sie nach unserer Auffassung implizit eine solche Prozessperspektive voraussetzen.

Gleichwohl bestehen wichtige Konvergenzpunkte zu mikropolitischen Ansätzen, da sie sich besonders für die Versuche der Akteur/innen interessieren, auf organisationale Strukturen und Prozesse gestaltenden Einfluss zu nehmen (vgl. für einen Überblick Neuberger 2006). Dabei wird davon ausgegangen, dass in Unternehmen zwar Zwänge (Notwendigkeiten) herrschen, jedoch auch Spielräume (Kontingenzen) „to act otherwise" (Al-Ani 2005, S. 135) aufzufinden sind. Genau dieses Spannungsfeld wollen auch wir genauer vermessen.

Um all dies zu tun, schildern wir zunächst kurz unser Fallbeispiel. Anschließend spielen wir drei Prozessbegleitungen unserer Projektleiterin, die wir Frau Willig nennen, mittels dreier unterschiedlicher Ansätze durch. Dabei handelt es sich um die Akteur-Netzwerk-Theorie (ANT), den symbolischen Interaktionismus (SI) und die Dispositivanalyse (DA). Nachdem wir diese drei Steuerungsgeschichten erzählt haben, schließen wir mit einem Auswertungsteil ab. Dafür nutzen wir ein Schema, in dem unterschiedliche Führungsstile abgetragen sind und das es erlaubt, unsere drei Ansätze dort aufzunehmen und zueinander in Beziehung zu setzen. Abschließend beziehen wir die Ergebnisse auf das Thema „Managen grenzüberschreitender Zusammenarbeit" zurück.

10.2   Unser Fallbeispiel

Das Unternehmen   Unser Beispielunternehmen[2] betreibt im Internet eine Plattform, über die es verschiedenste Produkte vertreibt. Dazu gehören auch Bücher, das Unternehmen ist hier spezialisiert auf Medien rund um das Thema Bildung und Weiterbildung.

Problembeschreibung   Kürzlich wurde ein neues Produkt auf dem Markt eingeführt: In Kooperation mit einem Verlag wurde auf der Basis eines Buches, ein Bestseller zum Thema Weiterbildung, eine neue E-Learning-Plattform erstellt. Auf der Plattform werden die Inhalte des Buches um laufend aktualisierte Übungsmaterialien und multimediale Inhalte ergänzt. Ziel des Unternehmens ist es, die Plattform nach einer Pilotphase weiter auszubauen und auch anderen Verlagen anzubieten und sich so ein neues Geschäftsmodell zu erschließen.

Ein halbes Jahr nach der Markteinführung werden massive Probleme mit dem neuen Produkt festgestellt:

- Die Umsätze bleiben weit hinter den Erwartungen zurück.
- Die Besuche auf der Lernplattform sind eingebrochen.

---

[2] Personen, Unternehmen und Handlungen sind frei erfunden. Sollten sich bei Schilderung gewisser Praktiken Ähnlichkeiten mit Verfahren bestimmter Unternehmen ergeben, so sind diese Ähnlichkeiten weder beabsichtigt noch zufällig, sondern unvermeidlich.

Um die Ursachen zu analysieren und geeignete Maßnahmen für deren Behebung zu beschließen, beauftragt die Unternehmensleitung die Projektleiterin Frau Willig, ein Treffen mit allen an der Konzeption und Umsetzung des Produkts beteiligten Abteilungen aus dem Unternehmen und dem Verlag einzuberufen:

- Marketing (Verlag): Verantwortlich für dem Produkt zugrunde liegende Marktanalysen und Vermarktungsstrategien, die im Rahmen der Produkteinführung durchgeführt wurden.
- Redaktion (Verlag): Verantwortlich für die Inhalte der Plattform.
- Autor/innen (Verlag): Verantwortlich für die einzelnen Lernmodule.
- Design (Unternehmen): Verantwortlich für Gestaltung und Usability der Plattform.
- IT (Unternehmen): Verantwortlich für die technische Umsetzung und Bereitstellung der Plattform über die Website.

In den nun folgenden drei Beschreibungen unseres Fallbeispiels steht jeweils ein Treffen aller Projektbeteiligten sowie dessen Vor- und Nachbereitung durch Frau Willig im Vordergrund. Jeder Abschnitt widmet sich dabei einem der von uns ausgewählten Ansätze.

10.3 Akteur-Netzwerk-Theorie (ANT)

Die Akteur-Netzwerk Theorie (ANT) hat den Begriff der Übersetzung in den Mittelpunkt ihrer Überlegungen gerückt. Sie wird als ein Prozess aufgefasst, der darauf gerichtet ist, aus einem Feld sich widerstreitender Interessen eine gemeinsame Situationsdefinition für begrenzte Kooperationen zu generieren. Kooperationen, die sich an bestimmte gemeinsame Probleme ankristallisieren.

Um plausibel zu machen, wie es zu einer gemeinsamen Situationsdefinition kommen kann, unterscheidet einer ihrer Vertreter Callon (1986) fünf Momente: Problematisation (1) bezeichnet den Versuch zentraler Akteur/innen, für andere Akteur/innen im Spiel unentbehrlich zu werden. Sie tun dies, indem sie Problemdefinitionen vorschlagen und behaupten, dass die Probleme aller Akteur/innen gelöst werden können, wenn die anderen Akteur/innen diese Definition – Callon spricht von einem obligatorischen Passierpunkt (OPP) – präsentiert als Untersuchungsprogramm, akzeptieren. Interessment (2) bezeichnet eine Serie von Prozessen, mittels derer Forscher/innen versuchen, andere Akteur/innen an die Rollen zu binden, die für sie zur Realisierung des Programmes vorgesehen sind.

Enrolment (3) bezeichnet ein Set an Strategien, mittels derer die Forscher/innen versuchen, die unterschiedlichen Rollen zu verknüpfen. Mobilisation (4) bezeichnet ein Set an Methoden, die die Forscher/innen benutzen, um sicherzustellen, dass die für die unterschiedlichen Gruppen vorgeschlagenen Sprecher in der Lage sind, ihre Gruppen auch zu repräsentieren. Dissidence (5) schließlich macht darauf aufmerksam, dass die auf diese Weise erzielte Übersetzung und die mit ihr verbundenen Allianzen jeden Moment in Frage gestellt werden können, die Übersetzung verraten werden kann.

Den konkreten Vorgang des Übersetzens begreift Callon als eine Serie von Ersetzungen, die dazu führen, dass Akteur/innen in der eigenen Sprache auszudrücken lernen, was andere Akteur/innen sagen und wollen. Am Ende eines solchen Prozesses steht – wenn er denn erfolgreich ist – ein einheitliches Sprechen der Akteur/innen durch eine/n Akteur/in (Callon 1986, S. 223). Ein durch eine erfolgreiche Übersetzung etablierter obligatorischer Passierpunkt – als Bezeichnung für eine gelungene Übersetzung – ist so lange in Kraft, bis er aufgekündigt wird.

Zwei Besonderheiten verdienen abschließend Aufmerksamkeit. Zum einen billigt Callon innerhalb seines Beispiels einem Akteur eine Führungsrolle zu. In seinem Fallbeispiel ist es dieser Akteur, dem es gelingt, andere von seiner Problemsicht zu überzeugen und so einen obligatorischen Passierpunkt zu installieren. Dies allerdings nur unter der Voraussetzung, dass Koordinierungsleistungen zwischen unterschiedlichen Akteur/innen und Interessen zustande kommen. Für diesen Zweck müssen Übersetzungen angefertigt werden, die für alle Beteiligten einen überzeugenden Plot bereithalten. Und zum anderen besteht eine Besonderheit an der Akteur-Netzwerk-Theorie darin, die übliche Trennung zwischen Technischem und Sozialem aufzuheben.

Für unser Vorgehen bedeutet dies, dass wir neben den sozialen Akteur/innen aus unserem Fallbeispiel auch die technischen Artefakte (hier das technische Artefakt Onlineplattform) und ihre Rolle im Prozess in unsere Analyse einbeziehen.

Mithilfe der ANT werden wir unser Fallbeispiel als einen Prozess schildern, im Laufe dessen durch die Anwendung verschiedener Strategien unterschiedliche Interessen und Ziele in ein gemeinsames Anliegen übersetzt werden, ein OPP errichtet wird. Mit der PL gibt es eine zentrale Akteurin, die den Prozessverlauf und das Zusammenspiel der sozialen und nicht-sozialen Akteur/innen maßgeblich gestaltet.

10.3.1 Im Vorfeld

Frau Willig kontrolliert laufend die aktuellen Umsatzzahlen und die Zugriffszahlen auf die Website. Sie stellt fest, dass die Seite v. a. kurz nach dem Launch hervorragende Zugriffszahlen aufwies. Nach einigen Wochen reduzierte sich die Anzahl der Besucher/innen zwar deutlich, nach Frau Willigs Einschätzung aber immer noch in einem annehmbaren Rahmen, schließlich handelt es sich um ein völlig neuartiges Produkt, das sich am Markt erst noch etablieren muss.

Anders verhält es sich mit den Umsatzzahlen. Sie blieben von Beginn an weit hinter den Erwartungen und den von der Unternehmensleitung gesteckten Zielen zurück. Aus dem Verhältnis der Anzahl der Besucher/innen zur Anzahl der Kund/innen, die eine Lizenz zur Nutzung der Plattform gekauft haben, errechnet Frau Willig eine Konversionsrate[3] von 0,07 % für den ersten Monat und durchschnittlich 0,1 % für die übrigen Monate.

---

[3] Die Konversionsrate gibt den Teil der Kaufinteressenten an, die eine bestimmte Website besuchen und zu Käufern werden. Die Rate ermittelt die Wirksamkeit einer Werbemaßnahme. Typisch sind

Die Anzahl der Nutzer/innen, die die Website aufruft, ist damit zwar ausreichend, es entschließen sich allerdings zu wenige Nutzer/innen für den Kauf des Produkts. Die Lernplattform bleibt damit weit hinter den im Business-Plan festgelegten Werten zurück.

Rekonstruktion Aus der Analyse der Zahlen schließt Frau Willig, dass die Ursachen der schlechten Umsatzzahlen v. a. in der Plattform selbst zu finden sind: Die Zugriffszahlen sind ja durchaus zufrieden stellend, die Umsatzzahlen entsprechen nicht den Erwartungen.

Der Aufbau und die Navigation der Seite orientieren sich zu sehr an den Interessen und Belangen der beteiligten Abteilungen und vernachlässigen die Sicht der Kund/innen und v. a. der kundenfreundlichen Gestaltung der Abläufe.

So müssen Kund/innen im Laufe des Anmelde-Vorgangs eine Reihe von Angaben zu ihrer Person machen, die mit dem Kauf des Zugangs zu Lernplattform und deren Nutzung in keinerlei Zusammenhang stehen. Das Marketing des Verlags hatte jedoch auf diesen Angaben bestanden, um so eine bessere Datengrundlage für die Entwicklung künftiger Produkte und für Direktmarketing-Aktionen zu erhalten.

V. a. zwischen der Redaktion und den Autor/innen kam es schon im Vorfeld immer wieder zu teilweise heftigen Kontroversen um die Übernahme wissenschaftlicher Texte, die nach Ansicht der Redaktion für die Verwendung auf einer Online-Plattform, die sich an ein nicht-wissenschaftliches Publikum wendet, zu anspruchsvoll formuliert waren.

Zusätzlich konnte die technische Entwicklung der Plattform wegen verschiedener Änderungen am inhaltlichen Konzept und laufender Change Requests (CRs)[4] erst sehr spät abgeschlossen werden. In der Folge konnte die Anbindung der Datenbanken nicht gründlich genug getestet werden, was sich in einem kompletten Systemausfall zu Beginn und immer wiederkehrenden Performance-Problemen bei der Nutzung der Plattform äußert.

Konstruktion Frau Willig entscheidet, im Vorfeld des Meetings durch eine speziell darauf spezialisierte Agentur einen Usability-Test durchführen zu lassen. Anhand bestimmter Use-Cases wird die Nutzung der Plattform im Hinblick auf Zugang zu den Texten und ihrer Verwendung getestet, über das so genannte Eye-Tracking-Verfahren werden außerdem Aufschlüsse bezüglich des Blickverhaltens der Nutzer/innen auf der Website gezogen. Die Ergebnisse bestätigen Frau Willigs Vermutung, dass die Gründe für die schlechte Konversionsrate v. a. in der Usability liegen.

Sie plant daher, hier im nächsten Schritt Optimierungen durchzuführen. Darüber hinausgehende grundsätzliche Überarbeitungen der technischen Infrastruktur der Plattform oder der Lernmodule plant Frau Willig im Moment nicht. Nach Ihrer Ansicht belegen die Ergebnisse des Tests deutlich, dass es bereits in dieser Phase noch eine ganze Reihe von

---

Werte zwischen 1 und 5 Prozent, von 100 neu gewonnenen Besuchern eines Online-Shops führen 1 bis 5 tatsächlich einen Kauf durch, konvertieren also vom Besuchenden/Lesenden zum Kaufenden.
[4] Als Change Request bezeichnet man eine Änderungsanforderung im Änderungsmanagement von Projekten. Es handelt sich dabei um eine formalisierte Beschreibung der Änderung eines Produktes oder technischen Systems und ihrer Auswirkung (vgl. Bea et al. 2008).

Verbesserungsmöglichkeiten gibt, damit potentielle Kunden überhaupt den Zugang zur Plattform finden und Produkte erwerben.

Die Inhalte selbst und die technische Grundlage müssen dann in einer weiteren Phase, wenn es darum geht, das Produkt selbst weiter auszubauen und zu verbessern, weiterentwickelt werden. Frau Willig überschreitet mit dieser Vorgehensweise nur geringfügig das bisher vorgesehene Budget. Für weitere Entwicklungen und die Optimierung der übrigen Bereiche muss durch die Geschäftsführung ein weiteres Budget bereitgestellt werden.

Strategie Frau Willig entscheidet, alle jetzigen Maßnahmen unter das Ziel „Verbesserung von Usability und damit von Nutzerfreundlichkeit" der Plattform zu stellen. Sie geht davon aus, dass sie mit dieser Formulierung einen für alle tragbaren gemeinsamen Nenner gefunden hat, dem sich alle Repräsentant/innen beider Unternehmen anschließen können. In der Besprechung soll es v. a. darum gehen, mit den Beteiligten eine gemeinsame Sichtweise des weiteren Vorgehens herzustellen und zu beschließen.

Taktik Im Vorfeld führt Frau Willig eine Reihe von Gesprächen mit allen Projektbeteiligten. Es geht ihr darum, festzustellen, wie die verschiedenen Abteilungen die Plattform und ihre Nutzerfreundlichkeit bewerten und ein bestimmtes Set an Maßnahmen abzustimmen. Frau Willig stellt den Usability-Test durch die externe Agentur und die Ergebnisse detailliert vor.

In allen Abteilungen findet ihr Vorschlag, das Hauptaugenmerk jetzt auf die Verbesserung der Usability zu richten, Zustimmung, wenngleich dies teilweise unterschiedlich bewertet wird.

Das Marketing sieht die Ursachen v. a. im Aufbau und Design der Plattform. Damit sei die avisierte Zielgruppe der Young Professionals nicht genügend berücksichtigt. Für das Design hingegen muss das Hauptaugenmerk unbedingt auf einer Überarbeitung der Begrifflichkeiten und Kategorien auf der Seite liegen. Sie sind teilweise zu lang und machen den Aufbau einer kundenfreundlichen Navigationsstruktur kaum möglich.

Die Technik wiederum argumentiert, dass die Menge der Plattform-Inhalte im Vorfeld nicht bekannt war. Auf dieser Basis hätte eine Entscheidung zugunsten einer anderen Hardware gefällt werden müssen. Ohne diese zusätzliche Investition ist die Erhöhung der Performance nicht möglich.

Nach Ansicht der Redaktion sind v. a. die Registrier- und Bezahl-Prozesse zu kompliziert und müssen dringend optimiert werden. Frau Willig und die Redaktion verständigen sich darauf, dass Diskussionen über die Aufbereitung und Darstellung der wissenschaftlichen Texte zu diesem Zeitpunkt und in dieser Runde nicht mehr angebracht sind. Es wird entschieden, dass die Autor/innen bei dem Treffen nicht teilnehmen werden.

10.3.2   Die Situation

Die Sitzung wird wie geplant über eine Powerpoint-Präsentation von Frau Willig eingeleitet. Sie fasst den aktuellen Stand zusammen und erläutert die derzeitigen Zugriffs- und Umsatzzahlen sowie die erzielte Konversionsrate. Dem stellt sie die Zahlen aus dem Business-Plan gegenüber.

Als nächstes stellt sie detailliert die Usability-Studie, die Vorgehensweise und die Ergebnisse vor. Großen Wert legt sie auf die Formulierung des gemeinsamen Ziels der Verbesserung der Kundenfreundlichkeit, dem alle Teilnehmenden in der anschließenden Diskussion letztlich zustimmen.

Im Anschluss stellt sie außerdem die bereits abgestimmten Optimierungsmaßnahmen nochmals detailliert vor. Um schnell zu einem Beschluss zu kommen und die konkreten Maßnahmen abzustimmen, hat sie in die Präsentation außerdem einen groben Zeitplan, eine To-do-Liste und eine Budgetierung integriert.

Demnach sollen die Verbesserungsmaßnahmen v. a. durch die Design-Abteilung aus dem Unternehmen durchgeführt werden. Zudem sollen die Kaufprozesse durch das Marketing verbessert werden. Die Abfragen der Nutzerdaten sollen deutlich verschlankt werden, zusätzliche Daten können in späteren Prozessen auf der Basis der Freiwilligkeit erhoben werden.

An dieser Stelle kommt es allerdings zu heftigen Kontroversen. Die Vertreter/innen des Marketing und der Technik sind der Ansicht, dass es sich hierbei um rein kosmetische Änderungen handelt, die nicht dazu geeignet sind, das grundsätzliche Problem, nämlich die nicht gelungene Zielgruppenansprache sowie die schlechte Performance der Website zu verbessern.

V.a. der Leiter der technischen Abteilung, der urlaubsbedingt nicht an der Vorbesprechung teilgenommen hatte, greift Frau Willig persönlich an, da er mit der Vorgehensweise, wichtige Rahmenbedingungen des weiteren Vorgehens schon im Vorfeld in kleineren Gruppen abzustimmen, nicht einverstanden ist. Zudem wirft er ihr vor, mit der strikten Einhaltung des Budgets eine weitere Rahmenbedingung festzulegen, die nicht mit allen Beteiligten abgestimmt wurde.

In Abwandlung der Vorschläge wird ein neuer Plan erarbeitet, der ein umfassendes Maßnahmenpaket enthält und neben der verbesserten Zielgruppenansprache und einer Überarbeitung der Kaufprozesse weitere grundlegende Optimierungen wie Investitionen in zusätzliche Hardware, eine grundlegende Überarbeitung von Nutzerführung und Strukturierung der Inhalte umfasst.

Am Ende einigen sich alle Teilnehmenden außerdem auf einen gemeinsamen Zeitplan und eine grobe Abschätzung des zusätzlich notwendigen Budgets, das sich nach der Einschätzung aller in einem realistischen Rahmen bewegt und dessen Überschreitung zumindest moderat bleibt. Frau Willig wird beauftragt, die Freigabe des zusätzlich benötigten Budgets mit der Geschäftsführung abzustimmen.

10.3.3   Im Nachgang

Rekonstruktion   Obwohl Frau Willigs Vorschläge am Ende der Sitzung nicht angenommen wurden und der jetzige Maßnahmenvorschlag das Budget stärker überschreitet als geplant, ist Frau Willig insgesamt mit dem Ergebnis zufrieden.

Alle Beteiligten waren sich darüber einig, dass die Verbesserung der Usability und damit der Kundenfreundlichkeit der Plattform im Vordergrund steht. Die grundsätzlichen Ziele und der Aufbau der Plattform, über die im Vorfeld lange kontrovers diskutiert worden war, waren in diesem Meeting kein Diskussionsgegenstand mehr. Nach Frau Willigs Einschätzung hat die Entscheidung, die Sitzung ohne die Autor/innen durchzuführen, maßgeblich hierzu beigetragen.

Stattdessen waren alle Beteiligten konstruktiv darum bemüht, zu einer einvernehmlichen Lösung zu kommen, die alle Interessen berücksichtigte. Nur der technische Abteilungsleiter war aus dem Rahmen gefallen, womit Frau Willig aber leben kann, ist dieser doch bekannt für seine teilweise heftigen und cholerischen Ausfälle.

Konstruktion   Frau Willig erstellt nun das Protokoll der Sitzung sowie eine detaillierte Zeit- und Budget-Planung. Alles zusammen schickt sie den Beteiligten mit der Bitte um eine baldige Rückmeldung und Zustimmung zu. Anschließend vereinbart sie einen Termin bei der Geschäftsführung, um den Status Quo vorzustellen.

10.3.4   Fazit

Im Sinne der ANT kann der hier beschriebene Prozess als ein Übersetzungsprozess zwischen verschiedenen sozialen und nicht-sozialen Akteur/innen analysiert werden.

Mit der Projektleiterin Frau Willig gibt es eine zentrale Akteurin, die den Prozessverlauf und das Zusammenspiel der sozialen und nicht-sozialen (in diesem Fall des technischen Artefakts Onlineplattform) maßgeblich gestaltet. Es lassen sich mehrere Momente der Übersetzung identifizieren, die im Folgenden kurz vorgestellt werden.

Übersetzung in dem hier gemeinten Sinne bedeutet, die Anliegen und verschiedenen Interessen der unterschiedlichen Akteur/innen aufeinander abzustimmen und so zu einer gemeinsamen Sichtweise und Problemlösung zu gelangen.

Frau Willig gelingt dies substantiell, indem sie auf der Basis eines wirtschaftlichen Blickwinkels – der Konversionsrate – durch einen externen Anbieter auf der Basis von dessen Fachwissen einen Test durchführen lässt. Die Ergebnisse bezieht sie von Anfang an in den Prozess der weiteren Maßnahmenplanung und Entscheidungsfindung ein und es gelingt ihr, auch die anderen Beteiligten, die primär andere Interessen verfolgen, hiervon zu überzeugen. Als wichtiger Ausgangspunkt für alle weiteren Maßnahmen kann sie einen „Obligatorischen Passagepunkt" (OPP) die Verbesserung der Nutzerfreundlichkeit der Plattform, etablieren. Alle Beteiligten erklären sich einverstanden und das Ziel wird bis zum Ende des Prozesses von allen Beteiligten unterstützt.

Indem der von Frau Willig formulierte OPP sich auf die Usability der Plattform bezieht, gelingt es ihr, auch die nicht-soziale Akteurin, die Plattform selbst, in das Geschehen einzubeziehen. Gegenüber der Interaktion auf und mit der Plattform werden Konflikte zwischen den Abteilungen in den Hintergrund gerückt und das Ziel der Usability kann von allen Beteiligten gemeinsam verfolgt werden.

Deutlich wurde aber auch, dass die Etablierung eines OPP nicht immer gelingen muss. In diesem Fall war er eng verknüpft mit dem Ziel, das Budget einzuhalten. Frau Willig konnte sich jedoch nicht durchsetzen, die Annahme des Ziels scheitert am Widerstand der anderen Beteiligten. V.a. der Leiter der technischen Abteilung sah seine Ziele gefährdet, der Prozess der Übersetzung ist an dieser Stelle missglückt.

Methodisch gelingt ihr Erfolg, indem sie im Vorfeld der Sitzung mit allen Beteiligten intensive Gespräche führt und dort die Ergebnisse des Tests und ihre weiteren Planungen vorstellt. Die Beteiligten werden hier im Prozess des „Interessement" als Verbündete gewonnen, der Rückgriff auf das Expertentum einer externen Agentur, die mit ihrem Fachwissen eine Bewertung der Plattform und zugleich Verbesserungsvorschläge abgibt, verleiht Frau Willigs Argumenten und dem OPP zusätzliches Gewicht. Die jeweils spezifischen Eigeninteressen der Beteiligten werden im Hinblick auf den OPP geprüft und reinterpretiert, sie werden von der Notwendigkeit des OPP zur eigenen Zielerreichung überzeugt. Eigene Primärziele können dabei sogar vorübergehend in den Hintergrund treten, um das gemeinsame Ziel zu erreichen.

So ist das Marketing sicherlich weiterhin davon überzeugt, möglichst viele Kundendaten sammeln zu wollen. Im Sinne der Verbesserung der Nutzerfreundlichkeit wird aber der geplanten Vorgehensweise zugestimmt, diese nicht bereits bei den Registrierungsprozessen, sondern erst später und auf freiwilliger Weise zu erheben.

Ebenso ist die Redaktion damit einverstanden, die Autor/innen nicht an dem Treffen zu beteiligen und die nach wie vor notwendige Überarbeitung der Inhalte auf eine spätere Phase zu verschieben, wenn die Nutzerfreundlichkeit der Plattform insgesamt gewährleistet ist.

Deutlich wird an diesem Beispiel die wichtige Rolle von Übersetzungsprozessen, die gerade bei der grenzüberschreitenden Zusammen-Arbeit von Akteur/innen aus unterschiedlichen fachlichen Zusammenhängen notwendig ist, um ein Verständnis für ein gemeinsam verfolgtes Ziel herzustellen. Gleichzeitig werden jedoch auch die Grenzen des ANT deutlich. Berücksichtigt werden müssen komplexe Situationen, die die Gleichzeitigkeit mehrere OPPs und Übersetzungsprozesse in den Blickpunkt rücken.

10.4   Symbolischer Interaktionismus (SI)

Innerhalb des symbolischen Interaktionismus wird grenzüberschreitende Zusammenarbeit unter den Stichworten „soziale Welten" und „Arena" konzeptualisiert (vgl. Strübing 1997; Horwitz 2002). Vor ihrem Hintergrund wird das Problem einer Organisierbarkeit von Heterogenität sichtbar, auf das die Lösung „Grenzobjekte" lautet. Im Folgenden werden die drei Begriffe kurz vorgestellt.

Nach Clarke (1991) stellen soziale Welten Verbünde von Einzelnen, Gruppen, Organisationen oder sozialen Bewegungen dar, die Verpflichtungen, Ressourcen und Semantiken in Bezug auf gemeinsame Aktivitäten teilen. In ihnen bilden sich Identitäten aus, auf die/die auf Gemeinsamkeiten der ihr verpflichteten Akteur/innen zurückgehen. In ihnen lässt sich nur etwas erreichen, wenn bestimmte Interessen und Ziele nicht einfach gegen andere Interessen und Ziele gesetzt werden. Der Zusammenhalt von sozialen Welten ist vielmehr nur dann gewährleistet, wenn es gelingt, unterschiedliche Interessen ineinander zu übersetzen und mit gemeinsamen Zielen in Verbindung zu bringen. Innerhalb eines solchen Prozesses geraten Interessen und Ziele in Bewegung, so dass unklar ist, ob nicht am Ende eines solchen Prozesses veränderte Erwartungen und Sichtweisen stehen.

Der Begriff der Arena ist ein Komplementärbegriff zu dem der sozialen Welten. Arenen sind Felder von Aktivitäten, die ein mehr oder weniger weites Spektrum von sozialen Welten umfassen. In einer Arena sind allerdings in der Regel nur Repräsentant/innen der jeweils von Aktivitäten betroffenen und an ihnen beteiligten sozialen Welten präsent. Arenen werden damit zu den Orten, an denen unterschiedliche soziale Welten über ihre Repräsentant/innen in Aushandlungsprozesse eintreten.

Sowohl die Grenzen von sozialen Welten als auch die von Arenen bestimmen sich danach, inwieweit individuelle oder kollektive Akteur/innen sich gegenüber der im Zentrum stehenden Aktivität als verpflichtet erweisen. Wie aber lässt sich die Arbeit an gemeinsamen Projekten über die Annahme hinaus, dass es sich um Aushandlungen handelt, näher bestimmen? Um dies plausibel zu machen, ist von Star/Griesemer (1989) das Konzept der Grenzobjekte entwickelt worden. Grenzobjekte werden als Schlüssel einer Vermittlung von verschiedenen sozialen Welten eingeführt, um eine Vorstellung von den Aktivitäten in einer Arena zu bekommen.

Das Konzept ist von Star und Griesemer für eine Beschreibung heterogener Arbeitsprozesse entwickelt worden, die der Bewältigung von Vorhaben unter der Voraussetzung dienen, dass die unterschiedlichen beteiligten Parteien bei ihrer Realisierung aufeinander angewiesen sind. An einer Konstruktion von Grenzobjekten sind eine Reihe von Akteur/innen aus unterschiedlichen sozialen Welten beteiligt. Sie alle finden sich zusammen, um bestimmte gemeinsame Ziele zu erreichen, um Projekte zu realisieren. Erst im Zusammenspiel der verschiedenen Akteur/innen innerhalb einer Arena erweist sich, ob aus dem Arbeitsprozess ein Grenzobjekt hervorgeht oder nicht. Grenzobjekte kommen nur dann zustande, wenn sie plastisch und konkret genug sind für lokale Verwendungen in den sozialen Welten der beteiligten Akteur/innen und allgemein und flexibel genug, um gemeinsame Ziele und Projekte zu tragen, eine gemeinsame Identität zu stützen.

Über das Grenzobjektkonzept wird erklärbar, wie unterschiedliche Akteur/innen, die mit unterschiedlichen Mitteln unterschiedliche Ziele verfolgen, zu gemeinsamen Aktivitäten und gemeinsamer Zielerreichung in der Lage sind. Die Antwort lautet: durch Arbeit an speziellen Objekten. Auf diese Weise kann plausibel gemacht werden, wie Heterogenität, im Sinne einer Vielzahl unterschiedlicher Akteur/innen und sozialer Welten, organisiert werden kann. Das, was Star/Griesemer herausarbeiten, sind soziale Formen, die dafür Sorge tragen, dass Verknüpfungen zwischen involvierten Beteiligten zustande kommen und sich bewähren.

10.4.1   Im Vorfeld

In den folgenden Beschreibungen und Analysen steht eine ausgewählte Episode aus dem Versuch von Frau Willig im Zentrum, das Grenzobjekt „erfolgreiche E-Learning-Plattform" wieder auf Kurs zu bringen. Es handelt sich dabei um eine Besprechung, die in unserem Beispielunternehmen zwischen der Projektleiterin und den Repräsentant/innen der Sachaufgaben mit dem Ziel stattfindet, eine Lösung für das aufgetretene Problem „zu geringe Konversionsrate" zu finden.

Rekonstruktion Die Projektleiterin Frau Willig ist überrascht: Sie hat soeben die neuesten Zahlen bezüglich Umsatz und Aufrufen der neuen E-Learning-Plattform erhalten/eingesehen. Nach einem ordentlichen Start sind die neuesten Zahlen nun besorgniserregend (s. o. unter 3.1). Für den Umsetzungsrahmen des Projektes „E-Learning-Plattform" wurde mit der Geschäftsführung eine Konversionsrate vereinbart, die nun unterschritten wurde: Es besteht dringender Handlungsbedarf!

Vor der Sitzung rekapituliert Frau Willig noch einmal den bisherigen Stand der Dinge. Die Verantwortlichkeiten waren klar geregelt (s. o. unter 2.) und die einzelnen Abteilungen sind im Rahmen des abgesprochenen Vorgehens ihren jeweiligen Verpflichtungen trotz immensen Zeitdrucks im Großen und Ganzen nachgekommen.

Die bisherigen gemeinsamen Sitzungen haben allerdings gezeigt, dass es immer wieder Konflikte zwischen den Verlagsmitarbeiter/innen auf der einen und den „eigenen Leuten" auf der anderen Seite gibt. Beide werfen sich wechselseitig vor, vom Medium des anderen keine Ahnung zu haben. Aufgrund dessen lief der bisherige gemeinsame Prozess eher schleppend.

Zudem hat sich als hinderlich herausgestellt, dass drei Repräsentant/innen des Verlags nur zwei Repräsentant/innen der Internetplattform gegenüberstehen. Die drei haben es immer wieder verstanden, die zwei zu dominieren.

Und nicht zuletzt sind sich immer wieder die Repräsentant/innen von Redaktion und Autor/innen in die Quere gekommen. Diese „internen" Streitigkeiten in der „Verlagsgruppe" wurden als besonders hinderlich wahrgenommen.

Einen Ausdruck fand der Konflikt darin, dass Fertigstellungstermine durch Redaktion und Marketing nicht eingehalten wurden. Aufgrund dessen konnte die Plattform im Vorfeld nicht genügend getestet werden und es kam zu einem Datenbankausfall.

Konstruktion Zur Vorbereitung auf die Sitzung hat Frau Willig sich von allen zur Sitzung Geladenen eine kurze Problemskizze erbeten (und erhalten), in denen die einzelnen Beteiligten die aus ihrer Sicht primären Ursachen des Problems benennen. Frau Willig plant aus den genannten Ursachen „strategische Schlüsselprobleme"[5] abzuleiten, von denen alle überzeugt sind, dass ihre Bearbeitung das Problem „zu geringe Konversionsrate" löst.

Von allen wird die Performanz der Website als sehr schlecht wahrgenommen, etwa weil lange Wartezeiten bestehen, bis sich eine Seite lädt oder Material herunter geladen werden kann. Unterschiedliche Bewertungen gibt es jedoch in Bezug auf zentrale Ursachen:

- Marketingabteilung: Die Inhalte der Plattform sind nicht zielgruppengerecht aufbereitet. Bei der Übernahme der Inhalte aus dem (weiter sehr erfolgreichen) Buch hätten die Hinweise auf die Spezifika von Online-Kunden stärker berücksichtigt werden müssen. Dies gilt insbesondere für die Zielgruppe der Young Professionals, an deren Bedürfnisse die Aufbereitung der Inhalte zu wenig angepasst ist.
- Redaktion: Sie meint, dass die Anmelde- und Zahlvorgänge zu kompliziert konzipiert und umgesetzt sind. Die Inhalte sind auf der Website nur schwer findbar, und wenn sie dann gefunden werden, muss der Kunde zu viele persönliche Daten eingeben, die angebotenen Zahlweisen (nur Kreditkarte und Micropayment, keine Rechnung) sind zu kompliziert. Ergo: Die Usability der Website ist nicht kundenfreundlich.
- Technik: Für eine Steigerung der Zugriffszahlen sind mehr Marketingmaßnahmen notwendig. Weil die Fertigstellungstermine durch Redaktion und Marketing nicht eingehalten wurden, konnte die Plattform im Vorfeld nicht genügend getestet werden und es kam zu dem Datenbankausfall. Marketing und Redaktion müssen sich künftig frühzeitig auf Ziele und Inhalte festlegen und diese in ein abgestimmtes Konzept übernehmen, auf dessen Basis die technische Umsetzung erfolgen kann. Laufende CRs (Change Requests) während der Umsetzung und kurz vor dem Live-Betrieb sind absolut zu vermeiden.
- Autor/innen: Die Inhalte wurden vom Verlag nicht zielgruppengerecht und entsprechend der Autorenvorlagen übernommen. Sie werden daher teilweise verfälscht und wenig verständlich dargestellt.
- Design: Die Texte und Unterlagen auf der gesamten Plattform sind zu lang. Sie machen einen kundenfreundlichen Aufbau der Navigationsstruktur unmöglich. Die Inhalte müssen klarer strukturiert werden.

Frau Willig sieht sich durch die Rückmeldung in ihrer Vorplanung bestätigt und überlegt, wie sie mit der Situation weiter umgehen soll.

Strategie Da nach ihrer Einschätzung eine Zusammenarbeit zwischen den Unternehmen nur dann konstruktiv und erfolgreich sein wird, wenn es gelingt, den Konflikt zu entschärfen und schnell zu einer sachorientierten Auseinandersetzung über mögliche Lösungen des Problems über zu gehen, richtet sie ihre Maßnahmen an dieser Maxime aus. Dafür gilt es,

---

[5] Strategische Schlüsselprobleme dienen dem Erkennen und Gewichten von Ursachen für Soll-Ist-Abweichungen, die den Erfolg des gesamten Vorhabens zu gefährden drohen. Es handelt sich um eine verdichtete Darstellung von Ergebnissen einer Situationsanalyse, auf deren Basis eine konsequente Lösung der Probleme angestrebt wird.

die Beteiligten wieder auf das gemeinsame Ziel – eine kommerziell erfolgreiche Plattform
– auszurichten, ohne dabei die Einzelinteressen aus den Augen zu verlieren. Aber wie?

Taktik Schon im Vorfeld der Sitzung setzt sie sich dafür ein, dass der Verlag eine Person
benennt, die sowohl die Autoreninteressen als auch die der Redaktion vertritt. Nach einer
Reihe von Kontakten auf der Geschäftsführerebene wird dem Wunsch von Frau Willig ent-
sprochen und zugesagt, Divergenzen zwischen den beiden Gruppen im Vorfeld im Verlag
auszuräumen.

Zusammen mit der stellvertretenden Projektleiterin aus dem eigenen Haus nimmt sie
sich das Teilprojekt „Usability" vor und versucht, es vor dem Hintergrund herausgearbei-
teter Schlüsselprobleme zu optimieren. Das Ergebnis will sie in einer kleinen Präsentation
zu Beginn der Sitzung im Kontrast zum derzeitigen Stand vorstellen.

Zudem beschließt sie, die Teilnehmer/innen zwar vorab über die von ihnen geäußerten
Ursachen zu informieren, sie aber in der Sitzung nur dazu zu benutzen, aus ihnen strategische Schlüsselprobleme abzuleiten, um so eine konstruktive Stimmung in der Gruppe und
eine positive Arbeitsatmosphäre zu erzeugen.

10.4.2   Die Situation

Die Sitzung beginnt wie geplant mit einer kleinen Powerpoint-Präsentation von Frau Willig, die sie mit der Vision einer erfolgreichen Plattform und dem Appell verbindet, sich
gemeinsam dafür einzusetzen.

Allerdings zeigt die gewählte Taktik nicht den gewünschten Erfolg. Die Teilnehmenden aus dem Verlag können und wollen nicht ohne weiteres zur Tagesordnung übergehen,
da sie den Ausschluss einer Kollegin als Affront, die in der Präsentation des Teilprojektes
angedachte Lösung als übergriffig und das stringente Vorgehen als autoritär erleben.

Als Frau Willig den Eindruck hat, dass sich die Lage nach einigem Hin und Her emotional beruhigt hat, fragt sie die Teilnehmenden, wie sie denn nun weiter vorgehen wollen. Die
wichtigste Abweichung von ihrem eigenen Vorschlag zum Verlauf besteht darin, dass es die
Teilnehmenden zunächst für sinnvoll erachten, sich zum besseren allgemeinen Verständnis
noch einmal mit den benannten unterschiedlichen Gründe der zu geringen Konversionsrate zu befassen, bevor es an deren Priorisierung und Zusammenfassung gehen soll. Zwar
wird damit das Zeitbudget für diesen Tagesordnungspunkt überschritten, der Zeitplan für
die Sitzung kann aber durch Kürzungen an anderer Stelle aufrecht erhalten werden. Mit
dieser Änderung am Programm stürzen sich die Teilnehmenden in die Arbeit.

Die Diskussion der unterschiedlichen benannten Gründe erweist sich als nutzbringend,
da sie es erlaubt, gemeinsame Anforderungen an eine Problemlösung zu formulieren und
in strategische Schlüsselprobleme zu übersetzen. Auf diese Weise ergeben sich drei Schlüsselprobleme:

- Korrekturen an der Zielgruppenkonstruktion sind nötig („jünger und dynamischer").
- Es bedarf einer stärkeren Anpassung des Designs an die neue Struktur („form follows function").
- Eine Straffung und Entschlackung der Seiten, eine deutlichere Benutzerführung sowie eine Beschleunigung der Vorgänge ist unabdingbar („Prinzip MiniMax, mit minimalem Aufwand maximalen Erfolg").

Mit diesen drei Ursachenrepräsentationen ist es gelungen, alle Teilnehmenden ins Boot zu holen. Alle sind davon überzeugt, mittels des gefundenen Ergebnisses ihre jeweiligen Abteilungen auf die gemeinsame Lesart einschwören zu können, da die gefundene Lösung Teile aus allen Ursachenbeschreibungen kombiniert.

Ein Streitpunkt bleibt allerdings. Man ist uneinig darüber, ob der Termin, zu dem sich die Plattform rechnen soll, eingehalten werden kann. Eine Kalkulation der Dauer der beschlossenen Maßnahmen überzeugt schließlich alle Teilnehmenden davon, dass sich ein Verschieben des „Break-even" nicht wird vermeiden lassen. Die Projektleiterin wird beauftragt, einen neuen Endtermin mit der Geschäftsführung auszuhandeln. Auf dieser Basis sind alle Teilnehmenden bereit, ein Commitment in Bezug auf die zuvor vereinbarten Lösungsschritte und Termine einzugehen. Die angespannte Nervosität zu Beginn der Sitzung ist einer vorsichtig optimistischen Stimmung gewichen.

Die gefassten Beschlüsse werden im Protokoll festgehalten, eine To-do-Liste erstellt, das weitere Vorgehen abgesprochen und die Sitzung in dem Gefühl beendet, einen wichtigen Schritt nach vorne getan zu haben.

10.4.3 Im Nachgang

Rekonstruktion Im Nachhinein lässt Frau Willig die Besprechungssituation noch einmal Revue passieren. Was ist gut gelaufen, was hätte besser laufen können? Zunächst einmal ist sie erleichtert, dass sie ihre wichtigsten Ziele erreicht hat: Die nötigen Entscheidungen sind getroffen, das weitere Vorgehen abgesteckt und es gibt eine realistische Option auf Erreichen des angepassten Ziels.

Über die „Revolte" zu Beginn der Sitzung ist sie gar nicht so unglücklich, insofern ihr Ergebnis – eine emotionale Beruhigung und eine veränderte Tagesordnung – dazu geführt hat, die Teilnehmer und Teilnehmerinnen in den Arbeitsprozess zurück zu holen. Wie sie eine solche Situation in Zukunft besser meistern kann, ist ihr jedoch nicht klar. Sie macht sich eine Notiz, einen Termin mit ihrer Supervisorin zu vereinbaren, um die Situation noch einmal zu reflektieren.

Der Umgang mit den Ursachen der Krise hat sich in ihrer Sicht gewährt. Auch wenn hier nicht alles so lief, wie geplant, konnte doch durch die gewählte Taktik für alle Ursachen die gleiche Geltung erreicht werden, so dass ein Verdrängungswettstreit vermieden wurde. Und mit entsprechender methodischer Unterstützung konnte eine Priorisierung und Verknüpfung der Gründe erarbeitet werden. Die daraus abgeleiteten Maßnahmen waren

dann gut mit bestehenden Anforderungen und relevanten Rahmenbedingungen abgleich-
bar. Mit diesem Teil kann sich Frau Willig durchaus anfreunden.

Als Wermutstropfen empfindet sie allerdings die terminliche Anpassung, auch wenn
sie von deren Notwendigkeit überzeugt ist. Angesichts des durch die Teilnehmenden ein-
gegangenen Commitments in Bezug auf die angepassten Aufgaben und die Einhaltung der
Termine ist dies aus ihrer Sicht aber zu vertreten.

Die vereinbarten Lösungsschritte hält sie für tragfähig und realistisch, die Termine für
widerstandsfähig. Das Protokoll hält alle wichtigen Einigungspunkte fest und lässt an Klarheit bezüglich der verteilten Aufgaben und Termine nichts zu wünschen übrig. Insgesamt
ist Frau Willig zufrieden mit dem Verlauf der Besprechung.

Konstruktion Frau Willig macht sich nun daran, die Unterlagen, die den bisherigen Stand
repräsentieren, an die verabschiedeten Umplanungen und Umsetzungsschritte anzupas-
sen, um so wieder einen aktuellen und für alle verbindlichen Verlaufsplan zu erhalten. Sie
stellt das Protokoll fertig und hängt es an die Info-Mail zur Kenntnisnahme an. Nachdem
sie dies alles auf den Weg gebracht hat, macht sie sich auf den Weg zum Termin mit den
Geschäftsführungen, wo sie die Ergebnisse der Besprechung vorstellen soll.

10.4.4   Fazit

Besprechungen können dann ein Beispiel für grenzüberschreitende Arbeitsprozesse im
Sinne des SI sein, wenn sie folgende Kriterien erfüllen:

- Eine Vielzahl unterschiedlicher Akteur/innen und Sichtweisen ist involviert, die in einer
  Arena Angehörige ihrer sozialen Welten repräsentieren.
- Mittels eines übergeordneten Ziels wird eine gemeinsame Aktivität verfolgt, die in Bezug
  auf die Handlungsebene der sozialen Welten anschlussfähig gehalten werden muss und
  ein Interesse am Gelingen der Kooperation voraussetzt, weil keine der Parteien das Ziel
  der Kooperation alleine erreichen kann.
- Und schließlich stehen standardisierte Methoden zur Verfügung, die Übersetzungen aus
  der Arena in die sozialen Welten unterstützen.

Treffen diese Merkmale auf unsere Besprechungssituation zu? In unserer Sitzung stoßen
Vertreter/innen des Marketings (Verlag), der Redaktion (Verlag), der Autor/innen (Verlag),
des Designs (Unternehmen) und des ITs (Unternehmen), mit anderen Worten Repräsen-
tant/innen einer Reihe sozialer Welten, aufeinander. Abteilungen als Soziale Welten bilden
jeweils einen Zusammenhang mit geteilten Verpflichtungen, Ressourcen und Semantiken,
zu dem Akteur/innen auf Dauer oder auf Zeit eine Bindung entwickeln und der ihre Aktivitäten maßgeblich bestimmt. Der Konflikt zwischen den Verlagsmitarbeiter/innen auf der
einen und den „eigenen Leuten" auf der anderen Seite erschließt sich vor dem Hintergrund
einer solchen Annahme.

Die Besprechung fungiert als Arena, als Ort für Aktivitäten, an dem unterschiedliche soziale Welten über ihre Repräsentant/innen in Aushandlungsprozesse eintreten und versuchen, die gemeinsame Aktivität voranzutreiben. Im Zusammenspiel der Akteur/innen in einer Arena erweist sich schließlich, ob aus dem Arbeitsprozess ein Grenzobjekt hervorgeht oder nicht. Grenzobjekte kommen zustande, wenn sie plastisch und konkret genug sind für Verwendungen in den sozialen Welten und wenn sie allgemein und flexibel genug sind, um Ziele/Projekte zu tragen, eine gemeinsame Identität zu stiften.

In unserem Fall muss also die Problemlösung einerseits in den Prozess zur Etablierung einer E-Learning-Plattform integrierbar sein und andererseits muss sie von allen Beteiligten als angemessene und innerhalb der jeweiligen Abteilungen anschlussfähige Lösung angesehen werden. In unserem Fall erleichtert die standardisierte Methode „strategische Schlüsselprobleme" die Beziehungen und Kooperationen zwischen sozialen Welten. Sie erhöhen die Wahrscheinlichkeit, dass die gefundene Lösung in die beteiligten sozialen Welten übertragen und daran weiter gearbeitet werden kann. Sie dienen als Interface zwischen einer Mehrzahl sozialer Welten.

Die Besprechungssituation erweist sich so als kontingente Episode innerhalb des Prozesses „erfolgreiche E-Learning-Plattform". Bestimmte bisherige Planungen werden revidiert, ein Beschluss über Umplanungen gefasst. Damit wird eine neue Sachlage geschaffen, die bestimmte Implikationen für die beteiligten Abteilungen und Organisationen hat.

Die Zusammenfassung der Ursachenanalyse in strategischen Schlüsselproblemen und das abschließende Protokoll sind wichtigster Ausdruck dieser Umplanungen. Es hält als Aushandlung eine konsensfähige Sicht auf die Situation fest und dient der Verbreitung von Informationen an die durch die Aushandlung Betroffenen. Für eine solche Einigung ist nicht zu unterschätzen, dass alle präsentierten Vorschläge in den engen Zeitplan übersetzt werden können und möglichst keine wichtigen Positionen der Abteilungen aufgegeben werden müssen, um dem auf diese Weise repräsentierten „Objekt" den Übergang zurück in die Herkunftskontexte der Teilnehmenden zu erleichtern.

10.5   Dispositivanalyse (DA)

Die Dispositivforschung hat sich ausgehend von einigen Arbeiten Michel Foucaults in den letzten Jahren entwickelt. Anders als in der Diskursforschung geht man in der DA über den Text hinaus. Im Zentrum des Forschungsinteresses stehen die Vermittlungen zwischen diskursiven, d. h. in der Regel sprachlichen, und nicht-diskursiven Praktiken sowie Objektivationen, also z. B. Dingen, als auch Subjektivationen, wie vor allen Dingen Subjekte. Dispositive können als „Vorrichtungen" oder „Vorkehrungen" verstanden werden, die aus einem spezifischen Anlass heraus entstehen und die sowohl intendierte als auch nichtintendierte Folgen haben können. Wichtig ist hier, dass in der DA die Dinge nur so sind wie sie sind, weil sie als solche auch wahrgenommen oder problematisiert werden. Dies gilt sowohl für die Dinge als Objektivationen, als auch die Handelnden, deren Subjektivierungsformen oft erst über dispositiv hervorgebracht worden sind. Ein eingängiges Beispiel ist hier, dass erst über die Formierung des Überwachungsdispositiv im Frankreich des 18. Jahrhunderts das moderne Gefängnis und damit auch die Subjektpositionen der Ge- fangenen und der Mitglieder des Gefängnispersonals hervorgebracht worden sind. Dieses Beispiel zeigt aber auch, wie wirksam die Effekte von Dispositiven sein können. Denn noch immer bestrafen westliche Gesellschaften Verbrechen mit Gefängnisstrafen und machen die Delinquenten zu Gefangenen, die wiederum von entsprechendem Personal überwacht und kontrolliert werden.

Kurz: In der DA wird die soziale Welt als eine komplexe Konfiguration von nicht auf- einander reduzierbaren diskursiven und nicht-diskursiven Praktiken betrachtet, deren Zu- sammenspiel bestimmte Effekte hervorbringt. Diese Effekte können dann bestimmte Dinge inmitten bereits vorhandener gegebener, also auch vorgegebener Bedingungen wirklich und wirksam werden lassen. Der DA geht es insofern darum, die Institutionalisierungs- prozesse von Institutionen zu erforschen. (vgl. Bührmann und Schneider 2008) Deshalb fragt die PL nicht nur nach der Lösung der anstehenden Probleme für die Website, son- dern auch wie diese entstanden sind und insofern wirklich geworden sind.

Für ihre Rekonstruktion des aufgetretenen Problems nutzt die Projektleiterin Frau Willig Überlegungen aus der sozialwissenschaftlichen Dispositivforschung.[6] Diese For- schungsperspektive interessiert sich für das Entstehen bzw. das Werden von Dingen sowie für die dabei anfallenden intendierten und nicht intendierten (Neben-)Folgen. Dabei geht man davon aus, dass die Dinge – in diesem Fall die erfolgreiche Etablierung einer gut genutzten E-Learning-Plattform – diskursiv, d. h. sprachlich hervorgebracht werden und sich dann vergegenständlichen, also materialisieren.

10.5.1   Die Rekonstruktion des Problemgeschehens im Vorfeld

In einem ersten Schritt erscheint es Frau Willig ratsam zu klären, worin überhaupt das Problem bestehen könnte. Zwar hat sie – wie auch ihre Kolleg/innen aus den anderen Abtei- lungen – durchaus eigene Ideen und Vermutungen über die Problemursachen. Frau Willig will aber sichergehen, nicht nur ihre Sicht der Dinge zu berücksichtigen. Zugleich will sie die möglichen Problemursachen, die von den anderen Beteiligten benannt werden, in ihre Diagnose mit einbeziehen.

Deshalb macht sie sich zunächst daran, das bisherige Geschehen systematisch zu rekon- struieren. In einem zweiten Schritt will sie mit Hilfe konstruktiver Strategien Lösungswege entwickeln, um sich dann in einem dritten Schritt für einen dieser Wege zu entscheiden. Der gewählte Lösungsweg soll dann nochmals überprüft werden.

---

[6] Im Folgenden werden im Kontext der Dispositivforschung formulierte Leitfragen für eine syste- matische Rekonstruktion des Problemgeschehens fruchtbar gemacht. Damit erfährt die Forschungs- perspektive der Dispositivanalyse eine ungewohnte (An-)Wendung: Wird sie zumeist eingesetzt, um eine kritische Rekonstruktion gesellschaftlicher Lösungsstrategien in Bezug auf soziale Problemstel- lungen zu ermöglichen, so geht es hier um eine Problemrekonstruktion auf mikropolitischer Ebene. Vgl. auch weiterführend Bührmann und Schneider 2008.

Im Prozess der Materialisierung – im Sinne dessen, dass etwas wirklich und wirksam wird – können diverse Praktiken, Gegenstände, zeitliche sowie räumliche (An-)Ordnungen und natürlich auch Akteur/innen eine wichtige Rolle spielen. Deren empirisch-konkretes Zusammenspiel bildet den Gegenstand von Dispositivanalysen. Wie wird die E-Learning-Plattform dispositiv hervorgebracht? Dies muss keinesfalls immer gelingen – denn meistens sind eine Menge nicht-intendierter Folgen und Ergebnisse erschwerend im Spiel.

Die Rekonstruktion dieser Materialisierungsprozesse kann hilfreich sein, um aufzuspüren, an welchen Stellen nicht intendierte Folgen entstanden sind. Das bedeutet: Dispositivanalysen können als Strategie dafür eingesetzt werden, mögliche Problemquellen rekonstruktiv zu identifizieren. Im Mittelpunkt einer solchen Analyse stehen die folgenden Verhältnisbestimmungen:

• In welchem Verhältnis stehen diskursive Praktiken untereinander und wie stehen sie im Verhältnis zu nicht-diskursiven Praktiken (praktische Verhältnisbestimmungen)?
• In welchem Verhältnis stehen diese Praktiken und mögliche Materialisierungen im Sinne von Vergegenständlichungen als Objektivationen/Gegenständen und/oder Subjektivation/Subjekt(dis-)positionen (Materialisationen)?
• In welchem Verhältnis stehen Praktiken, Vergegenständlichungen im Sinne von Objektivationen und/oder Subjekt(dis-)positionen mit Blick auf ihren Kontext (Kontextualisierung)?

Kontextualisierung (4)[7]   Den Anlass von Dispositiven bildet je eine empirisch-praktische Problemstellung. In unserem Fallbeispiel handelt es sich darum, dass die Umsätze der neuen E-Learning-Plattform sechs Monate nach Markteinführung weit hinter den Erwartungen zurück bleiben und zugleich die Besuche auf der Website, über die Kund/innen zur Lernplattform gelangen sollen, eingebrochen sind. Über diese Problemstellung besteht bei allen Beteiligten Konsens. Einig ist man sich auch darüber, dass die Probleme gelöst werden sollen – jedenfalls haben dies alle Beteiligten in Gesprächen und Diskussion bereitwillig und offen bekundet. Es scheinen auch genug Ressourcen zur erfolgreichen Problembearbeitung zur Verfügung zu stehen.

Praktische Verhältnisbestimmungen (1)   Frau Willig steht nun vor der Aufgabe, mögliche Problembereiche zu identifizieren. Sie rekonstruiert zuerst, dass vor einem Jahr in diversen Besprechungen darüber diskutiert worden ist, eine E-Learning-Plattform zu entwickeln und für eine bestimmte Zielgruppe als User bereitzustellen. So wurde ein Verständnis davon erarbeitet,

• welche Inhalte die Plattform transportieren soll,
• wie Ästhetik und Funktionalität der Plattform gestaltet sein sollen,

---

[7] Die Zahlen beziehen sich auf die nachfolgende Grafik.

- von wem die Plattform be-/genutzt werden soll und schließlich,
- welche strategischen Funktionen die Plattform erfüllen soll.

Frau Willig fragt sich nun grundsätzlich, ob diese einzelnen Punkte eigentlich präzise abgeklärt worden sind und ob die Beteiligten dasselbe Verständnis von der E-Learning-Plattform entwickelt haben. Zudem stellt sie sich die Frage, ob die Inhalte des Buches und vor allem die laufend aktualisierten Übungsmaterialien nicht vielleicht zu wissenschaftlich (geblieben) sind. Damit reflektiert sie, inwieweit es die Autor/innen zusammen mit der Redaktion der Plattform geschafft haben, die Inhalte aus dem wissenschaftlichen Spezialdiskurs über Weiterbildung in einen für viele – vor allen Dingen aber die angestrebte Zielgruppe – verständlichen Interdiskurs zu überführen. Wichtig ist zum Beispiel, über die Passungen bzw. die Aneinander-Reihung der einzelnen Lernmodule nachzudenken. Denn während Spezialdiskurse ein wissenschaftliches Publikum ansprechen (sollen), geht es im Interdiskurs darum, dass in ihm spezialdiskursive Elemente mit dem Alltags- bzw. Elementardiskurs zusammengebracht werden.

Dann wendet sich Frau Willig dem Problembereich zu, wie die diskursiv hervorgebrachten Vorstellungen über die E-Learning-Plattform technisch umgesetzt worden sind. Hier geht es um die Performanz der Website. Wichtige Fragen für sie sind:

- Welche Entwicklungsschritte sind von wem in welcher Reihenfolge durchgeführt worden?
- Wie sind diese Schritte koordiniert und sind sie beispielsweise in einem rollenden Controlling mit den ursprünglich definierten Zielen abgeglichen worden?
- Welche Handlungsanweisungen, also etwa Anmelde- und Zahlvorgänge, sind von den Usern auszuführen und wie leicht sind diese umzusetzen und nachzuvollziehen?
- Wie steht es mit der Reduktion von Komplexität? Werden wirklich nur wichtige Daten vom User verlangt oder existieren überflüssige Abfragen?

Materialisationen (2 und 4) In Bezug auf Vergegenständlichungen stellt sich Frau Willig die Frage nach der Usability und der Gestaltung der E-Learning-Plattform:

- Entspricht die Website dem technischen Standard?
- Passt sie in ihrer Funktionalität zum Inhalt der Plattform und – das scheint sehr wichtig – entspricht sie den unterstellten ästhetischen und inhaltlichen Erwartungen der Zielgruppe?
- Gibt es klar verständliche Handlungsanweisungen?
- Wie steht es mit der Navigationsstruktur auf der Homepage des Verlages? Findet man das neue Produkt leicht und einfach oder aber sind aufwendige Suchwege nötig?
- Daneben bleibt zu fragen, ob die erstellte E-Learning-Plattform mit ihrer Usability und ihren Inhalten die angestrebte Zielgruppe überhaupt erreicht?
- Passen die programmatischen Konzeptionalisierungen der potenziellen User mit der realen Nachfrage nach einem solchen Produkt zusammen?

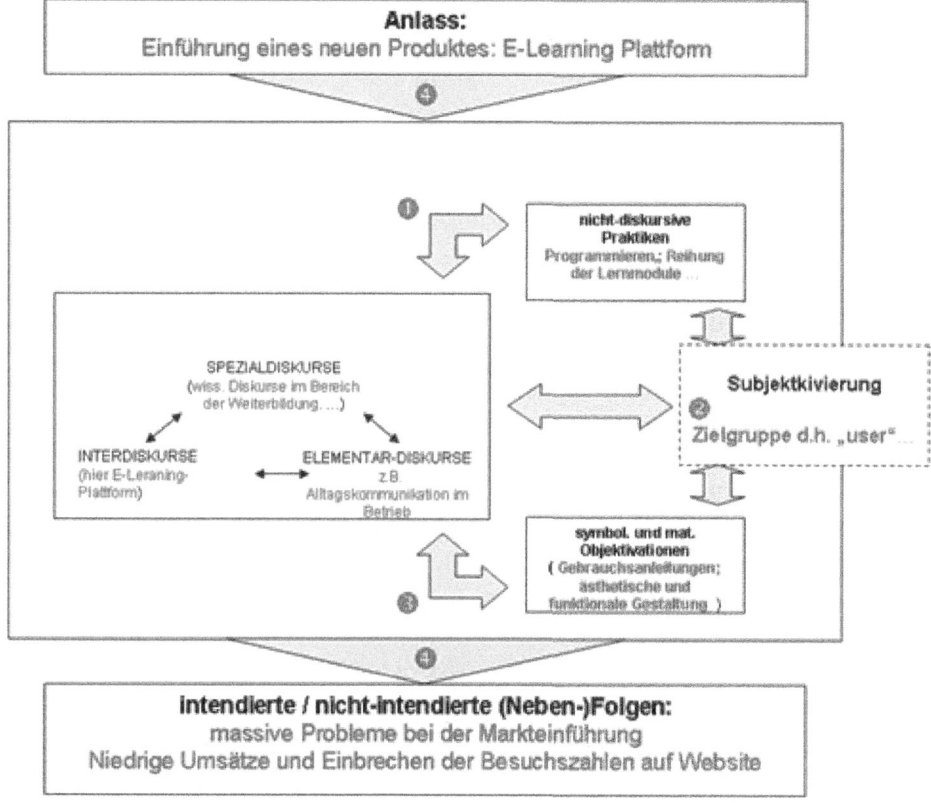

Abb. 10.1   In Anlehnung an Bührmann und Schneider 2008

- Was können die User mit der Plattform anfangen? Und tun sie tatsächlich das, was sie sollen? Und wenn nein, warum nicht?
- Welche Marktforschungserkundungen sind vielleicht noch nötig?
- Wie müssten die Adressierungen der Subjekt(dis-)positionen verändert werden?

Die hier verfolgten Problembereiche bzw. die damit verknüpften Leitfragen sind in der nachfolgenden Grafik (Abb. 10.1) nochmals visualisiert.

Über die bisher (an-)gestellten Fragen hinweg – deren eingehende Reflektion an dieser Stelle vielleicht schon genügt, um deutlich werden zu lassen, welchen Weg Frau Willig gegangen ist, um systematisch mögliche Problemstellen bei der Produktentwicklung zu rekonstruieren, – könnte sie sich natürlich weitere Methoden der empirischen Sozialforschung zunutze machen.

Bisweilen kann es nämlich durchaus sinnvoll sein, eine eingehendere Analyse zu erstellen, wenn eine Problemquelle in der Rekonstruktion identifiziert wurde. Hier wäre der

taktische Einsatz unterschiedlicher Methoden der empirischen Sozialforschung sicherlich
hilfreich. Dies soll kurz angedeutet werden:

- So könnte etwa eine Diskursanalyse des Interdiskurses insbesondere mit Blick auf die
  angestrebte Zielgruppe – also die adressierten Subjekt(dis-)positionen – durchgeführt
  werden. Welche Inhalte werden in den entsprechenden Medien von der Zielgruppe thematisiert, kritisiert oder verworfen? Welche Begriffe sind hier wichtig und wer ist autorisiert zu sprechen?
- Aber es wäre sicherlich auch fruchtbar, einen Usability-Test in Form einer teilnehmenden Beobachtung des empirisch-praktischen Gebrauchs der Plattform durchzuführen.
  So wären die User in einem Eye-Tracking-Verfahren dabei zu beobachten, wie sie die
  Lernplattform nutzen. Zudem könnten auch problemzentrierte Interviews mit Personen
  aus der angestrebten Zielgruppe der E-Learning-Plattform geführt werden. Eine wichtige Frage wäre, ob und wenn ja inwiefern sich die User von der Plattform angesprochen
  fühlen oder weshalb eher nicht.
- Mit Blick auf die technische Hardware der Plattform, also ihrer Vergegenständlichung
  als Objektivation, böte sich eine Artefaktanalyse an, z. B. durch ausgiebige Lasttests der
  Plattform unter den Bedingungen im Live-Betrieb, in der die Performance der Website
  selbst und ihrer Schnittstellen zu anderen Websites erkundet werden könnten.

Konstruktion Die Rekonstruktion der Materialisierungsprozesse der E-Learning-Plattform macht Frau Willig nochmals deutlich, wie heterogen die Anforderungen an die unterschiedlichen beteiligten Abteilungen sind. Der Durchgang durch die einzelnen Fragen
führt ihr aber auch vor Augen, dass die beteiligten Abteilungen alle einen guten Job gemacht haben. So kann sie beispielsweise davon ausgehen, dass die ausgewählte technische Basis der Website aus Webserver, Datenbanksystem und Contentmanagementsystem
stimmt und sie auch dem neusten Stand der Technik entspricht.

Nein, Frau Willig ist sich nach der dispositiven Rekonstruktion der Materialisierung
der E-Learning-Plattform fast sicher, dass das Problem in der Zusammenarbeit der unterschiedlichen Abteilungen zu suchen ist. Deshalb richtet sie ihren Fokus auf die Kommunikation der beteiligten Abteilungen und fragt ob und wenn ja inwiefern die Kommunikationsprozesse und die damit verbundenen Praktiken geglückt sind.

Mit Blick darauf hat sie die Abteilungen jeweils gebeten, ihr eine Ansprechperson zu
benennen. Diese hat sie dann aufgefordert, in ihrer Abteilung eine moderierte Diskussion über die problematischen Punkte der Plattformerstellung durchzuführen. (Wenn Frau
Willig sehr ambitioniert wäre, könnte sie auch eine Gruppendiskussion anregen). Dabei
geht Frau Willig davon aus, dass die Mitglieder einer Abteilung sich jeweils gut untereinander verständigen können. Denn sie kennen sich seit Jahren aus der Zusammenarbeit und
haben eine gemeinsame Sprache entwickelt. Zudem glaubt Frau Willig, dass die Beteiligten
offener sprechen, wenn sie als Projektleiterin nicht beteiligt ist. Die Ansprechpartner/innen
sollen dann zusammen mit den anderen Teammitglieder/innen in den jeweiligen Abteilungen eine Grafik erstellen, aus der deutlich wird, welche Kommunikationsprozesse bei dem

Projekt Erstellung einer E-Learning-Plattform abgelaufen sind und welche davon geglückt sind und welche nicht.

Die Durchsicht der Grafiken bestätigt nun die ursprüngliche Annahme von Frau Willig. Die einzelnen Abteilungen haben es bisher nicht vermocht, eine gemeinsame Sprache, also einen Interdiskurs zu etablieren. Vielmehr kommunizieren sie zum Teil in unterschiedlichen Spezialdiskursen aneinander vorbei, bisweilen sogar, ohne dies zu bemerken. Ihnen ist beispielsweise gar nicht bewusst, dass ein und derselbe Gegenstand in den unterschiedlichen Spezialdiskursen anders benannt wird. So herrscht zwischen den Beteiligten z. B. eine unterschiedliche Auffassung darüber, was ein Konzept ist, d. h. wie es aufgebaut ist, welche Inhalte darin wie aufbereitet sein müssen und wer dafür jeweils zuständig ist.

Strategie Frau Willig fasst deshalb den Entschluss, den Versuch zu unternehmen, eine gemeinsame Sprache, zumindest aber Sprachregelungen zwischen den beteiligten Abteilungen zu etablieren. Sie weiß, dass dies eher als eine langfristige Strategie anzusehen ist. Aber sie geht davon aus, dass sie mit den Beteiligten in diesen oder aber ganz ähnlichen Konstellationen auch in Zukunft zusammenarbeiten wird und glaubt deshalb, dass der Aufwand sich langfristig lohnen wird.

Taktik Zur Umsetzung ihres Entschlusses setzt sie zunächst eine gemeinsame Sitzung mit den Ansprechpartner/innen aus den Abteilungen an. Dabei ist es ihr wichtig, dass alle Teilnehmenden das Gefühl haben, gleichberechtigt und gleich wichtig zu sein. Sie will deshalb nur eine moderierende Rolle einnehmen.

Frau Willig informiert die Beteiligten über ihr Vorhaben und bittet sie, eine Präsentation auf der Grundlage von Grafiken vorzubereiten. Dabei weist sie besonderes auf zwei Dinge hin. Erstens sollen die geglückten wie die nicht geglückten Kommunikationen benannt werden. Zweitens sollen wichtige Schlüsselworte vorgestellt und allgemeinverständlich erklärt werden.

10.5.2 Die Situation

Zur Verdeutlichung, dass alle Abteilungen gleichberechtigt und gleich wichtig sind, um das anstehende Problem konstruktiv zu bearbeiten, hat Frau Willig sich dazu entschlossen, die räumliche An-Ordnung der Bestuhlung zunächst zu verändern. Alle sitzen im Kreis. Zugleich macht sie unmissverständlich deutlich, dass alle nur eine bestimmte Zeit haben, um die Sicht der Dinge aus ihren Abteilungen darzustellen. Vor allem aber teilt Frau Willig den Vertreter/innen der Abteilungen mit, dass sie aufgrund ihrer dispositiven Rekonstruktion zu der Überzeugung gekommen ist, dass die Probleme nicht in den Abteilungen zu suchen sind, sondern in der Kommunikation und Abstimmung zwischen den Abteilungen. Deshalb habe sie sich zu einer nachhaltigen, aber zunächst auch etwas aufwendigeren Problemlösungsstrategie entschlossen.

Die Beteiligten lassen sich auf die veränderte räumliche Anordnung und die zeitlichen Vorstellungen ein. Alle halten sich an ihre Redezeit und kommen auch miteinander besonders über bestimmte Schlüsselwörter, aber auch Missverständnisse in ihren Kommunikationen ins Gespräch. Im Verlauf der Sitzung werden dann die unterschiedlichen Problemsichten der einzelnen Abteilungen ausgetauscht.

Dabei zeigen sich überraschende Einsichten. Denn vielfach glückten Kommunikationen einfach nicht, weil bestimmte Begrifflichkeiten entweder anders belegt sind oder aber ein und derselbe Gegenstand in den unterschiedlichen Abteilungen anders benannt wird. So gibt es zwischen den Beteiligten etwa kein gemeinsames Verständnis darüber, was ein „Konzept" ist und aus welchen Bestandteilen es besteht. Es wird darüber diskutiert, welche Inhalte in welcher Form im Konzept enthalten sein sollen, damit die für alle notwendigen Informationen gut lesbar enthalten sind. Am Ende der Sitzung wird ein Übersetzungs-Glossar erstellt. Diesem Glossar können die Beteiligten nun genau entnehmen, was die einzelnen Abteilungen mit welchem Begriff meinen. Zusätzlich wird ein Dokument erstellt, das künftig allen Beteiligten als Grundlage für ein Konzept-Dokument dienen soll. In der Sitzung wurde aber auch deutlich, dass bestimmte Kommunikationsversuche nicht glückten, da sie als solche gar nicht wahrgenommen wurden.

10.5.3   Im Nachgang

Rekonstruktion Nach der Sitzung macht sich Frau Willig dann Gedanken darüber, was in der Sitzung gut oder schlecht gelaufen ist. Dabei fasst sie die Sitzung selbst als Dispositiv auf und rekonstruiert so die Konsequenzen.

Zunächst einmal ist sie mit Blick auf das ursprünglich anstehende Problem sehr zufrieden mit der Problemlösung. Denn die Kommunikationsprobleme zwischen den unterschiedlichen Abteilungen, auf die sie ja die Probleme mit der E-Learning-Plattform in ihrer dispositiven Rekonstruktion zurückgeführt hat, scheinen nun nachhaltig gelöst.

Allerdings – und das sieht sie selbst – hat sie viel Zeit und Energie in ihre Problemlösungsstrategie investiert. Mit dieser nicht intendierten Nebenfolge kann sie aber mit Blick auf zukünftige Projekte gut leben. Denn sie ist sich sicher, dass diese Probleme nicht mehr bearbeitet werden müssen. Frau Willig glaubt, dass das gemeinsam erarbeitete Glossar und die Diskussionen über die Inhalte von Konzepten eine große Hilfe sein werden. Zudem dürften künftig einige Rückkoppelungsschleifen entfallen, da mit der Konzeptvorlage eine klare Aufgabenverteilung zwischen allen Beteiligten geschaffen worden ist.

Konstruktion Frau Willig nimmt sich deshalb vor, das Glossar und die Konzeptvorlage für alle zugänglich als interne Lernplattform zu schalten. Dabei möchte sie zugleich erproben, ob die gefundenen Problemlösungsstrategien tatsächlich greifen. Zudem fasst sie die wichtigsten Punkte aus der Diskussion zu einer Richtlinie über das Schreiben von Konzepten zusammen.

Zunächst gibt sie die Dokumente an die Autor/innen, damit die einzelnen Begriffe des Glossars nochmals auf die inhaltliche Richtigkeit geprüft werden können und seitens der Autor/innen erste Vorgaben im Konzept gemacht werden. Dann soll die Redaktion die innere Konsistenz des Glossars erproben und das Konzept um die Kapitel ergänzen, die seitens der Redaktion zu füllen sind. Die Marketingabteilung wird aufgefordert, für die interne Vermarktung der Website zu sorgen und sie als best-practice zu verkaufen. Außerdem sollen die Anforderungen des Marketing aufgenommen werden. Anschließend wird das Konzept an die Designabteilung geschickt, der es als Grundlage für die Verbesserung der Usability dient. Die IT-Abteilung ergänzt das Konzept um technisch relevante Aspekte und es dient ihr als Grundlage für die Optimierung der technischen Infrastruktur.

Kurz: Frau Willig baute weitere interne Kommunikations- und Überprüfungsschleifen ein, für die eine klare Arbeitsteilung vorliegt und für die alle Zuständigkeiten geregelt sind und kann so die Tragfähigkeit des initiierten Interdiskurses überprüfen.

10.5.4   Fazit

Aufgrund ihrer dispositiven Rekonstruktion der Erstellung der Website ist Frau Willig zu dem Schluss gekommen, dass das Problem nicht in den Abteilungen, sondern zwischen den Abteilungen, genauer in den Kommunikationspraktiken und -prozessen zwischen den Abteilungen zu finden ist.

Dabei geht sie davon aus, dass zwischen den einzelnen Abteilungen kein gemeinsamer Interdiskurs existiert. Mit Interdiskurs meint Frau Willig zunächst eine gemeinsame Sprache. Der Begriff dient als Bezeichnung für alle nicht-wissenschaftlichen Diskurse. In ihn fließen unterschiedliche Spezialdiskurse aber auch Elementardiskurse ein. Während Elementardiskurse eigentlich nichts anderes meinen als den Alltagsdiskurs, zielt der Begriff Spezialdiskurs auf wissenschaftliche Diskurse ab. Demnach bezeichnet der Interdiskurs eine „paradoxe Konstitution eigener Diskurse, deren Spezialität sozusagen die Nicht-Spezialität ist" (Link 2007, S. 229). Die Stärke des Interdiskurses liegt darin, zwischen unterschiedlichen Diskursen vermitteln zu können. Dies glückt meist besonders gut, wenn gemeinsame Bilder oder auch Begriffe entwickelt werden, die für alle verständlich (gemacht worden) sind. Hier in diesem Fall also das Glossar.

Kommunikationsprozesse im Interdiskurs glücken meist nicht, falls es zu Brüchen, so genannten Katachresen[8] kommt. Wenn also z. B. ein Wort, ohne dass die Beteiligten dies auch nur ahnen, in den unterschiedlichen Spezialdiskursen der Beteiligten etwas anderes meint bzw. bedeutet. Deshalb war es Frau Willig auch so wichtig, ein gemeinsames Glossar zu erarbeiten und dies dann nochmals in einem Probelauf durch die Beteiligten evaluieren zu lassen.

---

[8] Bezeichnung für eine unstimmige, widersprüchliche Verbindung mehrerer sprachlicher Bilder in einer Texteinheit.

Frau Willig ist es aber auch wichtig gewesen, dass an der diskursiven Hervorbringung des Glossars alle gleichwertig und gleichgewichtig beteiligt worden sind. Denn erst dieses Vorgehen ermöglicht eine Gleichwirklichkeit, in der dann alle gemeinsam miteinander über das zu erstellende Produkt mit einander kommunizieren (können). Um dies zu ermöglichen, hat Frau Willig die Idee gehabt, dies schon bei der Hervorbringung des Glossars durch die zeitliche und räumliche (An-)Ordnung des Settings deutlich zu machen. Sie nutzte hierfür sowohl diskursive Taktiken, wie die Redezeitbeschränkungen, aber auch nicht-diskursive, wie die kreisförmige Anordnung der Stühle bei den Besprechungen.

10.6   Auswertung

Soweit also zu unseren drei Steuerungsgeschichten. Für die Auswertung unserer Beispiele gehen wir davon aus, dass die hier interessierenden Vorgänge Ereignisketten darstellen, die sich auf Vorgänge in und zwischen Organisationen beziehen.[9] Unsere Weiterarbeit stützt sich entsprechend auf die These, dass die Akteur-Netzwerk-Theorie („obligatorischer Passage Punkt"), der symbolische Interaktionismus („Grenzobjekt") sowie die Diskurs- bzw. Dispositivanalyse (empirisch-konkrete (Re-)Konstruktion grenzüberschreitender Kooperationen) sich in eine Prozessperspektive einhängen lassen.

Im Falle des ANT-Modells hatten wir gesehen, dass es sich um ein recht starres Instrument handelt, bei dem es guter Argumente und einiger Überzeugungskraft bedarf, um alle Beteiligten bei der Stange zu halten, um das Ziel auch zu erreichen. Insbesondere durch die Konzentration auf einen zentralen Akteur, der ein verbindliches Ziel definiert, wird allerdings an mikropolitischer Bewegungsfreiheit, sprich Kontingenz, eingebüßt. Die strikte Zielorientierung des Prozesses bringt ihn mehr oder weniger permanent an den Rand des Abbruchs oder Scheiterns, weil einige der Beteiligten zu sehen oder zu glauben beginnen, dass sich ihre eigenen Ziele nicht mehr mit dem gemeinsamen Ziel decken, oder sich dieses so nicht erreichen lässt. Je weniger hierarchisch die Kooperation organisiert ist, desto eher hat dies zur Folge, dass die versuchte Übersetzung trotz eines massiven Einsatzes von integrierenden Methoden nicht gelingt. Vor dem Hintergrund der Gleichzeitigkeit verschiedener Ziele und damit einhergehender Übersetzungsprozesse besteht außerdem die Gefahr, dass die Rückübersetzung in die Herkunftskontexte der Beteiligten kaum nachhaltig ausfallen wird.

Einen wichtigen Grund für die Störanfälligkeit eines solchen Verlaufs sehen wir aus der hier eingenommenen Perspektive sofort. Der zunächst plausible Ausschluss von Zufall und Kontingenz kann zu einem unerwünschten Ergebnis führen. Je starrer die Erwartungen und Erwartungserwartungen im Prozess gestrickt sind, desto weniger aufnahmefähig wird er in Bezug auf Überraschungen, Zufälle, Herausforderungen etc. Je weniger Anpassungen gelingen, desto mehr wird der Prozess von dem eingeholt, was er gerade ausschließen soll, seiner immer wieder sequenziell mitproduzierten Ergebnisoffenheit.

---

[9] Vgl. dazu den Beitrag oben „Zum Management grenzüberschreitender Zusammenarbeit".

Beim SI-Modell haben wir es nach eigener Einschätzung seiner Erfinder mit einer anspruchsvolleren Verlaufsform zu tun. Im Unterschied zum ANT-Modell, das zu stark auf zentrale Mitspieler/innen fokussiere, betone das SI-Modell, dass in der Regel verschiedene Akteur/innen gleichzeitig versuchen, andere für ihre Perspektive zu gewinnen. Erst eine Analyse des Zusammenspiels unterschiedlicher Beteiligter führe zu einem angemessenen Verständnis ablaufender Übersetzungsprozesse (vgl. Griesemer und Star 1989, S. 389). Zudem wird moniert, dass das ANT-Modell Rekursivität zu wenig berücksichtige, so könne es in Übersetzungsprozessen sehr wohl zur Änderung ursprünglicher Ziele kommen, so dass am Ende etwas mehr oder weniger Unerwartetes stehen könne (vgl. Fujimura 1992, S. 174).

Zentrale Hilfsmittel für die Strukturierung des Prozesses sind einerseits Aufschlüsselung der Ausgangsbedingungen grenzüberschreitender Kooperationen und andererseits Benutzung und (kontrafaktische) Unterstellung von Grenzobjekten.

- Beteiligt an grenzüberschreitenden Kooperationen sind mehr oder weniger viele soziale Welten, die von Repräsentant/innen in Arenen vertreten werden. Die Kenntnis der Milieus und Interessen der beteiligten sozialen Welten und ihrer Repräsentanz erleichtert es der steuernden Person, Vorgaben zu erfinden und vorzuschlagen, die die Interessen aller einschließen, umfassen und übergreifen.
- Das Grenzobjekt mit seinen abstrakten Vorgaben kann zur Anleitung, Orientierung und Steuerung der Prozessaktivitäten genutzt werden. Es fungiert als Maßstab dafür, dass die Beteiligten nicht so weit vom Weg abkommen, dass eine Reintegration ausgerissener Aktivitäten unmöglich wird.

In dieser Anlage des Modells zeigt sich, dass es mehr Flexibilität zur Verfügung stellt, als das ANT-Modell. Die Instrumente, die für eine Rekonstruktion und Konstruktion von Prozessen zur Verfügung gestellt werden, sind abstrakt genug, um einen Rahmen für steuernde Anpassungen zu liefern.

Unser drittes, das Dispositiv-Modell, geht noch in einem wichtigen Punkt über das SI-Modell hinaus. Es stellt ein insgesamt breiteres Grundrepertoire an Analyseinstrumenten zur Verfügung, die es erlauben (sollen), die Ausgangssituation einer grenzüberschreitenden Kooperation möglichst genau zu erfassen. Hieraus werden aber keine Leitplanken wie im Falle des Grenzobjektes abgeleitet, sondern die Beteiligten arbeiten Schritt für Schritt vor dem Hintergrund ihrer Ausgangsanalysen an einer gemeinsamen Lösung des Problems. Die sich im Laufe des Prozesses abzeichnenden Lösungen erweisen sich dann als tragfähig, wenn alle Beteiligten davon ausgehen, dass sie sich als Voraussetzung für den nächsten Schritt/weiterer Problemlösungsschritte oder sich schlussendlich gar als Schlussstein des Prozesses eignen. In diesem Sinne haben wir es bei diesem Vorgehen nicht mit einem zielorientierten, sondern mit einem ergebnisoffenen Prozess zu tun, dessen committete Zwischenschritte es aber erlauben, ein Ergebnis erwartbar zu halten und sich an einer nicht vorhersehbaren Stelle darauf zu einigen, den Prozess hier enden zu lassen. Die Be-

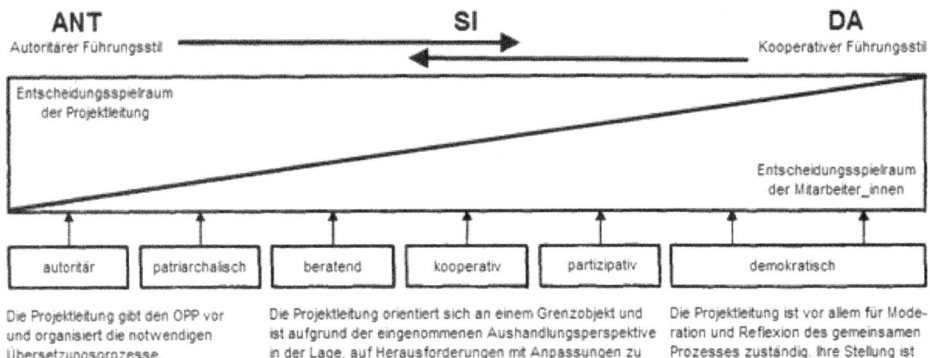

Abb. 10.2 In Anlehnung an Schmidt und Tannenbaum (1958, S. 96)

sonderheit liegt bei diesem Modell also darin, dass er sein eigenes Ende nur sehr schwach zur Prozessstrukturierung benutzt.

Alle drei von uns vorgestellten Modelle lassen sich in unterschiedliche Typen von Prozessverläufen übersetzen. Die Akteur-Netzwerk-Theorie steht für einen Einbindungsprozess. Eine Partei generiert in strategischer Absicht ein Übersetzungsmodell, in das die Interessen aller am Prozess Beteiligten eingepasst und einzupassen sind.

Der Symbolische Interaktionismus steht für einen Aushandlungsprozess. Die beteiligten Seiten artikulieren ihre jeweiligen Interessen, formulieren ein gemeinsames Ziel und einigen sich auf ein Vorgehen. Die Dispositivanalyse steht für einen Integrationsprozess. Bei der dispositiven Rekonstruktion werden die diskursiven und nicht-diskursiven Praktiken, die damit verbundenen Objektivationen und Subjektivationen in ihrer räumlichen und zeitlichen An-Ordnung rekonstruiert. Der Blick richtet sich auf die Konstruktion sowie die Rekonstruktion von „partizipativen" Kommunikations-Praktiken.

Was sind angesichts der beschriebenen Lage unsere Gesichtspunkte, nach denen wir den Einsatz der Modelle differenzieren würden? Zunächst ist unschwer zu erkennen, dass unsere drei Modelle entlang des von uns aufgemachten Prozessschemas verteilt sind. Eines (ANT) markiert die Seite zielorientiert, eines die Mitte zielorientiert/ergebnisoffen (SI) und eines die Seite ergebnisoffen (DA) (Abb. 10.2).

Als ersten Gesichtspunkt möchten wir die Nachhaltigkeit der durch die Prozesse erzeugten Problemlösungen ins Feld führen. Hier gibt es ein „Nachhaltigkeitsgefälle" vom ANT-Modell in Richtung auf das Dispositiv-Modell. Die Logik ist einfach: Je mehr Zeit darauf verwendet wird, eine für alle Seiten tragfähige Lösung zu finden, desto höher ist die Wahrscheinlichkeit, dass die gefundene und akzeptierte Lösung sich als stabil erweist. Je mehr Interessen und Interessierte aktiv in die Lösung integriert wurden, desto besser. Gleichzeitig lauert aber auch die Gefahr des Zerfaserns, sich Verlierens, nicht Einigenkönnens etc.

Für die Zeitperspektive ergibt sich ein genau gegenteiliges Gefälle. Es ist zu erwarten, dass die Prozesse desto länger in Anspruch nehmen, je mehr Demokratie gewagt wird. Gleichwohl ist zu beachten, dass bei jedem Prozess auch ein Lernprozess mitläuft. Bestimmte Dinge (in unserem Beispiel die Entwicklung eines gemeinsamen Interdiskurses zur besseren Verständigung) machen dann Sinn, wenn zu erwarten ist, dass in den geschaffenen Strukturen auch weiter zusammen gearbeitet werden soll. Dann können sich bestimmte aufwendigere Strategien bzw. Taktiken durchaus lohnen, da sie Folgekosten, etwa Missverständnisse und aneinander Vorbeireden minimieren.

Zu erwarten ist ferner, dass mit dem Grad der Heterogenität der Beteiligten der Ausschlag stärker in Richtung auf SI und DA gehen wird. Je weniger eine gemeinsame Basis von bewährten Regeln der Zusammenarbeit vorausgesetzt werden kann, desto mehr muss deren Entstehung unterstützt werden.

Schon diese wenigen Bemerkungen zeigen, dass es nicht das Modell, nicht die Lösung, also keinen Königsweg gibt, wenn es um die Anleitung von grenzüberschreitenden Kooperationen geht. Vielmehr gilt es vorab zu klären, angesichts welcher Ressourcen welche Anforderungen an eine Lösung zu stellen sind und danach die passende Verlaufsform auszuwählen. Auch Kombinationen sind selbstredend vorstellbar. So ist Beteiligten über einen allerdings begrenzten Zeitraum durchaus zumutbar, etwa unter einem rigiden Zeitmanagement zu arbeiten. Wichtig ist nur die kommunizierte und eingehaltene zeitliche Begrenzung der Strategien und Taktiken. Dauerhaft praktiziert, richtet eine solche Lösung wohl mehr Schaden an, als sie positive Effekte bewirkt, insbesondere, was die Motivation der Beteiligten angeht.

10.7   Fazit

Beim bisher Diskutierten ist es uns darum gegangen, drei soziologische Ansätze vorzustellen, um mit ihrer Hilfe grenzüberschreitende Kooperationen zu steuern. Dabei hat sich heraus gestellt, dass sie ausgezeichnet zu einer prozessorientierten Herangehensweise passen. Auf diese Weise haben sich eine ganze Reihe von Hinweisen ableiten lassen, die für den Einen oder die Andere hilfreich sein mögen beim Umgang mit grenzüberschreitenden Kooperationen.

Zurückbezogen auf das Thema „Management ohne Grenzen" dieses Bandes ergeben sich zwei Befunde. Die von uns vorgestellten Ansätze bieten im Verbund mit unserem Prozessverlaufsschema hervorragende Anknüpfungs- und Reflexionspunkte zur Bewältigung von Steuerungsaufgaben in heterogenen Feldern. Wichtig ist in diesem Zusammenhang, die Ansätze nicht nur rekonstruktiv einzusetzen, sondern auch ihr konstruktives Potential zu nutzen. Insgesamt steht so ein – sicherlich noch nicht fertiger – Baukasten zur Verfügung, der mit dazu beitragen kann, vielfach beklagte Führungs- und Koordinationsprobleme produktiv anzugehen.

Zudem plädieren wir für reflexive Steuerung. Nimmt man die hier vorgetragene Prozessperspektive ernst, zeigt sich, dass Veränderungen nur dann auch im mikropolitischen

Bereich positiv wirken, wenn es gelingt, eine Steuerung zu implementieren, die es erlaubt, mittels der Unterscheidung „zielgerichtet" und „ergebnisoffen" immer wieder Anpassungen im Verlauf von Prozessen vorzunehmen. Unsere Antwort lautet also – um es noch einmal abschließend zu wiederholen – über den Umweg rückblickender/vorausschauender Reflexionen Strategien und Taktiken zu entwickeln, die angeben, wie einseitig selektive Sequenzen in die Grundstruktur einer vorgreifend-rückblickenden Orientierung an Resultaten reintegriert werden können.

Vor dem Hintergrund dieser Positionierung möchten wir uns abschließend sowohl von Steuerungsoptimismus als auch von Steuerungspessimismus absetzen. Aus unserer pragmatischen Position heraus lässt sich sehen, dass Steuerung auf der einen Seite deutliche Grenzen aufweist. Anhand unseres Prozessschemas wird beobachtbar, dass es die ergebnisoffenen Prozessanteile sind, die immer wieder quer laufen und zu neuen Steuerungsanstrengungen zwingen. Zugleich führt diese Sicht dazu, nicht zu viel von Steuerung zu erwarten, da klar ist, dass der direkte Weg sich in der Regel als nicht begehbar erweist.

Auf der anderen Seite bleibt Führung gar nichts anderes übrig, als sich dem Procedere von Steuerung und Nachsteuerung zu stellen, eine andere Option gibt es aus unserer Sicht angesichts knapper Ressourcen nicht. Angesichts einer Vielzahl von Beispielen für mehr oder weniger erfolgreiche Prozessverläufe ist eine gesunde Skepsis ebenso hilfreich, wie das Vertrauen, durch eine reflektierte Prozesssteuerung sich dem Umfeld gesteckter Ziele zu nähern. Dies bedeutet dann allerdings auch, vor Reflexionskosten nicht zurückzuschrecken.

Literatur

Al-Ani, A. (2005). Strategische Neupositionierung durch Reengineering der Managementprozesse. In I. Bamberger (Hrsg.), *Strategische Unternehmensberatung. Konzeptionen – Prozesse – Methoden. 4. aktualisierte und erweiterte Auflage* Wiesbaden: Gabler.

Bea, F. X., Scheurer, S., & Hesselmann, S. (2008). *Projektmanagement*. Stuttgart: Lucius.

Bührmann, A. D., & Schneider, W. (2008). *Vom Diskurs zum Dispositiv. Eine Einführung in die Dispositivanalyse*. Bielefeld: transcript.

Callon, M. (1986). Some Elements of a Sociology of Translation: Domestication of the Scallops and the Fishermen of St Brieuc Bay. In J. Law (Hrsg.), *Power, Action and Belief. A New Sociology of Knowledge?* (S. 196–233). London: Routledge & Kegan Paul.

Clarke, A. E. (1991). Social Worlds/Arenas Theory as Organizational Theory. In D. R. Maines (Hrsg.), *Social Organization and Social Process. Essays in Honor of Anselm Strauss* (S. 119–158). New York: Aldine.

Fujimura, J. H. (1992). Crafting Science: Standardized Packages, Boundary Objects and „Translation". In A. Pickering (Hrsg.), *Science as Practice and Culture* (S. 168–211). Chicago & London: University of Chicago Press.

Gläser, J., Meister, M., Schulz-Schaeffer, I., & Strübing, J. (Hrsg.). (2004). *Kooperation im Niemandsland. Neue Perspektiven auf Zusammenarbeit in Wissenschaft und Technik*. Opladen: Leske + Budrich.

Griesemer, J. R., & Star, S. L. (1989). Institutional Ecology, „Translations" and Boundary Objects: Amateurs and Professionals in Berkeley's Museum of Vertebrate Zoo. *Social Studies of Science, 19*, 387–420.

Horwitz, M. (2002). *Beton und Paragraphen für den Zentralen Bereich von Berlin. Zu Verwendungen wissenschaftlichen Wissens in komplexen Organisationsfeldern.* Berlin: dissertation.de.

Link, J. (2007). Dispositiv und Interdiskurs. Mit Überlegungen zum Dreieck Foucault – Bourdieu – Luhmann. In C. Kammler, & R. Parr (Hrsg.), *Foucault in den Kulturwissenschaften. Eine Bestandsaufnahme* (S. 219–238). Heidelberg: Synchron.

Miebach, B. (2009). *Prozesstheorie. Analyse, Organisation und System.* Wiesbaden: Springer VS.

Neuberger, O. (2006). *Mikropolitik und Moral in Organisationen. Herausforderung der Ordnung* (2. Aufl.). Stuttgart: Lucius.

Schmidt, W. H., & Tannenbaum, R. (1958). How to choose a leadership pattern. *Harvard Business Review, 36*, 95–102.

Strübing, J. (1997). Symbolischer Interaktionismus revisited: Konzepte für die Wissenschafts- und Technikforschung. *Zeitschrift für Soziologie, 26*, 368–386.

Strübing, J. (2000). Von ungleichen Schwestern. Was forscht die Wissenschafts- und (was die) Technikforschung? *Soziologie, 3*, 61–80.

Überblick über die benutzten Ansätze und Methoden

Im Rahmen des Bandes wurden eine Reihe von Ansätzen und Methoden für eine Umsetzung in Strategien und Taktiken vorgestellt, auf die sich die versammelten Autor/innen gestützt haben, um bestimmte Effekte innerhalb der von ihnen beschriebenen Kontexte und Abläufe zu erzielen. Sie werden hier noch einmal in der gleichen Reihenfolge wie oben in den Texten präsentiert.

Entwicklung interkultureller Handlungskompetenz Die Unterscheidung von „Kulturkern" und „Kulturnetzwerk" nach Sackmann (ähnlich auch Edgar Schein) bildet den Hintergrund für eine Beurteilung von Handlungskompetenz im kulturüberschreitenden Kontakt und dient als Voraussetzung für die Wahrnehmung kritischer Ereignisse.

Dabei handelt es sich um Ereignisse, die diejenigen Teile aus Interaktionen zwischen Personen unterschiedlicher (Unternehmens-)Kulturen bezeichnen, die offensichtlich konfliktbehaftet, verwirrend bzw. typisch für eine unangemessene Auslegung der Situation sind. Auf diese Weise ist es möglich, auf interkulturelle Barrieren zu stoßen und Reflexionen auszulösen, die klären sollen, wie produktiv mit ihnen umgegangen werden kann.

Angesichts von als unsichtbar unterstellten Kulturkernen ist jedoch nicht sicher, ob auf diese Weise alle auftretenden Probleme auch gelöst werden können.

Analyse von Organisationskulturen Ziel einer Kulturanalyse mittels der Methode T.A.O.® (Typen-Analyse für Organisationen) ist es, die wesentlichen Aspekte, den Kern einer Organisationskultur herauszuarbeiten, indem regelmäßige Muster in Verhalten, Ergebnissen, Ritualen, Werten und Grundüberzeugungen aufgedeckt werden.

Die Typenanalyse wird mit einem Fragebogen durchgeführt, in dem 30 Einzelfaktoren mit Beschreibungen angeboten werden, die jeweils einer der vier Basiskulturen zugeordnet werden. Diese Beschreibungen sollen in eine abgestufte Rangordnung von „trifft voll zu" bis „trifft nicht zu" gebracht werden. Für jede der vier Basiskulturen ergibt sich so ein so genannter Rohwert. Diese werden standardisiert und dann in eine Grafik umgesetzt, so dass sich aus einer Tabelle ein Bild für die jeweilige Mischkultur ergibt.

Die Ergebnisse liefern Anhaltspunkte für potentielle Konflikte in der Zusammenarbeit oder bei der Zusammenführung von Organisationen, so dass es möglich wird, auf sie zu reagieren.

A. Bührmann et al. (Hrsg.), *Management ohne Grenzen*, DOI 10.1007/978-3-658-01262-5,
© Springer Fachmedien Wiesbaden 2013

Bildung von Vertrauen (1) Das Modell fester Überzeugungssysteme besagt, dass sich politische Arenen langfristig durch die Lobby-Arbeit von informellen Koalitionen verändern. Diese bestehen aus Personen, die gleiche Werthaltungen in Bezug auf die Inhalte dieser Arenen vertreten. Die Werthaltungen dieser Akteur/innen sind in persönlichen Überzeugungssystemen angeordnet.

Ein persönliches Überzeugungssystem besteht aus drei aufeinander aufbauenden Schichten. Im Hauptkern befinden sich abstrakte Normen, wie Annahmen über die Natur des Menschen oder die Bedeutung von Ideen wie Freiheit, Sicherheit, Gerechtigkeit. Der Inhalt des Hauptkerns ist unveränderlich.

In einer darüber liegenden Schicht, dem Policy-Kern, sind Ansichten über geeignete Strategien angesiedelt, mit denen die Elemente des Hauptkerns umzusetzen wären. Dazu gehören Überzeugungen über das richtige Verhältnis von Markt und Staat oder über die grundsätzliche Eignung von Anreizen und Verboten zur Steuerung. Veränderungen im Policy-Kern finden nur statt, wenn die Akteur/innen grundlegend abweichende Erfahrungen machen.

Die äußerste Schicht wird von den sekundären Aspekten gebildet. Sie enthält instrumentelle Entscheidungen, die benötigt werden, um die Strategien des Policy-Kerns durchzusetzen. Informationen über den Erfolg von Programmen, Verwaltungsregeln oder Haushaltsansätze. Die Inhalte der äußersten Schicht sind leicht veränderbar.

Vertrauen entsteht vor allem dort, wo die Überzeugungssysteme der Berater/innen und der Beratenen im Innersten gleich sind. Ist dies der Fall, werden die Vorschläge, die die Berater/innen auf der äußersten Schicht des Überzeugungssystems machen, angenommen und umgesetzt. Tieferliegende Inhalte des Hauptkerns und des Policy-Kerns kann ein Beratungsprojekt hingegen nicht beeinflussen. Stereotyp heißt nun, dass Berater/innen und Klient/innen beim Gegenüber einen ähnlichen bzw. einen anders gelagerten Wertekern vermuten und ihr Verhalten daran ausrichten.

Bildung von Vertrauen (2) Das Modell zwischenmenschlicher Kommunikation (Schulz von Thun) beschreibt das Innenleben von Akteur/innen in Handlungen, Entscheidungen und in der Interaktion mit anderen. Es verwendet als Metapher für die inneren Regungen, Eingebungen oder „inneren Stimmen" das Bild vom „inneren Team". Jedes einzelne Teammitglied repräsentiert bestimmte Haltungen, Überzeugungen oder Vorlieben des handelnden Menschen. Die Mitglieder des inneren Teams können zueinander in Widerspruch stehen. In diesen Fällen verspüren die Handelnden innere Konflikte. Ambivalenz wird besonders deutlich erlebbar, wenn mehrere Alternativen zur Entscheidung anstehen oder in Situationen, in denen über die Folgen einer Handlung Unsicherheit besteht.

Im inneren Team gibt es einen „Teamchef", der typische Aufgaben einer Führungskraft übernimmt: Planung, Kontrolle, Moderation, Integration, Konfliktmanagement, Personal- und Teamentwicklung, Personalauswahl und Einsatzleitung. Der Teamchef entscheidet für eine gegebene Situation, welche Teammitglieder mitspielen dürfen. Ein inneres Team ist dann arbeitsfähig, wenn es „im Einklang mit sich selbst steht".

In der Zusammenarbeit mit unbekannten Klient/innen stellen die „Teamchefs" von Beratenden ein inneres „Empfangskomitee" auf. Dieses Empfangskomitee gestaltet den Kontakt mit den Projektpartner/innen und bietet ein Anfangsvertrauen an. Ein geeignetes Empfangskomitee bestünde beispielsweise aus einem freundlichen Begrüßer, einer interessierten Forscherin, einem vorsichtigen Interessenwahrer. Auch ein Stereotyp kann zum inneren Teammitglied werden, z. B. „die zuverlässige Deutsche" oder „der charmante Gentleman". Vertrauen wird dadurch hergestellt, dass die Mitglieder der inneren Teams beider Kommunikationspartner/innen im inneren Team des Gegenübers eine Entsprechung suchen und finden. Stereotype können die Suche nach einem Gegenüber im inneren Team des anderen erleichtern.

Bildung von Vertrauen (3) Der Sozialkapital-Begriff bezeichnet jene Merkmale sozialer Organisation wie Vertrauen, Normen und Netzwerke, welche die Effizienz von Gesellschaft dadurch verbessern können, dass sie koordiniertes Handeln erleichtern. Sozialkapital ist das Ergebnis sozialer Interaktion von Individuen, sei es individuell, in Gruppen, Organisationen oder Netzwerken, auf der Grundlage des Prinzips der Reziprozität, wobei die Berücksichtigung dieser Norm zu Vertrauen führt. Dieses soziale Handeln auf der Mikroebene wird als beeinflusst gedacht durch existierende soziale Normen und Werte auf der Makro- und Mesoebene. Solche Normen und Institutionen werden verstanden als schon entstandenes, substantiiertes Sozialkapital, das entwickelt, vergrößert, verbessert, auch modifiziert oder neu geschaffen werden kann durch reale soziale Interaktion.

Die Makroebene wird gebildet von allgemeinen Normen und Institutionen wie dem Wirtschaftssystem, dem Rechts- und Politiksystem, allgemeinen kulturellen Regeln und Werten. Die Mesoebene wird gebildet von intermediären sozialen Gruppen, Gemeinschaften und Organisationen wie Familien, Clans, spezifischen Vereinigungen und Netzwerken mit ihren Interessen, Normen, Werten, Institutionen und Kulturen.

Die Mikroebene ist die Ebene des individuellen Entscheidens und Handelns und der Interaktion mit anderen Individuen. Hier entsteht auf der Basis der zeitverzögerten Erfüllung wechselseitiger Erwartungen (Reziprozität) Vertrauen – oder eben nicht.

Umgang mit Ängsten und Widerständen Ein wesentlicher Aspekt im Rahmen proaktiven Veränderungsmanagements kann darin gesehen werden, dass Personen in partizipativ angelegten Wandlungsprozessen eher als bei Appellen bereit sind, Vorbehalte abzubauen und eine offene Haltung einnehmen.

Da der Erfolg von Veränderungsprozessen nicht zuletzt mit einer gelingenden Teilnehmeraktivierung einhergeht, bieten sich eine Reihe von „Regeln" an, auf deren Einhaltung geachtet werden kann. Im folgenden werden relevante Aspekte für eine „Checkliste Veränderungsprozess" gesammelt.

- Die Führungsverantwortlichen stehen während des Veränderungsprozesses in besonderer Verantwortung, die Leistungsfähigkeit ihrer Mitarbeiterinnen und Mitarbeiter zu erhalten und gleichzeitig die strategischen und operativen Ziele ihrer bevorstehenden

Organisationsveränderung zielorientiert umzusetzen. Durch ein persönliches Kennenlernen der Führungskräfte der ehemaligen Sonderbehörden und der Führungskräfte der aufnehmenden Abteilungen konnte ein Grundstein für eine vertrauensvolle Zusammenarbeit gelegt werden.

• Grundsätzlich waren die Prozessverantwortlichen gehalten, sich den Betroffenen aufmerksam zuzuwenden und zu helfen, Ängste und Widerstände ungeschminkt und unabgemildert auf den Tisch zu bringen.

In Bezug auf den Integrationsprozess sind folgende Punkte festzuhalten:

• Schaffung einer gesetzlichen Grundlage, um dem Vorgehen eine entsprechende Legitimität zu verschaffen.

• Pflege und Intensivierung der Kommunikation über den Veränderungsprozess u. a. über die Durchführung von Personalversammlungen in den betroffenen Behörden oder Behördenteilen.

• Zum Umgang mit offenen Fragen und Gerüchten wurde vereinbart, dass diese an den Regierungsvizepräsidenten oder an benannte Ansprechpartnerinnen und Ansprechpartner gestellt werden konnten.

• Allen Mitarbeiterinnen und Mitarbeitern wurde die Möglichkeit gegeben über das Intranet Fragen zum Integrationsprozess und das weitere Vorgehen zu stellen. Eine Beantwortung sollte innerhalb von 48 Stunden erfolgen.

• Fragen und Antworten zu allgemeinen Problemen wurden nach Zustimmung der Fragesteller/innen für alle ins Intranet gestellt

• Es wurde vereinbart, dass die Sicherstellung der Handlungs- und Arbeitsfähigkeit während und nach dem Eingliederungsprozess höchste Priorität genießt.

• Den aufnehmenden Behörden und Behördenteilen wurde zugestanden, so lange weiter zu verfahren wie bisher, bis sich die neuen, zu übernehmenden Strukturen als arbeitsfähig erwiesen hatten. Dann allerdings sollte nur noch in den neuen Strukturen und nach den neuen Verfahren gearbeitet werden.

• Interne Fortbildungen zur Binnenmodernisierung und zur Vorbereitung der Jahreszielkonferenz.

• Einer Stärkung des Zusammenhaltes dienten das gemeinsame Betriebsfest, gemeinsame Betriebsausflüge sowie die Feier zu Weiberfastnacht, ebenso wie die Teilnahme der Behördenleitung und der Zentralabteilung an der jährlichen Barbarafeier der Bergverwaltung.

In Bezug auf die Prozessorganisation ergeben sich folgende Gesichtspunkte:

• Als Entscheidungsgremium für die Prozessgestaltung diente eine Lenkungsgruppe. Hier wurden die von den zuständigen Arbeitsgruppen (AG) gemachten Vorschläge diskutiert und dann zur Umsetzung freigegeben. Zur Erhöhung der Transparenz des Integrationsprozesses wurden die gemeinsamen Arbeitsgruppenergebnisse aufbereitet und im Intranet veröffentlicht.

- Bildung gemeinsamer Arbeitsgruppen von aufzunehmenden Sonderbehörden und der Bezirksregierung.
- Die AG Zentrale Dienste mit den Arbeitsschwerpunkten Informations-Technologie (IT), Haushalt und Hausdienste sowie Organisation und Personal organisierte den Übergang der Arbeitsbereiche in die BR Arnsberg.
- Der Integrationsprozess wurde in den Jahreszielvereinbarungen für die Behörden-schwerpunktziele abgebildet und die Leitziele der Behördenleitung entsprechend er-gänzt.
- Beschäftigten, die freiwillig einen Arbeitsplatzwechsel über das PEM anstrebten oder bei denen ein Arbeitsplatzwechsel wegen des PEM drohte, wurde die Möglichkeit gebo-ten, sich intensiv auf die Bewerbungssituation und Vorstellungsgespräche vorzubereiten. Dazu bot die Fortbildungs-Akademie des Innenministeriums frühzeitig ein spezielles Seminar an.

Laterale Verfahren Es geht um die Verwendung von Soziologie in Gestalt von Orientie-rungskomplexen außerhalb der disziplinären Soziologie, die eine lebensweltlich geprägte Perspektive auf die Wirklichkeit ermöglichen. Bezogen auf organisationale Transformati-onsprozesse zeigen die Beispiele der Einführung von kaizen und business reengineering, wie Anschlussfähigkeit in der Kommunikation mit Nichtsoziolog/innen hergestellt wird.

Das bedeutet Konzepte so zu formulieren, dass sie im Kern von Ingenieur/innen oder Ökonom/innen, aber auch von Personen verstanden werden können, die keine akademi-sche Ausbildung absolviert haben. Das macht nicht selten Vereinfachungen in Form von Modellen, Schemata oder anderen Visualisierungen notwendig. Zentral für die Herstel-lung solcher Anschlüsse ist es, Anknüpfungspunkte in der jeweiligen anderen Sprach- und Denkweise zu identifizieren.

Die Visualisierung von Zielvereinbarungen auf einer einfachen Zielscheibe ist ein Bei-spiel einer solchen Taktik. Zur Erarbeitung dieser Ziele können Konzepte wie Kommu-nikation, Störung oder Selbstregulation den kritischen Blick auf die ablaufenden Prozesse schärfen und so als Verfremdungen der Lebenswelt eine andere Perspektive auf die Realität ermöglichen.

Diskursives Führen Angesichts steigender Ansprüche an Personen reicht es heutzutage in der Regel nicht mehr, einen „heroischen" Führungsstil zu pflegen. Vielmehr gilt es im Rah-men einer diskursiven Führung, die Spannungsverhältnisse rund um die Machtverteilung in Organisationen zu thematisieren.

„Diskursives Führen" stellt Macht jenseits von Weisungsbefugnissen qua Hierarchie ins Zentrum. Denn wer keine Macht hat oder verkennt, welche Macht er hat und wel-che Grenzen ihm als Akteur gesetzt sind, kann nichts durchsetzen. In dieser Perspektive ist diskursives Führen machtbewusstes Führen, im Umfeld widersprüchlicher Interessen. Insofern führt eine Person, die Macht ins Zentrum ihres Führungskonzeptes rückt, nicht wegen sondern trotz ihrer Weisungsbefugnis.

Diskursives Führen birgt größere Chancen für die Interessensdurchsetzung der Führenden. Das Potenzial der Arbeitsteilung kann optimaler genutzt werden, indem Führende für mehr Verständigung sorgen, Vertrauen ermöglichen, erforderliche Entscheidungen treffen und so nachhaltiger Ungewissheitszonen überwinden.

Dabei ist die Weisungsbefugnis geradezu als das Gegenteil von Führung zu verstehen: Denn wer anweist, lässt erstens das Potenzial diskursiven Führens ungenutzt, zweitens verkennt er die guten Gründe seiner/ihrer Beschäftigten, drittens muss er detailliert kontrollieren, ob und inwiefern die Weisungen befolgt worden sind und viertens schwächt er die eigene Position, insofern er Dienst nach Vorschrift provozieren könnte.

Vereinheitlichung entgegen gesetzter Sinnwelten Der Ansatz stellt die Frage, wie es möglich ist, dass innerhalb von Gesellschaft entwickeltes, vermitteltes und bewährtes Wissen für Individuen zu unterschiedlicher objektiver Wirklichkeit werden kann. Um dies zu erklären, lässt sich Gesellschaft als subjektive und zugleich objektive Wirklichkeit auffassen.

Ausgehend von diesen beiden Aspekten vollzieht sich Gesellschaft als beständiger dialektischer Prozess, der sich aus den Teilprozessen Externalisierung, Objektivation und Internalisierung zusammensetzt. Objektive Wirklichkeit kommt dadurch zustande, dass subjektives Wissen und subjektive Erfahrungen durch Externalisierung zur gesellschaftlichen Wirklichkeit werden. Indem die Produkte der Externalisierung ihren Produzenten in der Alltagswelt gegenübertreten, gewinnen sie eine von der subjektiven Wirklichkeit ihrer Produzenten unabhängige zunächst intersubjektive, dann objektive Wirklichkeit. Diesen Prozess wird als Objektivation bezeichnet. In der Gesellschaft zu sein heißt an dieser Dialektik teilzuhaben. Da die Menschen jedoch nicht als Gesellschaftsmitglieder geboren werden, müssen sie in die Teilhaberschaft an der gesellschaftlichen Dialektik eingeführt werden. Diesen Prozess wird als Internalisierung bezeichnet und der Kreis schließt sich.

Zusammenfassend lässt sich sagen, dass Objektivation gesellschaftlicher Wirklichkeit sich in Institutionalisierungen und Legitimierungen von Sinnwelten niederschlägt, die über Internalisierungen zu subjektiver Wirklichkeit werden und über Externalisierungen zu neuen Objektivationen führen. Vor diesem Hintergrund lässt sich sehen, wenn sich im Wechselspiel zwischen Externalisierung und Internalisierung entgegen gesetzte Sinnwelten entwickeln.

Die Rettung eines Projektes, indem sich entgegen gesetzte Sinnwelten entwickelt haben, kann gelingen, wenn aus dem Wechselspiel von Sinnwelten innerhalb des Projektes wieder ein gemeinsame Sinnwelt wird. Möglicher Hebel ist die Herstellung einer objektiven Wirklichkeit für alle Beteiligten. Würde sich an ihr etwas verändern, dann wären auch veränderte Internalisierungen möglich, die als nachhaltige Treiber angenommen werden können. Es muss also die Sicht auf die Faktenlage vereinheitlicht werden sowie die Bereitschaft forciert werden, diese auch zur Kenntnis zu nehmen.

Legitimation von Führung Zur Abstützung von Führung bedarf es legitimierender Symbolik. Und längerfristig galt es erfolgreiche Institutionen zu etablieren, die über Sinn und Glaubwürdigkeit alle Beteiligten motivieren.

Der Ansatz „Typen legitimer Herrschaft" unterscheidet zur Beantwortung der Frage, wieso innerhalb einer bestimmten Herrschaftsform damit gerechnet werden kann, Gehorsam für einen bestimmten Befehl zu finden, Motive der Fügsamkeit. Solche Motive allein reichen aber zur Stabilisierung einer Herrschaft nicht aus. Deshalb werden sie in der Regel durch Gründe ihrer Legitimität gestützt. Ein Legitimitätsglaube kann sich auf drei unterschiedliche Legitimitätsgründe stützen.

Die legale Herrschaft beruht auf dem Glauben an die Rechtmäßigkeit einer Satzung. Die traditionale Herrschaft beruht auf dem Glauben an die Heiligkeit einer von jeher vorhandenen Ordnung. Und die charismatische Herrschaft beruht auf der Hingabe an eine charismatische Person.

Wie erreicht es der externe Projektmanager, dass die Mitarbeiterschaft ihm auch folgt? Zwar ist er durch den Auftrag, den er von der Geschäftsleitung erhält, formal ausreichend legitimiert. Gleichwohl kann dies zunächst eine „Herrschaft ohne Legitimität" sein, wenn er von den Mitarbeitern nicht als „Herrscher" akzeptiert wird. Das einzig mögliche Mittel, das dem Projektmanager in einer solchen Situation zur Verfügung steht, wäre das „Anschwärzen" von Mitarbeiter/innen bei der Geschäftsleitung. Ein Mittel, das aber wahrscheinlich bei Anwendung kontraproduktiv wirken würde. Es bliebe bei einer „Herrschaft ohne Legitimität", die auf Dauer wohl als nicht tragfähig wäre. Deshalb bedarf es dringend einer Legitimation, die die Chance erhöht, dass Arbeitsaufträge auch ausgeführt werden.

Eine Legitimation über Tradition kommt nicht in Betracht, wenn etwas völlig Neues getan wird. Die alten Strukturen, die in Auflösung begriffen waren, werden durch neue ersetzt und müssen ihr Funktionieren erst unter Beweis stellen. Also können Anleihen in diesem Fall nur bei den rationalen und charismatischen Herrschaftselementen gemacht werden.

Die rationalen Anleihen sich innerhalb von Projekten auf Projektmanagement-Standards beziehen, also auf über Jahrzehnte weltweit gesammeltes und dokumentiertes Erfahrungswissen. Es begründet und legitimiert die Handlungsweise des professionellen Projektmanagers.

Es wurden aber auch charismatische Elemente angewendet. Wobei das Ziel sein musste, unter der Mitarbeiterschaft die Hoffnung zu wecken, das der Projektmanager das Geschäft, sowie Arbeitsweise und Beweggründe der Mitarbeiter/innen versteht und die „richtigen" Maßnahmen auch gegen die Geschäftsleitung durchsetzt.

Das Ergreifen der richtigen Maßnahmen führt dann nach der „Anerkennung" zur „Bewährung" im Erfolg. Dabei mischen sich häufig rationale und charismatische Legitimationen. Ein sehr frühes Beispiel war die standardmäßige Erstellung eines neuen Projektplans, in dem in professioneller Weise die Durchführenden nach dem Aufwand für ein bestimmtes Arbeitspaket gefragt wurden. Allein diese „rationale" Frage führte zu Anerkennung des Projektmanagers.

So gelangten Anerkennung und Bewährung in eine sich selbst verstärkende Schleife. Der Projektmanager agiert nicht nur als ausführendes Organ des Auftraggebers, sondern erlangt eine eigenständige Position zu Geschäftsleitung und Mitarbeiterschaft, er wird Vermittler und Richtungsgeber.

Akteur Netzwerk Theorie Die Akteur-Netzwerk Theorie (ANT) stellt den Begriff der Übersetzung in den Mittelpunkt ihrer Überlegungen. Übersetzung wird als ein Prozess aufgefasst, der darauf gerichtet ist, aus einem Feld sich widerstreitender Interessen eine gemeinsame Problem- und Situationsdefinition für eine Kooperation zu generieren. Um plausibel zu machen, wie es zu einer gemeinsamen Problem- und Situationsdefinition kommen kann, werden fünf Momente unterschieden:

Problematisation (1) bezeichnet den Versuch zentraler Akteur/innen, für andere Akteur/innen im Spiel unentbehrlich zu werden. Sie werden dies, indem sie eine Problemdefinition vorschlagen und behaupten, dass die Probleme aller Akteur/innen gelöst werden können, wenn diese Definition – die Rede ist von einem obligatorischen Passierpunkt (OPP) – präsentiert als Programm, von allen akzeptiert wird.

Interessment (2) bezeichnet eine Serie von Prozessen, mittels derer zentrale Akteur/innen versuchen, andere Akteur/innen an die Rollen zu binden, die für sie zur Realisierung des Programmes vorgesehen sind.

Enrolment (3) bezeichnet ein Set an Strategien, mittels derer zentrale Akteur/innen versuchen, die unterschiedlichen Rollen zu verknüpfen.

Mobilisation (4) bezeichnet ein Set an Methoden, die zentrale Akteur/innen benutzen, um sicherzustellen, dass die für die unterschiedlichen Gruppen vorgeschlagenen Repräsentant/innen auch in der Lage sind, ihre Gruppen zu repräsentieren.

Dissidence (5) schließlich macht darauf aufmerksam, dass die auf diese Weise erzielte Übersetzung und die mit ihr verbundenen Allianzen jeden Moment in Frage gestellt werden können, die Übersetzung verraten werden kann.

Der konkrete Vorgang des Übersetzens wird als eine Serie von Ersetzungen begriffen, die dazu führen, dass Akteur/innen in der eigenen Sprache auszudrücken lernen, was andere Akteur/innen sagen und wollen. Am Ende eines solchen Prozesses steht – so er denn erfolgreich ist – ein einheitliches Sprechen der Akteur/innen durch eine/n Akteur/in. Ein durch eine erfolgreiche Übersetzung etablierter obligatorischer Passierpunkt – als Bezeichnung für eine gelungene Übersetzung – ist so lange in Kraft, bis aufgekündigt wird.

Eine Besonderheit an der Akteur-Netzwerk-Theorie besteht darüber hinaus darin, die übliche Trennung zwischen Technischem und Sozialem aufzuheben.

Symbolischer Interaktionismus Innerhalb des symbolischen Interaktionismus wird grenzüberschreitende Zusammenarbeit unter den Stichworten „soziale Welten" und „Arena" konzeptualisiert. Vor ihrem Hintergrund wird das Problem einer Organisierbarkeit von Heterogenität sichtbar, auf das die Lösung „Grenzobjekte" lautet.

Soziale Welten stellen Verbünde von Einzelnen, Gruppen, Organisationen oder sozialen Bewegungen dar, die Verpflichtungen, Ressourcen und Semantiken in Bezug auf gemeinsame Aktivitäten teilen. In ihnen bilden sich Identitäten aus, auf die/die auf Gemeinsamkeiten der ihr verpflichteten Akteur/innen zurückgehen. In ihnen lässt sich nur etwas erreichen, wenn bestimmte Interessen und Ziele nicht einfach gegen andere Interessen und Ziele gesetzt werden. Der Zusammenhalt von sozialen Welten ist vielmehr nur dann gewährleistet, wenn es gelingt, unterschiedliche Interessen ineinander zu übersetzen und mit gemeinsamen Zielen in Verbindung zu bringen. Innerhalb eines solchen Prozesses geraten Interessen und Ziele in Bewegung, so dass unklar ist, ob nicht am Ende eines solchen Prozesses veränderte Erwartungen und Sichtweisen stehen.

Der Begriff der Arena ist ein Komplementärbegriff zu dem der sozialen Welten. Arenen sind Felder von Aktivitäten, die ein mehr oder weniger weites Spektrum von sozialen Welten umfassen. In einer Arena sind allerdings in der Regel nur Repräsentant/innen der jeweils von Aktivitäten betroffenen und an ihnen beteiligten sozialen Welten präsent. Arenen werden damit zu den Orten, an denen unterschiedliche soziale Welten über ihre Repräsentant/innen in Aushandlungsprozesse eintreten.

Sowohl die Grenzen von sozialen Welten als auch die von Arenen bestimmen sich danach, inwieweit individuelle oder kollektive Akteur/innen sich gegenüber der im Zentrum stehenden Aktivität als verpflichtet erweisen. Dazu dies plausibel zu machen, dient das das Konzept der Grenzobjekte. Grenzobjekte werden als Schlüssel einer Vermittlung von verschiedenen sozialen Welten eingeführt, um eine Vorstellung von den Aushandlungen in einer Arena zu bekommen.

Das Konzept ist für eine Beschreibung heterogener Arbeitsprozesse entwickelt worden, die der Bewältigung von Vorhaben unter der Voraussetzung dienen, dass die unterschiedlichen beteiligten Parteien bei ihrer Realisierung aufeinander angewiesen sind. An einer Konstruktion von Grenzobjekten sind eine Reihe von Akteur/innen aus unterschiedlichen sozialen Welten beteiligt. Sie alle finden sich zusammen, um bestimmte gemeinsame Ziele zu erreichen, Projekte zu realisieren. Erst im Zusammenspiel der verschiedenen Akteur/innen innerhalb einer Arena erweist sich dann, ob aus dem Arbeitsprozess ein Grenzobjekt hervorgeht oder nicht. Grenzobjekte kommen nur dann zustande, wenn sie plastisch und konkret genug sind für lokale Verwendungen in den sozialen Welten der beteiligten Akteur/innen und allgemein und flexibel genug, um gemeinsame Ziele und Projekte zu tragen, eine gemeinsame Identität zu stützen.

Über das Grenzobjektkonzept wird erklärbar, wie unterschiedliche Akteur/innen, die mit unterschiedlichen Mitteln unterschiedliche Ziele verfolgen, zu gemeinsamen Aktivitäten und gemeinsamer Zielerreichung in der Lage sind. Die Antwort lautet: durch Arbeit an speziellen Objekten. Auf diese Weise kann plausibel gemacht werden, wie Heterogenität, im Sinne einer Vielzahl unterschiedlicher Akteur/innen und sozialer Welten, organisiert werden kann.

Dispositivanalyse In der Dispositivanalyse wird die soziale Welt als eine komplexe Konfiguration von nicht aufeinander reduzierbaren, diskursiven und nicht-diskursiven Praktiken betrachtet, deren Zusammenspiel bestimmte Effekte hervorbringt. Es sind diese Effekte, die „die Dinge" inmitten bereits gegebener, also vorhandener und vorgegebener Bedingungen wirklich und wirksam werden lassen.

Die Rekonstruktion solcher Materialisierungsprozesse ist hilfreich, um aufzuspüren, an welchen Stellen nicht intendierte Folgen entstanden sind. Dispositivanalysen können so als Strategie dafür eingesetzt werden, mögliche Problemquellen rekonstruktiv zu identifizieren.

Im Beispiel wird vor dem Hintergrund eines solchen Rekonstruktionsprozesses als zentrales Problem identifiziert, dass es nicht gelungen ist, eine gemeinsame Sprache bzw. bestimmte Sprachregelungen zwischen den beteiligten Abteilungen zu etablieren, so dass zwischen den einzelnen Abteilungen kein gemeinsamer Interdiskus entstehen konnte.

Vielfach glückten demnach Kommunikationen nicht, weil bestimmte Begrifflichkeiten entweder anders belegt waren oder aber ein und derselbe Gegenstand in den unterschiedlichen Abteilungen anders benannt wurde. So gab es zwischen den Beteiligten etwa kein gemeinsames Verständnis darüber, was ein „Konzept" ist und aus welchen Bestandteilen es besteht.

Als Lösung des Problems wird ein Übersetzungs-Glossar erstellt. Diesem Glossar können die Beteiligten nun genau entnehmen, was die einzelnen Abteilungen mit welchem Begriff meinen. Zusätzlich wird ein Dokument erstellt, das künftig allen Beteiligten als Grundlage für ein Konzept-Dokument dienen soll. Ob die Problemrekonstruktion erfolgreich war, lässt sich anschließend erproben: Greifen die gefundenen Problemlösungsstrategien auch oder muss der Prozess mit der Suche nach einer anderen Problemquelle erneut durchlaufen werden?

Verzeichnis der Herausgeber/innen und Autor/innen

Die Herausgeber/innen des Bandes

Andrea D. Bührmann (Prof. Dr. phil.) lehrt und forscht am Institut für Soziologie an der Universität Göttingen. Ihre aktuellen Schwerpunkte sind die Arbeits- und Wirtschaftssoziologie: Wandel der Arbeit und ihre Organisationsstrukturen sowie die Unternehmens- und Unternehmer/innenforschung (Entrepreneurship-Studies); die Soziologie der Geschlechterverhältnisse: insb. (Trans-) Formierungsprozesse der Geschlechterverhältnisse und ihrer Differenzierungsprozesse (Diversity Studies); die Praktiken und Praxisforschung: Methodisch-methodologische Weiterentwicklung der Diskurs- zur Dispositivanalyse.

Matthias Horwitz (Dr. phil.) arbeitet als freier Berater und Dozent. Seine aktuellen Schwerpunkte sind: Training und Beratung in Projekten der Qualitätsentwicklung (etwa Gutachtertätigkeit für Akkreditierungsgesellschaften und QM-Seminare); Veranstaltungen und Workshops zu Themen der beruflichen Weiterbildung (Managen grenzüberschreitender Zusammenarbeit, Methoden der Unternehmensführung, Gedächtnistraining, professionelle Kommunikation, empirische Sozialforschung); Lehraufträge. Er ist Vorstandsmitglied des Berufsverbandes Deutscher Soziologinnen und Soziologen. Kontakt: horwitz@web.de

Dorothea Stein-Bergman ist Diplom-Soziologin und Weiterbildungsmanagerin. Seit 2002 arbeitet sie freiberuflich in der Erwachsenenbildung.

Sabine v. Schlippenbach ist Diplom-Soziologin. Sie arbeitet als Projektmanagerin im Bereich Digitale Medien und E-Commerce und beschäftigt sich in diesem Rahmen mit der Zusammenarbeit in interdisziplinären Teams.

Die Autor/innen des Bandes

Doris Beer (Dr. rer. soc.) studierte Sozialwissenschaften, Geschichte und Pädagogik an der Ruhr-Universität Bochum und war Stipendiatin der Universität Minsk, Belarus; danach war sie Geschäftsführerin des Arbeitskreises sozialwissenschaftliche Arbeitsmarktforschung, wissenschaftliche Mitarbeiterin am Institut Arbeit und Technik Gelsenkirchen und Beraterin zur Entwicklung von Beschäftigungsförderung für die GTZ. 2005 promovierte sie zum Thema Programmevaluation an der Ruhr-Universität. Seit 2006 ist sie im Unternehmerinnenzentrum LUZi e. V. in Dinslaken angesiedelt. Interessenschwerpunkte: Arbeitsmarkt und Berufsbildung, Diversity Management und E-Learning. Kontakt: info@doris-beer.de

Hans-Werner Franz (Dr. phil.), Sozialwissenschaftler (Soziologie, Politologie), Dipl.-Übersetzer, Dolmetscher und Journalist, war zuletzt (bis 30.10.2012) selbständiger Berater, senior researcher und Mitglied der Geschäftsführung der Sozialforschungsstelle Dortmund, zentrale wissenschaftliche Einrichtung der Universität Dortmund. Er ist als Schatzmeister Mitglied des Vorstands des BDS (Berufsverband Deutscher Soziologinnen und Soziologen). Seine wichtigsten Fachgebiete sind: Entwicklung von Systemen und Organisationen beruflicher Aus- und Weiterbildung (Europa, national, regional, betrieblich); Humanressourcen-Entwicklung; Organisationsentwicklung (Unternehmen und Arbeit), kooperative Arbeitssysteme, Qualitätsmanagement (vorwiegend nach EFQM), soziales Krisenmanagement; Arbeitsmarkt- und Regionalentwicklung, vor allem in altindustriellen Regionen. Kontakt: hwf@franznet.com

Thomas Kopsch ist geschäftsführender Gesellschafter der veroprojects GmbH, die das Management für Organisations- und IT-Projekte übernimmt und unterstützt. Dabei geraten Innovationskooperationen – z. B. als Joint-Venture – immer mehr in den Fokus. Bevor er das Unternehmen 2007 gründete, leitete er als (seit 2003 selbständiger) Projektmanager kritische Projekte mit mehreren Millionen Euro Budget. Sein Handwerk erlernte er in Unternehmen wie IBM und EDS (heute HP) und studierte zuvor Soziologie mit Nebenfach Informatik. Seit 2002 leitet Kopsch die Local Group Hamburg des PMI®, des weltweit führenden Projektmanagementverbands Project Management Institute. Kontakt: thomas.kopsch@veroprojects.com

Heiko M. Kosow studierte an der Ruhr-Universität Bochum Sozial- und Rechtswissenschaften. Nach der Erlangung eines Magister rer. publ. und einem Referendariat als Diplomsozialwissenschaftler trat er in den Dienst des Landes NRW ein. Nebenamtlich unterrichtete er an der Verwaltungsfachhochschule und an Fortbildungseinrichtungen. Zuletzt war er bis 2008 als Regierungsvizepräsident bei einer Bezirksregierung tätig. Neben der Vertretung der Behördenleitung fungierte er als Leiter der Zentralabteilung. Seine Arbeitsschwerpunkte waren die Entwicklung und Einführung von Instrumenten der Verwaltungsbinnenmodernisierung, sowie die Konzeptionierung und Umsetzung des Veränderungsmanagements im Rahmen der Verwaltungsstrukturreformen in NRW. Kontakt: heikosow@gmx.de

Andrea Kronenthaler (Dr. phil.) ist selbständig als Trainerin und Consultingberaterin, als Coach und spirituelle Heilerin mit eigenem Unternehmen und eigener Praxis. In Teilzeit ist sie als Wissenschaftlerin an einer deutschen Universität an der medizinischen Fakultät beschäftigt. Nach ihrer sechsjährigen Tätigkeit im Bereich Forschung & Entwicklung in der Pharmaindustrie studierte sie Soziologie, Politologie und Erziehungswissenschaft. Sie spezialisierte sich schon hier auf interkulturelle Fragen im Bereich Wirtschaft, Religion und Gesundheit. Ihre Schwerpunktländer und -regionen sind bis heute die Arabische Welt, die Türkei, Südostasien (vor allem die Philippinen) und Indien. Aufenthalte vor Ort von mehreren Wochen bis zu sechs Jahren machen sie heute zu einer Spezialistin sowohl in Bezug auf die Gesellschaften dieser Länder als auch in Bezug auf die kulturellen, religiösen und wirtschaftlichen Beziehungen zu diesen Ländern. Sie promovierte zum Thema interkulturelle Handlungskompetenz im Management aus der Perspektive des entsendenden und des aufnehmenden Landes. Kontakt: andrea.kronenthaler@gmx.de

Kai Matthiesen (Dr. oec.) ist Kaufmann und Wirtschaftsethiker. Seit 2001 ist er Metaplaner, heute als geschäftsführender Partner. Zuvor arbeitete er bei Bertelsmann in Frankreich, im Familienunternehmen und in der New Economy, zuletzt als Geschäftsführer von AltaVista Deutschland. Vorwiegend berät er Führungsgremien in Strategie- und Organisationsfragen. Er arbeitet schwerpunktmäßig in Medien- und Markenunternehmen, Professional Services Firms und Familienunternehmen. Außerdem hat er Lehraufträge an der Hamburg School of Business Administration und der Universität St. Gallen. Kontakt: KaiMatthiesen@metaplan.com

Ekkehard Nau (Dr. rer. pol.) ist Diplom-Volkswirt sozialwissenschaftlicher Richtung, Selbständiger Berater, Coach und Moderator. Der Fokus seiner Arbeit liegt auf der Entwicklung und Stärkung wertschätzender Arbeitsbeziehungen, achtsamer Führung und förderlicher Systemkontexte. Er arbeitet mit Systemaufstellungen und Persönlichkeitstypologien im Einzel-Coaching, beim Teamaufbau und der Teamentwicklung, bei der Regelung und Lösung von Konflikten und mit Großgruppendesigns, Systemaufstellungen und Organisationstypologien bei der Entwicklung von Unternehmenskulturen und der Moderation von Veränderungsprozessen. Kontakt: contact@nauconsult.de

Katrin Späte (Dr. phil.) ist Soziologin an der Universität Münster. Ihre Arbeitsschwerpunkte sind allgemeine soziologische Theoriebildung, Berufsorientierung für Soziologinnen und Soziologen, Steuerung von Bildungsprozessen in der Bundesrepublik Deutschland, Migration und Integration, politische Bildung und Didaktik der Sozialwissenschaften sowie Geschlechterforschung.

Guido Tolksdorf (Prof. (emer.) Dr. rer. soc.) ist seit Anfang der 90er Jahre freiberuflich als Unternehmensberater, Coach und Trainer aktiv. Von 1994 bis 2011 war er als Professor für Personalführung und Betriebsorganisation an der Fakultät „Wirtschaftswissenschaften" der Westsächsischen Hochschule Zwickau in praxisorientierter Forschung und Lehre tätig. Während dieser Zeit war er drei Jahre für die Unternehmensleitung eines mittelgroßen Unternehmens mit Aufgaben der Unternehmensentwicklung beurlaubt. Zuvor war er einige Jahre mit Leitungsaufgaben in verschiedenen Konzernunternehmen in den Feldern Human Ressource Management und Neuausrichtung von Geschäftsfeldern betraut. Von 1979 bis 1989 war er wissenschaftlicher Mitarbeiter an den Fakultäten für Wirtschaftswissenschaften sowie Soziologie der Universität Bielefeld. Seine Forschungsprojekte bezogen sich u. a. auf die Hochschulforschung sowie die Technikgenese im Werkzeugmaschinenbau. Er promovierte 1984 über die Entwicklung der Arbeitsforschung in Deutschland an der Fakultät für Soziologie. Nach kaufmännischer Lehre und Tätigkeit sowie dem Erwerb der Hochschulreife am Abendgymnasium der Stadt Düsseldorf studierte er Soziologie, Volkswirtschaft, Philosophie, Psychologie und Medizin an den Universitäten Regensburg, Bielefeld und Marburg. Kontakt: Guido.Tolksdorf@fh-zwickau.de

Bennet van Well (Dr. rer. pol.) ist Diplom-Ökonom und seit 2008 Metaplaner. Zuvor war er Organisationsforscher in Wuppertal und an der Freien Universität Berlin. Außerdem hat er als Organisationsberater und Executive Assistant in der Pharmaindustrie gearbeitet. Er berät Geschäftsführer und Führungsgremien vor allem in Strategieprozessen und bei der Organisationsgestaltung und -veränderung. Seine Branchenschwerpunkte sind Maschinenbau, Logistik, Pharmaindustrie und Professional Service Firms. Kontakt: BennetvanWell@metaplan.com

The manufacturer's authorised representative in the EU is Springer
Nature Customer Service Centre GmbH, Europaplatz 3, 69115 Heidelberg,
Germany. If you have any concerns regarding our products, please
contact ProductSafety@springernature.com

Printed and bound by CPI Group (UK) Ltd, Croydon, CR0 4YY
27/04/2026
02097643-0006